CHARLES LE GOFFIC

SAINT-GEORGES
ET
NIEUPORT

LES DERNIERS CHAPITRES DE L'HISTOIRE

DES

FUSILIERS MARINS

(25 NOVEMBRE 1914 — 6 DÉCEMBRE 1915)

Avec 6 gravures et 4 cartes.

PARIS

LIBRAIRIE PLON

PLON-NOURRIT et Cⁱᵉ IMPRIMEURS-ÉDITEURS

8, RUE GARANCIÈRE — 6ᵉ

Tous droits réservés

Saint=Georges et Nieuport

LES DERNIERS CHAPITRES DE L'HISTOIRE

DES

FUSILIERS MARINS

Ce volume a été déposé au ministère de l'intérieur en 1919.

OUVRAGES DU MÊME AUTEUR

(Prix d'ensemble Alfred Née. Académie française, 1908.)

POÉSIE

Poésies complètes. *(Amour breton; le Bois dormant; le Pardon de la reine Anne; Impressions et Souvenirs.)*

ROMANS

Le Crucifié de Keraliès. *(Édition définitive avec une nouvelle introduction.)*
        (Ouvrage couronné par l'Académie française.)

La Double Confession.   Les Bonnets-Rouges.

La Payse.   Passions celtes.

Morgane.   Ventôse.

L'Erreur de Florence.   Le Pirate de l'île Lern.

L'Abbesse de Guérande. *(Sous presse.)*

CRITIQUE ET ÉTUDES DIVERSES

Les Romanciers d'aujourd'hui. *(Épuisé.)*

Nouveau traité de versification française.

Sur la Côte.
        (Ouvrage couronné par l'Académie française.)

Les Métiers pittoresques.

L'Ame bretonne. *(Trois séries.)*

Racine. *(2 volumes.)*

La Littérature française au XIX° siècle, tableau général, 1800-1914. *(2 volumes.)*

OUVRAGES SUR LA GUERRE

Dixmude, un chapitre de l'histoire des fusiliers marins. *(Prix Lasserre, 1915.)*

Steenstraete, suite de l'histoire des fusiliers marins.

Les Marais de Saint-Gond, histoire de l'armée Foch à la bataille de la Marne.

Bourguignottes et Pompons rouges.

La Guerre qui passe.

Les Trois Maréchaux.

PARIS. TYP. PLON-NOURRIT ET Cᵢₑ, 8, RUE GARANCIÈRE. — 23929.

POSTE DE COMMANDEMENT DE LA VACHE-CREVÉE

CHARLES LE GOFFIC

SAINT-GEORGES

ET

NIEUPORT

LES DERNIERS CHAPITRES DE L'HISTOIRE

DES

FUSILIERS MARINS

(25 NOVEMBRE 1914 — 6 DÉCEMBRE 1915)

Avec 6 gravures et 4 cartes.

PARIS

LIBRAIRIE PLON

PLON-NOURRIT ET Cᵗᵉ, IMPRIMEURS-ÉDITEURS

8, RUE GARANCIÈRE — 6ᵉ

Tous droits réservés

SAINT=GEORGES et NIEUPORT

LES DERNIERS CHAPITRES DE L'HISTOIRE
DES FUSILIERS MARINS

SAINT-GEORGES

I

DE LOO A OOST-DUNKERQUE

Le 2e régiment de la brigade navale, débarqué la veille à Loo, avait été passé en revue, dans la matinée du 25 novembre 1914, par son nouveau chef, le « colonel » Paillet (1). Officiers et marins, après la revue, s'étaient disséminés dans leurs cantonnements de fortune. La besogne ne manquait pas : presque tout l'équipement était à reconstituer, les cadres à reformer, les unités à compléter. Il pleuvait. Mais on avait un toit, des foyers, et déjà la soupe chantait sur le feu, quand, brusquement, vers 11 heures du matin,

(1) Le capitaine de vaisseau Paillet avait succédé à l'inoubliable commandant (aujourd'hui contre-amiral) Varney, blessé le 10 novembre.

ordre arriva au 1er bataillon de chavirer les marmites et de se mettre en route pour le carrefour de Linde où des autobus l'attendaient. Un renfort de mille hommes venait d'être réclamé d'urgence par le général de Mitry pour la défense de Nieuport, et le choix de l'amiral s'était porté sur ce bataillon, commandé par le capitaine de frégate Fauque de Jonquières, et dont les quatre compagnies avaient respectivement pour capitaines : la 1re, le lieutenant de vaisseau Riou ; la 2e, le lieutenant de vaisseau Huon de Kermadec ; la 3e, le lieutenant de vaisseau Le Page ; la 4e, le lieutenant de vaisseau Martinie.

Par une singulière coïncidence, tous ces officiers étaient nouveaux à la brigade (1). Dans les cadres subalternes, en revanche, dominaient les anciens de Melle et de Dixmude. Quelques grognements avaient bien accueilli le signal du branle-bras, « chavirer les marmites étant toujours pénible », remarque naïvement un Jean Gouin. Mais les figures s'éclairèrent quand les conducteurs des autobus eurent révélé le nom de la localité où ils transportaient nos troupes.

— Eh ! les gars ! Sur quel pays qu'on met le cap ?

Les conducteurs avaient répondu : « Oost-Dunkerque. » Les hommes n'avaient retenu que la finale et, croyant qu'on les envoyait au repos dans quelque faubourg de ce Dunkerque qu'ils n'avaient fait que traverser et qui, après les misères de Dixmude, leur

(1) Le commandant de Jonquières avait succédé au commandant Jeanniot, « le père des marins », assassiné par les Allemands le 24 octobre ; les capitaines Riou et Martinie étaient aussi arrivés à la brigade vers la fin du siège ; les capitaines Le Page et Huon de Kermadec, vers le 16 novembre, après Dixmude.

apparaissait comme un lieu de délices, ils ne songeaient plus à se plaindre de la versatilité du destin.

Dunkerque est formé de deux mots flamands : *dun* (dune) et *kerque* (église), très répandus dans les deux Flandres. Mais nos Jean Gouin ne connaissaient que le Dunkerque français, qu'en breton ils appellent *Dukart*. Oost-Dunkerque, où on les menait, est en réalité une aimable bourgade de quelques centaines d'habitants, à cinq kilomètres de Nieuport, à un kilomètre de la mer, dont elle est séparée par le bourrelet des dunes qui l'abrite contre les rafales du nord. Toutes les petites villes de la côte, La Panne, Coxyde, Nieuport, etc., s'épaulent pareillement à la dune comme à un rempart, et toutes, comme Oost-Dunkerque, sont reliées à leur plage, de création récente, par une grande route pavée ouverte dans les sables et qu'emprunte un tramway local. La bourgade et son annexe d'été ne se distinguent que par le mot : *Bains*, accolé au nom de cette dernière.

Aussitôt formé, le convoi avait pris la direction de Furnes. Et l'illusion des hommes s'était affermie : on refaisait à rebours la route qu'on avait faite la veille. Il ne pleuvait plus. Le ciel de Flandre, si bas d'ordinaire, semblait moins lourd aux épaules. Et, des lèvres d'un apprenti fusilier, une chanson monta, — peut-être la vieille chanson marine des *Filles de la Rochelle*, qui, au temps des guerres de Hollande, avaient armé en course un navire dont la brève odyssée n'était pas sans analogie avec celle du bataillon :

> Il est parti vent arrière,
>> Brave, brave,
> Reviendra-z'en louvoyant,
>> Bravement ;

> Reviendra mouiller son ancre,
> Brave, brave,
> Dans la rade des Bons-Enfants,
> Bravement.

La voix puissante des hommes, reprenant en chœur le refrain, dominait le ronflement des autobus. Mais, à Furnes, le convoi obliqua vers Nieuport et, à 4 heures du soir, il s'arrêtait à l'entrée d'Oost-Dunkerque. Les chants avaient cessé. Le rêve était fini. La nuit tombait. Le village regorgeait de troupes de toutes armes, appartenant pour la plupart à la 81e division territoriale commandée par le général Trumelet-Faber, sous les ordres duquel était placé le bataillon. De surcroît et bien que canonné de loin en loin, Oost-Dunkerque avait conservé presque toute sa population civile, qui s'était grossie entre temps de nombreux réfugiés. Même encombrement dans les hôtels et les villas de la plage. On finit par loger la 2e et la 3e compagnie dans l'église, la 1re dans une ferme sur la route de Coxyde. La 4e s'éparpilla dans le village. Tous ces mouvements avaient pris un certain temps. Nos hommes étaient à jeun depuis l'aube. La soupe tardait. « Je ne suis pas sûr qu'à ce moment, écrit un officier (1), ils n'aient pas regretté une fois de plus leurs marmites trop précipitamment chavirées. »

La situation, en effet, n'était pas aussi critique qu'on l'avait cru, et rien ne pressait. Le général Trumelet-Faber s'en était expliqué avec le commandant de Jonquières, qui l'était allé trouver au débotté sur la plage. Sans doute on n'avait pu conserver Lombaertzyde (2)

____

(1) Carnet de route du lieutenant de vaisseau L...

(2) « La brigade de Gyvès (de la 81e D. T.)... réussit le

et, par les dunes et Saint-Georges, qui était aussi à eux, les Allemands serraient assez dangereusement Nieuport et ses écluses, clef de l'inondation. Sur la rive droite de l'Yser, ils avaient presque atteint les Cinq-Ponts, — « ainsi nommés, diront plaisamment les marins, parce qu'il y en a six (1) ». Des patrouilles boches avaient pénétré de nuit dans Nieuport-Ville ;

5 novembre à s'emparer du gros village de Lombaertzyde... Le soir, une de ces contre-attaques nocturnes, impressionnantes, soutenues par un fracas d'artillerie et qui étaient alors la manière favorite de la tactique allemande, la chasse du village où elle n'a pas eu le temps de s'organiser et la rejette en désordre vers la rivière. Clermont-Tonnerre (officier d'E.-M. à la 161e brigade) arrive à temps dans cette confusion pour rallier quelques groupes de fuyards et reconstituer une ligne. » (Louis GILLET : *Louis de Clermont-Tonnerre*.) Les 8, 9 et 10, la tentative était renouvelée par la 81e D. T., avec des alternatives de succès et d'échecs. Le livret du 11e régiment d'I. T. rapporte ainsi ces divers mouvements : « L'armée belge a ordre de rejeter les détachements allemands sur la rive gauche de l'Yser en enlevant Schoorbakke, pendant que la 81e D. T., débouchant par Nieuport-Ville et Nieuport-Bains sur Lombaertzyde-Westende et Saint-Georges, s'établira sur la rive droite de l'Yser, face à Saint-Pierre-Capelle. Prendre l'offensive sur la rive droite de l'Yser, sur Lombaertzyde, et maintenir à tout prix l'occupation de Nieuport et les passages de l'Yser dans les environs immédiats de cette ville. (Ordres généraux des 5 et 6 novembre 1914.) Combats soutenus pour l'exécution de cette mission par la 81e D. T. *seule*. Les 8, 9, 10 et 11 novembre : combats ininterrompus de Lombaertzyde, attaque de Lombaertzyde-Westende (passage de l'Yser), Nieuport-Bains et Nieuport-Ville. »

(1) Autant que de bras : le canal de Furnes, le Noord-Vaart ou Beverdyck, l'Yser canalisé, la crique de Nieuwendamme ou vieil Yser, le canal de Plaschendaele et le canal d'évacuation.

l'une d'elles avait même poussé jusqu'à la maison de l'Écluse. Elles ne se contentaient pas de faire des rafles dans nos avant-postes et lourdement, sur les murs, soulignaient leur passage d'un graffite obscène ou de quelque inscription qui voulait être terrifiante : *Paris kapout... Franzosich kapout* (1). Le 12ᵉ et le 14ᵉ territorial (2) en particulier avaient fait d'assez grosses pertes au cours de ces engagements. Depuis lors, Mitry étant intervenu et ayant pris la tête du groupement, nos affaires s'étaient un peu rétablies, mais on n'était pas sans appréhension sur les visées secrètes de l'ennemi, qui pouvait bien chercher à nous tourner par un débarquement nocturne en radeaux. L'hypothèse valait ce qu'elle valait et celle-ci n'eût peut-être pas trouvé grand crédit près de l'État-Major, si l'on n'avait appris que le Kursaal d'Ostende abritait depuis quelques jours des fusiliers marins allemands, venus de Brême et de Hambourg, *viâ* Thourout. A quelle fin, sinon en vue d'un débarquement? Et quelle meilleure manière d'y parer que d'opposer marins à marins, suivant la formule homéopathique : *similia similibus?* Mais, comme il ne s'agissait là, en somme, que d'une « éventualité plus ou moins lointaine », le bataillon de Jonquières n'avait pas à

(1) « Un beau bâtiment de briques rouges : le collège. J'entre. Tout y a été démoli et saccagé ; sur les murs blancs, ces deux mentions : *Paris kapout* et *Franzosich kapout*, écrites par les Boches, mais entourées par de vigoureuses réponses en argot, en français, en belge, voire en latin ! ! ! » (Quartier-maître Luc Platt, lettre du 4 avril 1915.)

(2) Le 12ᵉ régiment d'infanterie territoriale appartenait à la 161ᵉ brigade (général de Gyvès) et le 14ᵉ à la 162ᵉ brigade (général Exelmans), composan t toutes deux la 81ᵉ D. T.

craindre d'être envoyé en première ligne avant de s'être reformé. La flotte britannique tenait les dunes sous son feu ; autour de Nieuport nous avions maintenant des troupes de choc éprouvées, dragons, chasseurs, etc., sous les ordres du général de Buyer, commandant la 4ᵉ D. C. ; les Belges ne faisaient pas mine de lâcher Ramscapelle ; Trumelet-Faber enfin gardait lui-même pleine confiance dans ses territoriaux qui, s'ils avaient fléchi à Lombaertzyde, faute d'une artillerie capable de répondre à celle de l'ennemi, s'étaient fort vaillamment comportés dans toutes les autres circonstances, à Bucquoy notamment, où ils perdirent leur premier chef, le général Marcot, tué par un obus le 3 octobre 1914.

Comme le reste de la brigade à Loo (1), le bataillon de Jonquières allait donc demeurer provisoirement en réserve ; l'intendance pourrait procéder à son réquipement, les nouvelles recrues pourraient être instruites et entraînées. Oost-Dunkerque n'est pas un Éden, mais les horizons n'y ont point la déprimante monotonie de ceux de Dixmude ou de Steenstraete. Si, vers le sud, s'étendait encore l'immense damier des polders, au nord et à l'est la dune moutonnait, large en certains endroits de plus d'un kilomètre et pareille avec ses déchirures, ses pics, ses entonnoirs, ses halliers de bouleaux nains et d'arbousiers, ses crêtes blanches comme la neige, à une Alpe en miniature. Puis, derrière cette dune, que la résille des oyats n'arrivait pas à fixer et dont les jeux du vent modifiaient continuellement la structure, il y avait la mer,

(1) Moins les bataillons Mauros et Conti, détachés devant Dixmude.

la vraie mer, ses vagues, ses tempêtes et ses sourires
On entendait son grondement à l'heure du flux et,
par les brèches ouvertes dans la muraille des sables, on
voyait luire çà et là son opale. De rudes silhouettes
de navires s'estompaient sur l'horizon, destroyers,
monitors, dont la masse grise s'éclairait de feux
brusques et roulait de sourds tonnerres. Entre leur
ligne immobile et la mouvante lisière du flot, des pêcheurs à cheval, particuliers aux côtes flamandes, se
risquaient à traîner leur grand filet à crevettes qu'un
orin rattachait à la selle (1). Même dans le Sandeshoved,
dans la région des « terres neuves », gagnées sur l'eau
par le lent effort des générations, le labeur humain
n'était pas complètement arrêté. Le premier moment
de stupeur passé, le caractère flegmatique de la race
avait repris le dessus : encadrés par le tir ennemi, les
hommes n'en perdaient pas une bouffée de leur pipe,
les femmes un point de leur dentelle ; entre deux bombardements, une charrue défonçait la glèbe au pas
lourd d'un attelage ; le geste cadencé d'un semeur
s'enlevait sur le ciel ou se fondait mystiquement dans
les brouillards exhalés des conduits d'irrigation. Ailleurs, c'était le *no man's land*, la terre qui n'est à
personne, nue, morne, creusée de cratères, ridée de
tranchées géométriques, comme un paysage lunaire ;
ici, dans ce petit village propret, aux façades beiges
ou lilas, festonnées d'un pied de glycine ou d'une
clématite arborescente et dont quelques-unes seulement montraient la balafre d'un obus ou la mouche-
ture d'un shrapnell, c'était encore la vie civilisée,
presque la vie normale, et les heures y coulaient, les

____

(1) Enseigne POISSON, *Carnet de route.*

journées y glissaient, à la fois légères et bien remplies par la mise en état du bataillon : astiquage des armes et des équipements, formation des compagnies, revues, exercices. De 5 heures du soir à 8 heures, il y avait « permissionnaires », comme on dit dans la marine, et « Jean Gouin s'offrait le plaisir d'aller boire un verre » au prochain estaminet. La Flandre est presque aussi richement pourvue de ces établissements que la Bretagne. De verre en verre et d'estaminet en estaminet, il arrivait parfois que Jean Gouin, au couvre-feu, tanguait plus que de raison sur la route. Mais il n'y paraissait pas trop le lendemain et le brave garçon reprenait comme devant son astiquage et ses exercices.

Ceux-ci se faisaient d'abord sur la plage. Mais un jour, sans qu'aucune visite d'avion eût précédé leur venue, des obus tombèrent à quelques mètres de nos hommes : par prudence on fit désormais les exercices dans les dunes, dont les cuvettes sont moins faciles à repérer. Les obus alors s'en prirent au village et à son annexe balnéaire, qu'un heureux hasard avait à peu près préservés jusque-là. L'ennemi, sans doute, avait des intelligences dans la place, comme sur toute la côte flamande. Ce n'était chaque nuit que lumières suspectes, ombres équivoques, frôlements mystérieux ; le jour, des ailes de moulins viraient à contre-vent, des fumées bizarrement colorées montaient de la dune. Entre Saint-Idesbalt et Coxyde, dans une « villa boche » du front de mer, « véritable bastion » d'un mètre vingt d'épaisseur qu'il fallut détruire à la dynamite et dont la baie principale, découpée comme l'embrasure d'une pièce lourde, tenait directement sous sa vue le fort Saint-Louis, le génie belge découvrait tout un système de casemates et de plates-formes bétonnées desservies par « un ascenseur capable de monter un poids de 600 kilos (1) ». A Oost-Dunkerque même, des rumeurs couraient sur un personnage que son caractère sacerdotal aurait dû défendre contre de pareilles insinuations et dont tout le crime peut-être était de mal connaître nos marins, qu'il prenait pour des septembriseurs. Il n'avait pu les voir sans aigreur convertir son église en dortoir et dresser dans le cimetière les cuisines de leurs escouades. Pourtant le culte n'avait pas été complètement suspendu ; les offices se célébraient à prime, de 6 à 7 heures, devant une assistance assez clairsemée, mais toujours recueillie ; quelques vieilles femmes, des enfants, voix aigrelettes ou chevrotantes, s'escrimant avec l'orgue des dormeurs vautrés dans leur litière. Au tintement de la clochette, des hommes s'éveillaient, tiraient leurs bonnets ; quelques-uns se levaient et, dévotement, suivaient l'office debout, à la bretonne. Les indifférents, dans des coins, éclairés par de petites bougies, le sac sur les genoux, continuaient leur correspondance ; les gradés circulaient sur la pointe des pieds. Personne n'avait besoin qu'on le rappelât à la décence. « La marine, dit un officier, a le respect des sanctuaires. » Aussi bien ces messes clandestines, dans la demi-obscurité, sous le vol des obus, dont l'éclatement faisait vaciller la flamme des cierges, empruntaient des circonstances quelque chose d'émouvant, surtout quand elles étaient dites par des aumôniers militaires. L'enseigne de Blic les servait d'habitude, le revolver en sautoir, et peu d'officiers étaient plus considérés de leurs hommes qui l'avaient vu à l'œuvre dans vingt combats.

(1) Henri MALO, le Drame des Flandres.

De quelque côté que l'ennemi reçût ses renseignements, il reste acquis que « les bombardements d'Oost-Dunkerque, qui avaient été assez rares jusque-là et qui avaient même complètement cessé depuis deux semaines, devinrent beaucoup plus fréquents à partir du 25 novembre (1) », date du débarquement des marins dans la localité. Et ils se firent en même temps beaucoup plus précis. La population commençait à s'inquiéter. Quelques habitants faisaient déjà leurs paquets (2) et la plupart avaient cherché un refuge dans les caves. Impavide, le général Trumelet-Faber conservait son poste de commandement au Grand-Hôtel d'Oost-Dunkerque-Bains. C'était un vieux Lorrain, un de ces Bitchois taillés sur le modèle des héros d'Erckmann-Chatrian, à la rude moustache et à l'âme irréductible comme leur cité (3). Atteint par la limite

(1) Carnet de route du lieutenant de vaisseau L...

(2) Toutefois l'exode le plus important n'eut lieu qu'après le bombardement du 12 décembre. On lit dans les journaux anglais à la date du 11 : « Le vapeur de l'État belge, la *Ville d'Anvers*, vient de débarquer à Douvres une centaine de réfugiés venant de la région d'Oost-Dunkerque, qui a été bombardée par l'artillerie ennemie établie à Nieuport. Les maisons de cette région ont été démolies l'une après l'autre par les obus, et la population civile a dû s'enfuir précipitamment. »

(3) Né à Bitche le 24 avril 1852, Trumelet-Faber venait de passer à Metz son concours d'admission à Saint-Cyr (1870) et était rentré à Bitche en attendant les résultats de l'examen. La guerre éclatait dans l'intervalle. L'enfant s'engageait dans un corps franc formé à Bitche même, était fait prisonnier au cours d'une reconnaissance et allait être fusillé comme espion : mais il brûlait la politesse à l'escouade qui le conduisait au camp prussien, rentrait à Bitche, gagnait le Luxembourg, puis la Belgique et se rendait à Tours où, en vertu du

d'âge en avril 1914, réintégré dans les cadres au mois d'août, le général Trumelet-Faber avait succédé en octobre au général Marcot à la tête de la 81e division territoriale. Il sortait de son poste de commandement avec le colonel d'artillerie Nicolle. Les deux hommes causaient sur le promenoir de la plage, indifférents aux projectiles qui s'abattaient autour d'eux et dont, à quelque cent mètres de là, dans un pli de la dune, un pêcheur observait à la jumelle les points d'éclatement. Un dernier obus fit explosion sur le promenoir même, blessant mortellement le général, épargnant le colonel. Le pêcheur gratta le sable, y enfouit sa jumelle et revint sur la plage où ses questions indiscrètes éveillèrent les soupçons. Arrêté, il fut reconnu pour un indicateur. Trumelet-Faber avait le bras gauche broyé, sept éclats d'obus dans la hanche (1). En quatre mois, c'était le deuxième général que perdait la 81e division territoriale.

On était au 8 décembre et, ce jour-là justement, le général, qui estimait que le bataillon des marins avait largement eu le temps, au cours des deux semaines

décret qui autorisait le gouvernement à nommer officiers les candidats admissibles à Saint-Cyr, il recevait son brevet de sous-lieutenant au 10e d'infanterie. Le reste de sa carrière s'était presque entièrement déroulé dans nos colonies, en Annam, au Tonkin, en Tunisie, au Maroc oriental, où sa belle vaillance aux combats de Sangal et d'Aïn-el-Arba (avril-mai 1913) lui avait valu la cravate de commandeur.

(1) Après de longs mois de souffrance, le général Trumelet-Faber, qu'on avait dû amputer de son bras, mourut des suites de ses blessures à l'hôpital d'Écosse, 7, rue de la Chaise, où il avait été transporté. Il avait été fait grand-officier de la Légion d'honneur, le 8 décembre 1914.

écoulées, de se reformer et de s'entraîner, avait donné l'ordre au commandant de Jonquières d'envoyer une compagnie dans les tranchées avancées de Nieuport vers Lombaertzyde. Dorénavant une compagnie de marins prendrait chaque nuit ces tranchées, ou plutôt le boyau attenant (1), en soutien éventuel du bataillon de territoriaux qui les occupait. Nous y avions déjà une section de mitrailleuses, sous les ordres alternatifs des enseignes Tarrade et Perroquin. On se mettait en route à la nuit tombante, vers 4 heures du soir, et l'on revenait au matin. A partir du 12 décembre, en outre, deux autres compagnies furent placées en cantonnement d'alerte à Nieuport-Bains et à Oost-Dunkerque-Bains, « en vue d'assurer la surveillance de la plage », où l'on craignait toujours un débarquement par radeaux. Ce dernier service n'était pas bien dur : la dune offrait une couche moelleuse aux veilleurs ; les tranchées y étaient parfaitement étanches et, sauf les nuits de tempête où le sable cinglait les figures et enrayait le mécanisme des fusils, on s'y trouvait, dit un marin, « presque aussi bien que dans son hamac ».

Tout autre était le service des tranchées de Lombaertzyde, creusées dans la région des polders. Là, l'ancien supplice recommençait : nos hommes retrouvaient cette mer de boue qui les avait tant fait souffrir à Dixmude et où devaient définitivement s'enliser leurs malheureux camarades restés à Steenstraete.

____

(1) « Une seule compagnie était de service à la fois, baïonnette au canon, dans un boyau situé derrière les tranchées de première ligne, eau et boue jusqu'aux genoux. » (Journal du docteur L. G...)

Sapes et boyaux étaient complètement inondés ; les parapets s'éboulaient sous la pluie ; les banquettes de tir « fondaient comme du savon » ; les gourbis croulaient sur les hommes. On en accusa d'abord la paresse des territoriaux.

— Qu'est-ce qui m'a fichu des tranchées pareilles ? s'était écrié l'officier qui prenait la relève. Attends un peu que Jean Gouin s'en mêle et tu vas voir !

De fait, les premières nuits, tout le monde s'y mit d'arrache-pied, gradés, brevetés et simples fusiliers. Les marins, qui s'étaient piqués d'amour-propre, voulaient montrer aux « vieux frères » comment on fabrique une tranchée modèle, avec caillebotis, puisard, rigole d'écoulement, plancher de rondins, etc. ; les territoriaux, doucement goguenards, souriaient sans rien dire dans leurs barbes de patriarche. Au matin, il est vrai, les tranchées étaient à peu près nettoyées, les banquettes et les parapets rétablis. Mais le soir, quand les marins prenaient la relève, tout était à recommencer : l'argile s'était effritée par morceaux sous l'action de la pluie et du bombardement ; l'eau, sourdant sous les pieds, avait rempli les boyaux. Pour l'étancher complètement, il eût fallu rétablir les drains de briques qui la conduisaient aux canaux d'évacuation et que les bêches des deux adversaires avaient crevés presque partout. Le réseau capillaire rompu, l'eau s'en échappait, remontait à la surface, « sang incolore » de cette terre où elle distribuait autrefois la vie et qu'elle noyait maintenant sous sa nappe léthargique (1). Un plus long effort pour combattre sa progression n'eût servi de rien et il fallait se résigner,

(1) Carnet de route d'un officier d'Alpins.

comme les « vieux frères », à passer la nuit dans la vase jusqu'aux mollets et quelquefois jusqu'aux hanches.

Du moins, l'ennemi se montrait-il assez accommodant. Le secteur de Lombaertzyde était relativement calme à cette époque, comme celui de Saint-Georges, qui le prolongeait vers le sud. Seules, quelques fusées troublaient de temps à autre la tranquillité nocturne. Elles éclairaient des étendues d'herbes sèches et d'eaux mortes, sans accidents, sans personnages humains, une sorte de grande pampa mouillée d'où émergeaient quelques toits de fermes pareilles à des arches flottantes...

Mais, si l'avant demeurait à peu près tranquille, l'ennemi de plus en plus recherchait nos lignes de communication et nos cantonnements ; Oost-Dunkerque était bombardé presque chaque jour. L'église, les caves mêmes n'offraient plus aucune sécurité et le commandant de Jonquières décida d'utiliser une partie des heures consacrées aux exercices pour faire creuser des abris dans la dune. Il ne s'agissait encore que d'abris provisoires où les compagnies pourraient se réfugier en cas de bombardement par gros obus. Déjà, le jour où le général Trumelet-Faber fut grièvement blessé sur le seuil de son quartier général, on avait fait évacuer l'église par les marins, puis, faute de place, on l'avait réintégrée en attendant de pouvoir loger ailleurs nos hommes. Vers le 12 enfin, elle fut rendue à sa destination et il est remarquable qu'à partir de ce moment les obus cessèrent de la rechercher.

Le général Trumelet-Faber avait été remplacé temporairement à la tête de la 81e division territoriale, où devait lui succéder le général Bajolle, par le général Exelmans, commandant la 162e brigade. Des bruits d'offensive commençaient à courir (1). Mais ils ne se précisèrent que le 14 : ce jour-là, le commandant de Jonquières reçut l'ordre d'envoyer dans la nuit une de ses compagnies à Ramscapelle, les trois autres à Nieuport et, entre temps, de se rendre lui-même dans cette ville où « des instructions relatives aux opérations à se dérouler le lendemain *lui* seraient données à 14 heures par le colonel Hennocque, commandant la 7ᵉ brigade de dragons ». De quelle nature seraient ces opérations, on l'ignorait. Mais, malgré l'envoi d'une compagnie à Ramscapelle, on ne doutait pas que la coopération des marins serait sollicitée de préférence vers Lombaertzyde, dont le secteur leur était devenu familier.

C'est sur Saint-Georges qu'on les jeta, dont le secteur leur était inconnu.

(1) « On parle à mots couverts d'une offensive à laquelle le bataillon prendra part, mais on ne sait ni sur quel point, ni dans quelles conditions elle se produira. » (Carnet du lieutenant de vaisseau L..., à la date du 13 novembre.)

II

LES PRÉLIMINAIRES D'UN INVESTISSEMENT

Une double offensive, concomitante à l'action personnelle de l'escadre anglaise sur les batteries allemandes de la côte, devait être dirigée à la fois sur Lombaertzyde et sur Saint-Georges, la première par le général de Buyer, avec son groupement de toutes armes et des fractions de la 2ᵉ et de la 4ᵉ division belge ; la seconde, par le colonel Hennocque, avec le bataillon des fusiliers marins, le groupe cycliste et un groupe d'artillerie de la 5ᵉ division de cavalerie. D'ordre du général de Mitry, commandant le détachement d'armée, les deux offensives s'ouvriraient le lendemain 15 décembre, à 6 heures du matin.

« Dès que la nouvelle fut officielle, écrit le lieutenant de vaisseau L..., il y eut dans tout le village une animation extraordinaire. Chacun faisait ses préparatifs ; les hommes vérifiaient leurs armes, leurs équipements. Vers le soir arriva le groupe des chasseurs cyclistes (1) qui cantonna dans l'église, vacante depuis que deux de nos compagnies avaient leurs cantonnements d'alerte dans les dunes d'Oost-Dunkerque et de

---

(1) Ce groupe, qui portait le numéro du 29ᵉ chasseurs, faisait partie intégrante de la 5ᵉ division de cavalerie.

Nieuport-Bains. Et, toute la nuit, ce fut un défilé continuel d'autobus, venant déverser dans le village leurs troupes d'attaque. Bruits de moteurs, interpellations, cris, jurons, piétinements rageurs des unités à la recherche de leurs cantonnements d'une heure et tombant dans un village archicomble, on voit d'ici le tableau et l'on pense bien que nous ne pûmes dormir cette nuit-là... »

Les dispositions adoptées pour l'attaque de Saint-Georges, la seule dont nous ayons à nous occuper ici, étaient les suivantes :

Une compagnie de fusiliers marins (la 3ᵉ, capitaine Le Page), et un groupe cycliste (capitaine de Tarlé, celui-ci chargé du commandement de la colonne) attaqueraient directement par la chaussée de Saint-Georges, le reste de la compagnie de chasseurs demeurant en réserve, ainsi que la 2ᵉ compagnie de fusiliers (capitaine Huon de Kermadec). Cette attaque serait appuyée à droite par la 4ᵉ compagnie de fusiliers (capitaine Martinie), partie en doris de Ramscapelle et qui prendrait l'offensive sur les fermes Groot-Northuys et Klein-Northuys situées dans l'inondation ; à gauche, par la 1ʳᵉ compagnie (capitaine Riou) qui se porterait en avant par la berge nord de l'Yser sous la protection de trois canonnières qui remonteraient le canal jusqu'au coude de l'Union (1). Le plus grand silence était recommandé aux hommes, car on voulait agir par surprise, seule manière, à ce qu'il semblait, d'emporter de front et du premier coup une position qui n'était abordable, suivant l'expression du commandant de

______

(1) L'effectif total du détachement placé sous les ordres du colonel Hennocque se décomposait comme suit, d'après

l'armée belge, que par l'étroit « couloir » d'une chaussée de dix mètres de large.

La nuit avait été calme. Il avait fait un peu de pluie, mais, jusqu'à Nieuport tout au moins, les colonnes empruntaient une bonne route, convenablement macadamisée et presque droite dans toute sa longueur. Partie à 4 heures du matin d'Oost-Dunkerque, la 3ᵉ compagnie, chargée de l'attaque, devait trouver aux Cinq-Ponts la compagnie de chasseurs cyclistes et la 2ᵉ compagnie de fusiliers désignée pour marcher en réserve. Le silence s'était tout de suite établi aux

M. JEAN-BERNARD *(Histoire générale et anecdotique de la guerre de 1914) :*

3 pelotons de chasseurs cyclistes de la 5ᵉ division de cavalerie...............................	150	hommes.
1 bataillon de fusiliers marins..................	660	—
3 escadrons de cavalerie à pied (des 9ᵉ et 29ᵉ dragons, 5ᵉ et 15ᵉ chasseurs)....................	388	—
1 section du génie..............................	40	—
TOTAL	1 238	hommes.

(Pour mémoire, une compagnie territoriale qui n'a pas eu à intervenir.)

4 batteries de 75 (3 de la 5ᵉ D. C. et 1 batterie)......	16	pièces.
1 batterie de 90...............................	4	—
1 section de 95................................	2	—
1 batterie de 155..............................	4	—
1 pièce de 120 anglaise sur chaland................	1	—
TOTAL	27	pièces.

(Pour mémoire, 3 batteries belges de 75 qui n'ont pas eu à intervenir.)

Deux canonnières venues par l'Yser.

Quelques doris vers Ramscapelle.

(Vers la fin des opérations, six nouveaux escadrons de la 5ᵉ D. C., sous les ordres du commandant Pomier-Layrargues, avaient été mis à la disposition du colonel Hennocque au fur et à mesure de leur relève dans le secteur des dunes ; on devait, le lendemain de la prise de Saint-Georges (29 décembre), y ajouter un escadron à pied du 3ᵉ cuirassiers (escadron Contenson).

approches de Nieuport. L'ennemi possédait de larges vues sur la route : fusants et percutants avaient déchiqueté le Bois-Triangulaire, dont l'écran d'arbres maigres couvrait les abords immédiats de la ville ; l'hiver avait achevé de l'ajourer et des balles perdues y sifflaient à tous moments. Elles ne nous firent cette fois aucun mal. Notre mouvement n'avait pas été éventé et quelques salves seulement s'écrasaient par intervalles sur Nieuport, qui n'était pas encore le cadavre de ville qu'elle est devenue : si ses petites maisons hispano-flamandes n'avaient plus de toits ni de planchers, la plupart avaient encore des façades. Mais nulle lumière n'y veillait. La vie s'y était terrée. Dans une des caves aménagées pour la garnison (1), le colonel Hennocque attendait nos officiers. Il leur distribua ses ordres, les leur commenta brièvement. Mais déjà un premier accroc venait d'arriver au programme : les canonnières, qui devaient remonter l'Yser en même temps que la 1re compagnie, étaient arrêtées à Furnes par une avarie de machines. On décida de se passer d'elles, et les compagnies de marins, par la rue Longue, se mirent en route pour les Cinq-Ponts, où se réunissent les six branches de l'éventail que dessine l'Yser au-dessus de la ville. La branche principale pointe droit dans le sud jusqu'à une cinquantaine de mètres du pont de l'Union où elle fait un coude vers l'ouest. Saint-Georges est dans ce coude, entre l'Yser et le

(1) « Le colonel Hennocque avait établi son quartier général rue des Cuisiniers, dans une salle de rez-de-chaussée à peu près intacte de la maison du notaire Perlau, de Nieuport ; le bombardement l'obligea à réunir ses officiers dans la cave, pour leur donner ses ordres et les commenter. » (JEAN-BERNARD, *ibid.*).

canal du Noord-Vaart, sur la route de Nieuport à Mannekensvere. Un chemin de halage suit le fleuve et, par une levée de terre qui s'y articule près de la Maison du Passeur, peut conduire obliquement au village. Mais c'est une piste plus qu'un chemin et, pour une troupe un peu compacte, le village n'est vraiment abordable que par la chaussée, dès lors que l'inondation interdit de prendre par les champs.

En tout temps, l'hiver, le suintement des eaux souterraines, le débordement des canaux d'irrigation jettent sur ces plaines basses des multitudes de petites flaques. Mais, depuis que le génie belge avait fermé les vannes du Beverdyck, l'immense paysage mouillé de naguère s'était transformé en un grand lac d'un seul tenant dont les eaux venaient mordre le pied des levées qui le quadrillaient et qui étaient les seules parties solides du paysage. Les deux adversaires, également obligés de se terrer, avaient dû utiliser le remblai des digues, les accotements des routes et des voies ferrées. Plus loin, sur le littoral, ils avaient la ressource des dunes, hautes quelquefois de cinquante mètres, où les obus sont neutralisés par la mollesse même de la couche sablonneuse. Là, c'était encore la guerre de taupes. Ici, où l'eau couvrait tout, à l'exception des chaussées, des digues et de ces petites bosses de terrain appelées *clyttes* ou *pacauts* et dues à l'affleurement de l'argile dans les parties hautes des prairies (1), c'était une lutte d'amphibiens, une batrachomyomachie en action, « la guerre des grenouilles », comme l'appelaient déjà les gentilhommmes du grand Roi

(1) Raoul BLANCHARD, *la Flandre.*

qui nous avaient précédés dans ces marécages. L'histoire, une fois de plus, allait se répétant...

La compagnie des chasseurs était en retard et quelques minutes précieuses furent perdues aux Cinq-Ponts à l'attendre. Cependant, le jour n'était pas encore levé quand les deux troupes d'attaque parvinrent aux tranchées de première ligne, établies à l'embranchement des routes de Saint-Georges et de Ramscapelle. Elles ne s'y arrêtèrent pas et prirent aussitôt la formation en colonne par un, les marins à droite, les chasseurs à gauche. Il ne pleuvait plus, mais le ciel restait chargé. « Temps couvert », disent les carnets. Le *shoore* dormait dans la brume. L'ennemi aussi. On n'avançait cependant qu'avec précaution et en tâtant le terrain. Il y a peu de maisons le long de cette chaussée de Nieuport à Mannekensvere et, tapies dans la dépression, c'est à peine si leur faîte atteint le niveau de la chaussée. L'une des premières qu'on rencontra, raccordée au remblai par un appentis, plongeait par l'autre bout dans l'inondation. Cette maison sans histoire et que ne blasonnait pas encore l'os frontal de bovidé encastré au-dessus de sa porte, comme à l'entrée d'une hypogée égyptienne, portait simplement jusque-là, sur nos cartes, le nom de maison K. Devant elle, sur la route, s'étalait un cadavre de vache affreusement gonflé par les gaz de la fermentation. On n'avait pas le loisir pour l'instant d'en débarrasser le paysage et longtemps ses émanations · obsédèrent nos marins : d'où le nom de Poste de la Vache-Crevée qui fut donné à la bicoque, quand le commandant de Jonquières s'y installa (1). La maison, d'ailleurs, était

(1) D'après M. Georges LE BAIL. (*la Brigade des Jean Le*

vide et ne tenait plus debout que par miracle. Enlisée dans l'eau grise, elle découpait sur les ouates du petit jour la silhouette tragique d'une épave. Il était à peu près 6 heures et demie du matin. Aucune autre maison n'était en vue des deux côtés de la chaussée jusqu'au prochain carrefour et la double colonne en avait profité pour accélérer son allure. Elle arriva ainsi, sans avoir essuyé un coup de feu, en se défilant d'arbre en arbre, à la croisée de la grande route et d'une petite levée de terre qui allait de celle-ci à la berge sud du canal. Au delà de la fourche, en contre-bas, des maisons s'ébauchaient : il y en avait une à main droite et tout un groupe à main gauche qui pouvaient recéler des forces ennemies. La prudence commandait de les reconnaître avant de continuer la progression. Des patrouilles y furent donc envoyées. Celle des marins, qui avait à explorer la maison de droite, était commandée par l'enseigne de vaisseau Souêtre. Elle n'était pas encore à destination que le bruissement d'un obus passa au-dessus de la chaussée, suivi de plusieurs autres. Le capitaine Le Page se retourne, voit une mare de sang, des lambeaux de capote, tout ce qui reste d'un de ses marins anéanti par un projectile lancé de nos lignes.

Un second projectile tombe sur la ferme que la patrouille s'apprête à explorer et où l'ennemi, dit-on, avait un dépôt d'approvisionnement. Les murs sautent. D'autres obus fauchent à droite et à gauche. Vite

Gouin), c'est lady Dorothée Feilding, l'héroïque et gracieuse ambulancière de la Croix-Rouge anglaise, qui aurait « baptisé ainsi cet affreux coin de terre », où elle visitait fréquemment nos marins. (Voir plus loin.)

on détache des « coureurs » jusqu'aux anciennes tranchées de la route de Ramscapelle, qui possèdent la liaison téléphonique, pour prévenir l'artillerie de son erreur et lui demander d'allonger son tir. Mais, dans l'intervalle, l'aube avait fait place au jour : éveillé par notre artillerie, l'ennemi s'était mis sur ses gardes et l'on ne pouvait plus compter le surprendre. D'un commun accord, le capitaine de Tarlé et le lieutenant de vaisseau Le Page décidèrent de s'en tenir là provisoirement et comme, entre temps, les patrouilles avaient reconnu que les maisons voisines étaient vides, ordre fut donné de les occuper et de les créneler. Une tranchée fut creusée en avant sur la route ; deux autres sur la levée de terre qui furent garnies par les marins, tandis que les chasseurs, poussant jusqu'au canal, allaient s'établir dans de vieilles tranchées allemandes évacuées par leur garnison,

La décision des deux officiers avait été prise sous leur responsabilité personnelle et, bien qu'elle dérangeât les plans de l'état-major, celui-ci la jugea si raisonnable qu'il y donna tout de suite les mains, comprenant qu'à continuer l'attaque en plein jour, on courait à un échec complet. Jusqu'aux maisons crénelées en effet, la route, oblique à l'Yser, échappait à peu près aux vues de l'ennemi, mais elle adoptait ensuite une direction parallèle au fleuve et la conservait jusqu'à Saint-Georges : l'ennemi, dans une position dominante, la prenait d'enfilade sur une longueur de 300 mètres et une largeur de 10. Pas un homme n'en réchapperait. Tout ce qu'on pouvait faire pour l'instant, c'était d'envoyer de nouvelles patrouilles reconnaître le terrain : l'une, de trois chasseurs, qui s'avancerait par la berge sud de l'Yser ; l'autre, de trois marins qui prendrait par la route de Saint-Georges.

Six volontaires s'offrirent. La patrouille des marins était commandée par le quartier-maître Besnard (Onésime) ; les deux hommes s'appelaient Savary et Dizet. Elle réussit à se faufiler jusqu'à 100 mètres du village. Pouvait-on pousser plus loin? Une certaine hésitation se manifestait chez les deux matelots. Le quartier-maître Besnard, pour leur montrer qu'il n'y avait aucun danger, partait seul en éclaireur, posait son béret à terre, revenait en rampant vers ses hommes et retournait le chercher avec eux (1). Ce petit jeu continua jusqu'au moment où il plut à l'ennemi d'y mettre un terme : Besnard s'affaissa, une balle dans le ventre et la hanche brisée ; Savary et Dizet aussi étaient touchés. Mais aucun d'eux n'était mort. Tous les trois eurent le courage de rester sans bouger à l'endroit où ils étaient tombés. A la nuit seulement, en se traînant sur le ventre, ils réussirent à regagner nos lignes et purent rendre compte de leur mission. Proposés pour la médaille et une citation, ils durent les attendre assez longtemps, car à cette époque le Quartier Général n'était pas prodigue de ces faveurs qui ne récompensaient que des actions d'un éclat exceptionnel.

Pendant ce temps, les trois hommes de la patrouille des chasseurs remontaient à la file indienne la berge sud du canal. Tout va bien tant qu'ils ont l'abri du remblai. Mais, en obliquant vers la Maison du Passeur, ils sont découverts à leur tour par les guetteurs ennemis et tirés à bout portant : le caporal est tué, les deux

(1) Second maître Ludovic LE CHEVALIER, *Carnet de campagne*.

chasseurs blessés. Trois de leurs camarades décident d'aller les chercher. « Pour téméraire qu'elle fût, dit un officier (1), l'entreprise aurait pu réussir, si les Allemands n'avaient pas occupé, en avant de la Maison du Passeur, une tranchée qui coupait le chemin de halage et, par un angle droit, se prolongeait le long de la berge en éléments discontinus. De face et de flanc, les trois hommes étaient sous le feu ennemi ; ils durent se replier, mais la tranchée et la maison, signalées à la batterie du capitaine Boueil, furent soumises aussitôt à un bombardement d'une précision et d'une efficacité remarquables : lâchant leurs terriers démolis, les Boches se mirent à fuir comme des lapins, poursuivis par les feux de notre infanterie. » Les trois chasseurs profitèrent de cette minute de désarroi pour renouveler leur tentative et furent assez heureux cette fois pour ramener dans leurs lignes les deux blessés et le corps du caporal.

Le jour déclinait. Il pleuvait légèrement. Dans ces ciels bouchés, la nuit empiète sur son heure habituelle et il valait mieux utiliser ce qui restait de clarté pour achever d'organiser nos positions ; les tranchées de la levée de terre, le groupe de maisons crénelées et la tranchée en avant de ces maisons furent laissés aux marins ; les chasseurs demeurèrent dans les tranchées à l'ouest et à l'est de la levée de terre, mais sans tenir complètement ces dernières, dont les éléments voisins de la Maison du Passeur s'étaient regarnis d'Allemands.

La compagnie Riou, qui opérait en soutien de la compagnie des chasseurs et de la compagnie Le Page par la berge nord de l'Yser, était arrivée dans la ma-

____

(1) Carnet du lieutenant de vaisseau L...

tinée à peu près à la même hauteur que ces compagnies (1) et un petit poste avait été installé par elle
dans les ruines de la maison F..., entre la ferme
Versteck et la route du vieux fort de Nieuwendamme.
La 4ᵉ compagnie de marins, sous les ordres du lieutenant de vaisseau Martinie, avait également atteint
les premiers objectifs qui lui étaient assignés. Cette
compagnie, on s'en souvient, était venue cantonner
dans la nuit à Ramscapelle, en pleines lignes belges ;
elle y avait trouvé les vingt doris expédiées de Dunkerque le 14, à 11 heures du soir, sur des camions
automobiles, et qui devaient la transporter de l'autre
côté de l'inondation. Ces doris sont d'assez grandes
barques à fond plat qui servent à la pêche moruyère ;
les hommes y prennent place, quand la goélette est
à la cape, pour aller mouiller et relever leurs palangres.
Deux pêcheurs, un patron et un « avant », forment tout
leur équipage, mais, comme l'embarcation ramène
quelquefois jusqu'à trois cents morues, on lui donne un
gabarit assez large. Très légères et très mobiles cependant, maniables à la perche comme à la rame, ces
doris paraissaient on ne peut plus propres à naviguer
sur des marais sans profondeur. Elles avaient été
logées à la gare, d'où l'on pouvait aisément les lancer
en bas de la voie ferrée qui trempait dans l'inondation.
Le commandant de Jonquières s'était rendu de nuit
à Ramscapelle pour procéder en personne à l'opération.
Mais, au dernier moment, on constata que le choix
de l'intendance ne s'était pas porté sur la fleur du
panier : plusieurs des doris avaient besoin d'être cal-

(1) « Près d'un tas de briques jusqu'où s'était avancé un
de ses pelotons », précise le journal du docteur L. G...

fatées, trois étaient complètement hors de service, et toutes manquaient de nables, qu'il fallut leur confectionner sur place. Vaille que vaille, on put en mettre dix-sept à l'eau, et la compagnie s'y embarqua au complet, à raison de sept ou huit hommes par embarcation. Les écharpes de la brume, l'absence de lointain, le calme de l'air, tout conspirait pour donner on ne sait quoi d'étrange et comme de léthéen à cette zone inondée dont la surface ne reflétait que les blancheurs molles en suspension dans l'atmosphère ou le grand vol las d'un héron dérangé par les nageurs. Les barques partaient l'une après l'autre en s'espaçant ; les hommes se courbaient pour que leur silhouette ne dépassât pas trop le niveau de bordage ; les ordres se transmettaient à voix basse, car, bien qu'on fût assez loin de l'ennemi, on savait avec quelle intensité l'eau propage le son ; les rames mêmes, feutrées de chiffons, ne faisaient aucun bruit en plongeant. Presque tout de suite la brume absorba ces fantômes. « On les vit quitter la rive, dit un témoin (1), diminuer, se fondre. Ils étaient partis deux cents (2), l'arme bien en main. On ne les vit plus. Longtemps après, longtemps, on entendit des coups de fusil. » Mais cette fusillade venait d'ailleurs, et la traversée s'était accomplie sans accident, sinon sans difficulté. Malgré leur faible tirant d'eau, les doris touchaient continuellement ou s'embarrassaient dans les herbes, et les hommes devaient entrer dans la vase pour les dégager. Heureusement le tir de l'artillerie allemande, concentré sur Nieuport, négligeait provisoirement les entours de Ramscapelle.

(1) Albert Londres, *Matin* du 21 décembre 1914.
(2) Exactement, 120.

A 9 heures 30, toute la compagnie prenait pied sur la rive opposée du lagon d'où elle se dirigeait vers les fermes Klein et Groot-Noordhuyst qu'elle avait pour objectifs. Les deux fermes, l'une assez importante, avec grand corps de logis et communs, l'autre plus petite et dépendant peut-être de la précédente, se présentaient de biais sur leurs *clyttes*. Tout le reste de la dépression était vide. Rien, pour se défiler, que quelques bouquets de saules et les têtards défeuillés qui balisaient lès canaux d'irrigation. Les deux fermes étaient-elles occupées? On l'ignorait, bien qu'on sût que les Belges eussent par là un poste avancé. L'enseigne de Blic partit en reconnaissance. Il revint sans avoir essuyé aucun coup de fusil : la ferme Groot-Noordhuyst contenait un petit poste belge et, dans la ferme Klein-Noordhuyst, qui touchait le canal, il n'y avait personne.

Le silence de l'ennemi s'expliquait. On laissa la ferme Groot-Noordhuyst à la garde des Belges, et les 120 hommes des doris occupèrent Klein-Noordhuyst, d'où une petite levée de terre conduit au pont de Katelersdamme, rattaché lui-même par une autre petite levée à la Ferme-aux-Canards, que 200 mètres à peine séparent de Saint-Georges. Mais, de ce côté du Noord-Vaart encore, on retrouvait l'inondation. La Ferme-aux-Canards ne faisait plus qu'un îlot. On ne pouvait même pas l'aborder à pied sec par sa chaussée, submergée sur une moitié de sa longueur. La 4ᵉ compagnie allait néanmoins s'y engager, quand elle apprit que la colonne principale s'était retranchée à la hauteur des maisons crénelées. Elle n'avait plus qu'à rester sur ses positions, et c'est ce qu'elle fit.

III

L'EXPÉDITION DES CANONNIÈRES LE VOYER

Ainsi, sur les trois côtés de l'attaque, la progression était suspendue, mais, à droite et à gauche aussi bien qu'au centre, on avait fait un grand pas vers Saint-Georges, et on l'avait fait « sans casse » ou avec des pertes insignifiantes (1). Le colonel Hennocque décida donc de reprendre l'attaque dès l'aube du lendemain et des ordres furent donnés en conséquence aux trois colonnes d'assaut, la compagnie Huon de Kermadec demeurant en réserve sur le bord du quai. Mais, cette fois, il n'y avait plus à escompter l'effet d'une surprise. L'ennemi était sur ses gardes et le montrait assez au feu violent qu'il déclanchait sur Nieuport, les Cinq-Ponts, les digues et les chaussées.

Par compensation, il est vrai, un nouvel élément allait entrer en ligne : les « canonnières fluviales » de l'enseigne Le Voyer. On fondait de grands espoirs sur leur coopération, qui était, dit-on, une idée du général Foch et qui « avait pour but de semer la panique sur les arrières de l'ennemi en prenant en enfilade Lombaertzyde et Saint-Georges, tandis que les troupes du

____

(1) **33** hommes hors de combat pour l'ensemble du bataillon ; 50 pour le reste de l'effectif.

général de Buyer et du colonel Hennocque donneraient l'assaut de front ». Et cet espoir n'eût peut-être
pas été trompé si nous avions eu à notre disposition,
comme le pensait Foch, de véritables canonnières.
Mais celles-ci n'en avaient que le nom : c'étaient de
simples vedettes dunkerquoises, de ces canots à petit
moteur auxiliaire qui vont chercher la « prime » sur
les bancs, au temps de la pêche harengière, et qui
peuvent porter tout au plus trois ou quatre tonnes
de poisson. Pas de protection ; une coque en bois fatiguée, des moteurs avariés ou complètement hors
d'usage. Dans le dispositif initial, les canonnières,
au nombre de six, devaient se partager en deux flottilles dont l'une opérerait sur Lombaertzyde par le
canal de Plaschendaele, l'autre sur Saint-Georges par
l'Yser (1). Pour organiser et diriger cette double
expédition, deux enseignes volontaires avaient été
demandés à la défense mobile de Dunkerque par le
ministère de la Marine. Quant aux équipages, composés de volontaires aussi, on les avait formés d'éléments pris un peu partout : au dépôt, dans la brigade,
même parmi les cuirassiers, qui avaient fourni deux
servants de mitrailleuses. L'ordre portait d'être rendu
le 15 au petit jour à Nieuport, pour participer à l'attaque. Mais les vedettes, bien que réquisitionnées dès
le 12, n'étaient arrivées aux Chantiers de France que

(1) Sur les observations judicieuses de l'enseigne Le Voyer,
qui avait pu, dans l'après-midi du 13, se rendre en auto de
Dunkerque à Nieuport et jeter un bref coup d'œil sur le secteur, la première partie de ce programme fut abandonnée :
les berges du canal de Plaschendaele, sensiblement plus hautes
que celles de l'Yser, n'eussent pas permis aux vedettes de
tirer par-dessus.

le 14 au matin et, quelque diligence qu'on fît, il semblait impossible de les radouber, de les armer et de les conduire à temps aux Cinq-Ponts. De fait, dans la journée, trois seulement de ces invalides purent être mises en état. Leur armement comportait un canon de 37 millimètres de marine et une mitrailleuse de Saint-Étienne par embarcation. Mais les affûts manquaient pour les 37 : on en improvisa avec des madriers cloués sur l'étrave. L'enseigne Le Voyer, en qualité de plus ancien en grade, partit le premier à 4 heures du soir avec les trois canonnières rafistolées, laissant à son second le soin de poursuivre l'armement des trois autres. Il n'y avait à bord que le personnel de manœuvre ; le personnel combattant attendait aux Cinq-Ponts où on lui avait donné rendez-vous pour embarquer.

De Dunkerque à Nieuport, la distance n'est pas très considérable par le canal de Furnes. Même au train de trois nœuds à l'heure, qui était le train de la flottille et qui est l'allure d'un homme à pied, on pouvait la couvrir en sept ou huit heures. Mais il eût fallu que la voie fût libre, les éclusiers prévenus. Or ces braves gens dormaient à poings fermés. Ci, une heure perdue devant chaque écluse. Pour comble de déboire, le moteur d'une des embarcations se détraque, l'hélice d'une autre s'engage... Bref, à 2 heures du matin, on n'était encore qu'à Furnes où l'on dut stopper jusqu'au petit jour. Et l'on n'avait réparé qu'une des embarcations ! L'autre ne pouvait être dégagée qu'au sec. L'enseigne Le Voyer l'avait prise en remorque. Quand il arriva enfin devant les écluses de Nieuport le 15, vers 11 heures, salué au passage par les shrapnells allemands, nos troupes depuis longtemps étaient parties à l'attaque. L'expédition fut renvoyée au lendemain. Mais, comme les éclusiers des Cinq-Ponts avaient quitté leur poste, soumis à « un gros marmitage de 210 (1) », et que l'entrée du canal de l'Yser ne nous fut donnée qu'à 5 heures du soir, il n'y eut pas moyen d'échouer au sec la vedette engagée.

Restaient les numéros 1 et 3, à peu près en état, calfatés, armés, démâtés, mais dont le temps avait manqué pour matelasser les bordages, et qui s'appelaient primitivement la *Jacqueline* et le *Moqueur-des-Jaloux*. Le personnel combattant y embarqua dans la nuit. L'enseigne Le Voyer commandait la *Jacqueline;* le *Moqueur* était sous les ordres du second maître Gourmelin. Debout, sans protection d'aucune sorte, « sur le pont de ces deux rafiots filant trois nœuds à l'heure, visibles de tous les points de l'horizon dans la plaine rase des Flandres, vingt-quatre hommes de-

(1) « Si, entre Dunkerque et Furnes, les éclusiers sommeillaient, aux Cinq-Ponts ils avaient lâché pied sous un gros marmitage de 210. Où les dénicher? A 4 heures du soir seulement, après de multiples chassés-croisés à travers les caves de Nieuport, on parvient à mettre la main sur eux. Entré dans le canal de Nieuport à Ypres (Yser) à 5 heures. Pendant la nuit, cinq contre-attaques allemandes à 600 mètres de nous, vers Lombaertzyde. Des balles viennent jusqu'à nos embarcations. Le commandant nous fait coucher dans la cale. Pas de blessés. Mais on crève de faim. Va-t-on nous laisser périr d'inanition? La nuit passe. Il est 4 heures du matin. *All right!* Voici des vivres, mais quels! De la viande crue (sur des bateaux à essence où on ne peut se permettre de craquer une allumette !), un peu de pain et de vin, un litre de rhum. Il était temps : nous n'avions pas mangé depuis Dunkerque, depuis près de quarante-huit heures ! » (Carnet de route du matelot M...)

vaient franchir 1 500 mètres en terrain découvert pour aborder l'ennemi, traverser ses lignes bordant le canal et aller jusqu'à 800 mètres dans l'intérieur prendre les rues de Saint-Georges en enfilade ». Comme dit le fusilier Blandeau, un des héros de l'expédition, « ce n'était pas un petit travail. Un cuirassé, si un cuirassé pouvait remonter l'Yser, eût à peine suffi à la tâche. Or, en fait de cuirassé, nous avions deux sabots de vedettes qui pétaient un chahut de cent mille diables ». Ainsi montée, l'expédition semblait vouée à un échec certain ; tout au moins c'était la mort presque certaine pour ceux qui allaient courir si folle aventure et qui, exposés à couler et peut-être à périr ensemble, ne se connaissaient pas une heure auparavant. A 5 h. 45, avant de donner le signal du départ, l'enseigne Le Voyer, qui voyait le feu pour la première fois, passa dans leurs rangs et leur serra la main à tous, puis, prenant la parole, il leur expliqua en quelques mots le but de l'expédition, son importance, ses difficultés et ses risques, ajoutant qu'ils avaient reçu lui et eux une mission de confiance, que c'était un honneur d'avoir été choisis pour l'exécuter, que la France avait les yeux sur ses marins et qu'elle savait qu'ils feraient leur devoir jusqu'au bout, quoi qu'il arrivât. Bien des harangues du même genre ont été prononcées par des chefs en des circonstances analogues, mais un patriotisme si communicatif émanait de celle-ci « que tous, vibrants d'émotion, dit le fusilier Blandeau, nous nous écriâmes : « Vive la France ! » Et, à l'évocation des dangers qui les attendaient et dont une expérience du front déjà ancienne leur faisait sentir toute la gravité, « pas un de ces hommes, dit un autre témoin, ne baissa seulement les yeux ».

Parties à 6 heures du matin, en pleine nuit, les deux vedettes n'avaient aucun feu, aucun point de repère pour se guider. Mais, jusqu'à son confluent avec le vieil Yser, le canal suit une direction rigide. Et le petit jour, d'ailleurs, n'allait pas tarder. Sur la berge nord, où opérait la compagnie Riou, l'enseigne Guéguen, qui devait être blessé au cours de l'action (1), avait déployé sa section aussitôt les canonnières signalées. Le capitaine de Tarlé en avait fait autant avec ses chasseurs, sur la berge sud. Mais leur progression ne pouvait être aussi rapide que celle des deux vedettes, qui, à 6 heures et demie, se trouvaient déjà devant les tranchées allemandes.

« Jusque-là, dit un des acteurs de l'affaire, tout s'était bien passé : 75 et 120 s'en donnaient à cœur joie sur les défenses ennemies du canal. Les Boches encaissaient et se rencognaient au fond de leurs tranchées. Leur artillerie elle-même, surprise ou occupée ailleurs, ne nous tapait pas encore dessus. C'est le propre tir de nos 75 qui nous força de stopper (2). » Des ordres avaient pourtant été donnés la veille par le colonel Hennocque pour que l'Yser fût « dégagé d'artillerie ». Le tir finit par s'écarter et les deux

(1) Le même jour fut tué le premier maître fusilier Déniel, faisant fonctions d'officier des équipages. « Il est mort, écrivait à sa famille le commandant de Jonquières, dans un magnifique élan qui l'avait entraîné dans une mission qu'il avait à remplir aux abords du village de Saint-Georges. »

(2) Pendant le tir de l'artillerie française, Le Voyer jugea prudent d'abandonner un moment les canonnières et s'installa avec ses mitrailleuses le long de la berge nord dans des boyaux de communication évacués par l'ennemi (V. à l'*Appendice*.)

vedettes purent continuer leur route, « canonnant au passage les maisons de la rive et prenant d'enfilade, à bout portant, quelques éléments de tranchées (1). Nous avons dû tuer là une trentaine de Boches. La riposte ennemie était extrêmement faible. On voyait sortir au bout de deux bras des fusils qui tiraient vaguement dans notre direction. Mais à 400 mètres environ à l'intérieur des lignes allemandes, à 600 mètres du coude de l'Yser, nous sommes arrêtés par une passerelle jetée en travers du canal. Démoli la passerelle à coups de 37 à 200 mètres. Par exemple, impossible de pousser plus loin : sous la passerelle, dans la vase, un barrage de pieux interdit toute navigation... »

L'enseigne Le Voyer manœuvra donc pour mettre le cap sur Nieuport, tout en accostant ses vedettes à la rive ouest et en continuant à tirer au canon seulement, « aucune tête allemande ne se montrant plus hors des tranchées ». Ses objectifs étaient les maisons de Saint-Georges, à 800 mètres, et les deux ou trois fermes plus rapprochées qui bordaient le canal vers le coude de l'Union. On visait de préférence les toits, « où l'on savait que l'ennemi s'embusquait pour surplomber nos tranchées de première ligne ». Plusieurs furent atteints et prirent feu. Cependant, à 100 mètres de nous, en bordure de l'Yser, au croisement du chemin de halage et de la levée de terre qui mène à Saint-Georges, il y avait une maison à étage, ruinée en partie, dont la façade regardait le canal et qui tournait

(1) Le pointeur du canon de Le Voyer s'appelait Calvarin ; celui du canon de Gourmelin : Thymen. Tous deux venaient, ainsi que Sauvaire-Jourdan, de la 7e section d'autos-canons commandée par le lieutenant de vaisseau Thirion.

vers nous son pignon sans fenêtre. C'était la Maison du Passeur, qu'un boyau reliait aux tranchées allemandes du village. Pas un coup de feu n'en était parti quand nous avions défilé devant elle, soit qu'elle fût abandonnée, soit que ce silence cachât un piège. Nos hommes observaient avec attention ses abords.

— Commandant, crie l'un d'eux, une gueule de Boche !

Des Allemands, en effet, rampaient dans le boyau pour gagner la Maison du Passeur. Mais, leur voyant des bérets et ignorant que l'ennemi eût détaché des marins à Saint-Georges, l'enseigne Le Voyer se demanda si d'aventure ces prétendus Boches ne seraient pas des fusiliers d'une de nos compagnies.

Le plus simple était d'y aller voir. La *Jacqueline* stoppa, et Kerenflech, le quartier-maître qui avait signalé à son chef la présence d'« une gueule de Boche », fut envoyé en reconnaissance sur la rive gauche avec quatre matelots, volontaires comme lui, Blandeau, Daniel, Laidet, Durand.

« Nous prenons le fusil, dit Blandeau. Nous arrivons, nous ouvrons la porte. » Et, tout de suite, la patrouille est renseignée : les Boches « grouillent » à l'intérieur. Kerenflech et Blandeau « tirent dedans au jugé », puis décampent, suivis de leurs camarades. Collés contre la berge, qui forme parapet, ils assisteront de là aux péripéties du drame qui va se dérouler avec une rapidité foudroyante. Sitôt son erreur reconnue, la *Jacqueline* s'est écartée pour bombarder la maison, à l'étage de laquelle les Allemands essaient d'installer une mitrailleuse. Deux fois la précision de son feu les en empêche. « A mesure qu'ils s'attiraient (*sic*), dit Blandeau, je les voyais lever les bras en l'air et chavirer. » Déjà l'équipage, exalté par son succès, ne parlait de rien moins que de débarquer pour donner l'assaut à la maison.

— On fera des prisonniers, commandant. Permettez qu'on accoste !

Mais les ordres de l'enseigne ne comportaient rien de pareil. Puis l'ennemi continuait à recevoir des renforts par le boyau. Et tout à coup la membrure d'arrière de la *Jacqueline* résonna comme sous une claque formidable : fonçant du pont de l'Union, une auto-mitrailleuse allemande venait de se défiler à 800 mètres et d'ouvrir le feu sur les deux vedettes. Impossible de la repérer, derrière la haie ou le mur qui la masquait complètement. Tout le tragique de la situation apparut. Les deux embarcations se trouvaient bloquées dans une sorte de goulot, bouché à son extrémité par les pieux de la passerelle et d'où elles ne pouvaient s'évader qu'en s'exposant aux feux conjugués de la Ferme Versteck et de la Maison du Passeur. La Ferme Versteck n'était qu'un petit poste ; mais, dans la Maison du Passeur, que nous continuions à canonner vigoureusement sans pouvoir l'atteindre dans ses œuvres basses, à cause du léger surplomb de la berge, l'ennemi avait réussi à mettre en batterie deux mitrailleuses. Elles se dévoilèrent brusquement, « nous tirant dessus à une demi-largeur de canal », soit 25 brasses au plus.

« Alors, continue Blandeau, commença la valse de nos vedettes. Ce fut le tour des nôtres d'être décimés. Le lieutenant avait délaissé le canon-revolver pour la mitrailleuse. Je le vois encore sur la dunette, d'une main tenant la jumelle, de l'autre donnant les signaux des ordres à exécuter... » Avant que la première mitrailleuse allemande eût réglé son tir, une salve de la *Jacqueline* l'avait démolie, mais la seconde nous « arrosait » à bout portant. Et, du coude de l'Union, nous arrivaient en même temps des volées de balles qui crépitaient sans discontinuer sur l'arrière du bateau. La gâche du canon de Gourmelin saute ; le canon de Le Voyer est mis à son tour hors de service, puis la mitrailleuse. L'enseigne Le Voyer a encore le temps d'abattre de deux coups de revolver un *feldwebel* « debout dans une des fenêtres de la maison » : mais, autour de lui, ce n'est qu'un charnier. Le pont est couvert de sang ; l'homme de barre est tué. La *Jacqueline*, désemparée, flotte à la dérive. Une nouvelle décharge couche ce qui reste de l'équipage et son chef, le tibia et le péroné fracassés. Seul, le mécanicien, dans les fonds du navire, n'a aucune blessure. C'est l'essentiel. Sur les mains, le ventre, halant sa jambe brisée, l'enseigne Le Voyer se traîne jusqu'à la barre, s'y cramponne éperdument et redresse la direction. Mais l'énergie la plus surhumaine ne lui permettrait pas de doubler le cap des Tempêtes, la terrible Maison du Passeur qui le tient sous son feu, auquel il ne peut plus riposter, si, « dans l'instant même où, après avoir éteint la première mitrailleuse allemande, il était fauché par la deuxième avec tout son monde », sa canonnière auxiliaire, commandée par le second-maître Gourmelin, n'avait heureusement réduit au silence cette deuxième mitrailleuse.

C'était le cuirassier Sauvaire-Jourdan (1) qui avait

(1) Fils du capitaine de vaisseau Sauvaire-Jourdan, un des officiers supérieurs les plus estimés de la marine, et notre distingué confrère de l'*Écho de Paris*. Voir à l'*Appendice* la

fait ce coup de maître. Roulé par une balle dans la tête, il s'était relevé et avait repris le tir. Blessé de nouveau, le genou broyé, il avait continué à se servir de son arme « jusqu'à ce qu'elle fût enrayée par deux projectiles ennemis dans la boîte de la culasse ». Cette magnifique constance sauva la retraite. Les Allemands avaient bien réussi à installer une troisième mitrailleuse dans l'unique fenêtre du pignon nord de la maison : mais les canonnières étaient déjà à 500 mètres, quand elle ouvrit le feu. Un danger plus grave les attendait une fois hors des lignes allemandes : les 77 ennemis, qui avaient eu le temps de repérer soigneusement la zone où elles évoluaient, couvrirent le canal d'une pluie d'obus. Par une chance merveilleuse, aucun n'atteignit les fugitives de plein fouet. La canonnière de Gourmelin s'en tirait avec un blessé et deux morts. L'un de ceux-ci, un grand ilien roux, taillé en hercule, le pointeur Thymen, après la démolition de sa pièce et quoique atteint d'une balle au pied, s'était mis à la barre où une seconde balle l'avait étendu raide. En cet état, il servit encore : pelotonné sous son énorme cadavre, comme sous une carapace, un autre homme de l'équipage put diriger sans une égratignure la manœuvre de l'embarcation ; mais le corps de Thymen, à l'arrivée, s'en allait par lambeaux : on y compta plus de quarante balles. A bord de l'enseigne Le Voyer, il y avait cinq morts et sept blessés graves sur douze hommes. Personne n'était debout, même le chef, cramponné sur un genou à sa barre, dans une mare de sang, et qui ne la lâcha qu'à Nieuport. Au fond de

lettre de Paul Sauvaire-Jourdan à son père, avec notes de l'enseigne Le Voyer.

leurs tranchées, sur les deux rives du canal, chasseurs et marins contemplaient avec stupeur ce grand cercueil qui descendait l'Yser. Le *Moqueur-des-Jaloux* suivait à 100 mètres. Le feu avait pris dans sa machine. Et ce fut, somme toute, une rentrée épique, digne des fastes de l'ancienne marine, que celle des deux « rafiots », l'un en flammes, l'autre prêt à couler bas et tous deux « réduits à l'état d'écumoires », leur personnel fauché, leur bordage démoli, leurs pavillons en loques, mais battant toujours à la drisse.

L'expédition nous coûtait cher sans doute. Encore serait-il injuste d'en accuser le « trop grand élan de M. Le Voyer », coupable de s'être porté « un peu trop loin sur le canal ». L'enseigne Le Voyer n'avait fait qu'exécuter strictement les ordres de ses chefs. Chargé de prendre d'enfilade les maisons de Saint-Georges, il s'était tenu pendant plus d'une demi-heure, sans aucune protection, à 600 mètres dans l'intérieur des lignes ennemies. Sur 24 hommes de l'expédition, 10 étaient morts, 8 étaient blessés, et l'extraordinaire, en vérité, est qu'un seul soit revenu vivant. Mais pas un de ces morts, pas un de ces blessés, ne restait aux mains de l'ennemi (1). Un canon de 37 et deux mitrailleuses étaient hors de service, mais tout le matériel était ramené. Et enfin l'ennemi avait subi des pertes beaucoup plus lourdes que les nôtres. Outre que nous lui avions tué ou blessé une cinquantaine

(1) En élongeant la berge, l'enseigne Le Voyer avait encore pu recueillir à son bord un des cinq patrouilleurs demeurés sur la rive. Trois autres avaient plongé dans le canal ; le cinquième, Kerenflech, agenouillé dans la position de tirailleur, « homme d'une bravoure hors ligne », dit son chef, ne bougeait plus quand on le releva.

d'hommes, nous lui avions mis hors de service deux mitrailleuses, détruit une passerelle, coupé six fils téléphoniques, incendié plusieurs maisons. Les équipages des deux embarcations s'étaient montrés d'un héroïsme égal à celui de leur chef. Presque tous les hommes avaient deux ou trois blessures. Le fusilier-mitrailleur de la *Jacqueline*, Joseph Morin, en avait onze pour sa part. L'enseigne Le Voyer lui-même portait, en plus des siennes, sept passages de balle et deux de shrapnells dans son caban. Une volonté plus forte que tous les élancements de la souffrance avait pu seule lui permettre de garder la direction de sa vedette jusqu'au bout. Transporté sans connaissance au poste de secours, il ne sortait de son évanouissement que pour songer à ses frères d'aventure. « Ayant fait demander le colonel, raconte le fusilier Blandeau, il lui disait en notre faveur qu'il ne fallait plus recommencer, car c'eût été sacrifier des hommes inutilement. » Et cette touche d'humanité, ce souci de la vie des autres dans un moment où les chirurgiens ne pouvaient répondre de la sienne, achève de conférer une beauté supérieure à la figure de l'héroïque officier (1).

(1) Guéri de sa blessure, entré dans l'aviation, nommé lieutenant de vaisseau et commandant en dernier lieu l'escadrille maritime du centre de Tréguier, Émile Le Voyer est mort au champ d'honneur le 26 avril 1918, à l'âge de trente et un ans. Du discours prononcé à ses obsèques par le capitaine de frégate Lefebvre nous extrayons ce passage émouvant : « Le vendredi 26 avril dans l'après-midi, perçant la brume, le lieutenant de vaisseau pilote aviateur Le Voyer et son fidèle matelot observateur Chambriard (Antoine) partaient en patrouille... A peine étaient-ils à l'embouchure de la rivière que, pour des raisons encore inexpliquées, à 500 mètres

d'altitude, l'appareil qui les portait virant à gauche, l'aile droite se brisa. C'était la chute fatale. L'observateur Chambriard fut projeté hors de l'hydravion qui vint s'abîmer dans les flots. Après de tenaces recherches, grâce à l'aide efficace des patrouilleurs, l'appareil détruit fut découvert et sorti de l'eau : le corps du commandant se trouvait dedans. Notre ami était là, tel le capitaine sur la passerelle de son navire qui sombre : le marin comme l'aviateur étaient à leur poste. A votre poste, lieutenant de vaisseau Le Voyer, vous y fûtes toujours. Depuis le commencement de cette guerre sans merci, vous l'avez constamment choisi parmi les plus périlleux... »

IV

UNE PROGRESSION MÉTHODIQUE

Seule une progression lente, méthodique, pouvait maintenant nous rendre maîtres de Saint-Georges, et cette progression devait se faire surtout par la grande route et le long de l'Yser.

La compagnie Martinie resta cependant en cantonnement d'alerte jusqu'au 18 décembre dans la ferme Klein-Noordhuyst, derrière la digue du canal de Noord-Vaart. Qu'y avait-il de l'autre côté de cette digue, dans l'espèce de botte dessinée par le canal de l'Yser? L'ennemi occupait-il les trois ou quatre fermes dont les toits rouges luisaient çà et là sur l'eau grise? Il était intéressant de le savoir. Une reconnaissance, sous les ordres de l'enseigne de Blic, remonta la berge sud du canal et s'avança dans la direction des fermes Terstyle et Violette, placées dans le talon de la botte.

C'était un marin peu banal que ce de Blic, qui achevait son noviciat chez les Jésuites au moment où la guerre éclata. Il avait repris immédiatement du service et était entré à la brigade en même temps que son ami et collègue de noviciat, le père Poisson. Enseignes de réserve tous deux, ils avaient reçu le baptême du feu le même jour, à Melle, qui fut la préface de Dixmude, et rien, à la vérité, sauf la retenue de leur verbe et le crucifix qu'ils tiraient parfois de leur poche pour le baiser, n'eût trahi dans ces officiers, d'un allant et d'une bravoure extraordinaires, les congréganistes qu'ils étaient devenus. La caserne sans doute n'est pas si loin du cloître et, dans tout soldat, il y a l'étoffe d'un moine. Mais, plus encore que la vie militaire, la vie de l'officier de marine, son resserrement, ses longues réclusions, ses veilles solitaires, sa stricte discipline, rappellent les conditions mêmes de la vie religieuse. Rien ne ressemble plus à la cellule d'un trappiste que la cabine d'un marin. Toutes deux tiennent dans quelques pieds carrés et toutes deux baignent dans l'infini. Le passage d'un de Blic dans les ordres s'était fait aussi naturellement que sa rentrée dans les cadres. Il n'avait rien eu à changer dans ses dispositions intérieures et, extérieurement, la présence d'un galon ou deux sur la manche ne changeait pas grand'chose non plus à une tenue dont la couleur austère restait la même chez le congréganiste et chez l'officier. Mais nos hommes, peu sujets à s'étonner pourtant, n'en revenaient pas de trouver chez un « curé » tant de bonne humeur, de fantaisie et de bravoure. Ils ne savaient pas combien, pour certaines âmes, vivre dans le voisinage de la mort, avoir à toutes les minutes son frôlement et comme le vent de l'éternité sur la figure, c'est, suivant l'expression d'un autre prêtre-soldat, l'abbé Chavoleau (1), une joie qui rend fades toutes les joies. Coiffé d'un béret de marin, le mousquet au poing, il arrivait à de Blic de partir seul en patrouille, de

(1) Caporal au 90ᵉ d'infanterie, tué le 4 mai 1916. Voyez sa *Vie* par M. Émile BAUMANN.

s'offrir pour les reconnaissances les plus aventurées. Blessé dans une de ces reconnaissances, à Dixmude, le 26 octobre, il était revenu à la brigade à peine guéri. Et il y avait repris sa vie de Comanche. Mais on n'était plus ici à Dixmude et, dans ces plaines inondées, les reconnaissances ne pouvaient se faire que par bateau. Justement nous avions là nos doris, échouées dans les roseaux, sur les bords du marais. Leur faire passer la digue du Noord-Vaart et les lancer de l'autre côté du canal dans le *shoore* n'était pas d'une exécution bien difficile. De Blic, la veille de sa mort, était allé ainsi en doris, avec le quartier-maître Quinquis et cinq hommes, reconnaître la Ferme-aux-Canards. Le 17, il monta une autre expédition dans le sud vers les fermes Terstyle et Violette. L'expédition, cette fois, n'était composée que de quatre hommes : de Blic et les fusiliers Prieul, Younou et Cordier. La première ferme était vide. La doris reprit sa marche silencieuse vers la seconde (la ferme Violette). Elle put accoster la *clytte* et les hommes, après l'avoir cachée dans les roseaux, se mirent à ramper vers les bâtiments, de Blic en tête. A 100 mètres de la ferme, une rafale s'abattit sur eux : de Blic avait été tué sur le coup ; Cordier agonisait ; Younou, blessé, fut fait prisonnier, croit-on. Seul Prieul, quoique blessé lui-même à l'épaule, put se dissimuler derrrière une souche. Il y resta jusqu'à la nuit et, tantôt en rampant, tantôt à la nage, parvint à rejoindre derrière le canal une de nos sections d'avant-poste. Ce fut par lui qu'on apprit la mort de l'enseigne, confirmée deux jours plus tard, dit Claude Prieur, par « la capture en cet endroit d'un sous-officier boche » qui déclara avoir « assisté aux obsèques sur place d'un officier français habillé en marin (1) ». Le lendemain ordre arrivait à la 4ᵉ compagnie de rentrer à Nieuport : une section belge devait nous relever à Klein-Noordhuyst. La nouvelle tactique adoptée par le colonel Hennocque, le système de progression lente qui avait prévalu pour l'attaque sur la manière brusquée des premiers jours, exigeait que nos compagnies pussent se relayer sur la chaussée de Saint-Georges et le long de l'Yser. Peut-être eût-il été plus sage d'écouter dès cette époque les suggestions de l'enseigne de Blic et d'essayer d'occuper les fermes Terstyle et Violette avant que l'ennemi ne les eût organisées : l'échec des Belges, chargés de l'en déloger lors de l'attaque du 9 mai (2), ne nous eût pas obligés, sous les feux convergents qu'il dirigeait sur nous de ces fermes et de la rive droite de l'Yser, à lâcher l'important ouvrage de l'Union dont le lieutenant de vaisseau Béra venait de s'emparer

Pour l'instant, il est vrai, les fermes Terstyle et Violette n'avaient pour nous qu'un intérêt de second plan et toute l'attention était accaparée par Saint-Georges. Les quatre compagnies composant le bataillon devaient assurer en même temps la garde de la berge nord de l'Yser jusqu'à la maison F... incluse. Nous continuions

(1) Cette mort de l'enseigne de Blic fut un deuil pour tous. Sa bravoure était légendaire à la brigade et, dans cette unité où l'héroïsme était pourtant monnaie courante, c'est un fait qu'on le trouvait « trop courageux ». Le capitaine Martinie, près d'un mois plus tard (15 janvier), avait encore « les larmes aux yeux » en rapportant à l'enseigne Poisson les détails qu'il avait recueillis sur la mort de son ami.

(2) Voir plus loin. C'est en novembre 1917 seulement qu'un brillant coup de main des troupes belges sur la ferme Terstyle nous assura la possession de ce réduit.

cependant à nous tenir en liaison avec les chasseurs cyclistes, établis le long de la berge sud du canal où ils progressaient en même temps que nous.

Pour cette progression, si délicate sur la mince langue de terre qui était tout notre champ d'opérations, on employait la méthode suivante : une patrouille allait poser pendant la nuit un réseau de fils de fer en avant de la position choisie ; puis elle se coulait le long des bas côtés de la route et y faisait le guet, tandis qu'à quelques mètres derrière et sous sa protection immédiate, des hommes creusaient hâtivement la nouvelle tranchée. Rude besogne, car on ne travaillait pas ici dans la glaise, mais dans une chaussée empierrée, fortement damée et qu'il fallait attaquer au pic. Cela n'allait pas sans quelque tapage et le travail était fréquemment interrompu par des volées de mitraille qui obligeaient les hommes à se défiler. La tranchée terminée, on la couvrait, on l'occupait, et, par des boyaux creusés le long des bas côtés, on la reliait aux tranchées subséquentes. Mais ce dernier travail, « pourtant très dur, dit le lieutenant de vaisseau L..., fut à peu près inutile, car, sur la route, dans le terrain surélevé de la chaussée, on arrivait bien à creuser une tranchée de profondeur suffisante, mais, sur les bas côtés, qui étaient au même niveau que l'inondation, on trouvait l'eau à 40 centimètres de profondeur ». En sorte que ces boyaux, « qui coûtèrent beaucoup de peine à nos hommes et aux soldats du génie qui venaient toutes les nuits leur donner un coup de main, ne procuraient qu'une protection extrêmement précaire et devenaient, d'autre part, très vite impraticables ».

Si lente que fût cette manière de procéder, nous avancions cependant, le plus souvent sans pertes, et chaque jour nous rapprochait un peu plus de Saint-Georges. Non que l'ennemi demeurât inactif. Nieuport, derrière nous, bombardé par du gros calibre, achevait de s'effondrer. Nous y avions nos cantonnements et l'ennemi le savait. Mais il recherchait surtout les Cinq-Ponts où s'abritaient nos canonnières et qui étaient le point de rayonnement, la charnière des voies menant à Saint-Georges, à Nieuwendamme et à Lombaertzyde. Comme on craignait une rupture des communications, les ponts les plus menacés avaient été doublés par des ouvrages en liège. Les relèves purent ainsi s'effectuer régulièrement et notre progression ne souffrit aucun arrêt. En même temps que sur la route de Saint-Georges, elle se poursuivait du même train lent, mais continu, sur la berge sud et la berge nord de l'Yser. Sur la première de ces berges cependant, où les chasseurs tenaient un boyau dont l'extrémité était aux mains des Allemands, il fallait, pour gagner du terrain, « pied à pied », tout le mordant et la ténacité de cette troupe incomparable. On ne dormait guère de part et d'autre dans ce boyau. C'était, dit le lieutenant de vaisseau L..., « une lutte sans répit ni trêve, dans laquelle les adversaires n'étaient parfois séparés que par quelques mètres et des barricades en sacs à terre qui avançaient ou reculaient tour à tour ». Mais les chasseurs « dominaient nettement », et le boyau tout entier finit par leur rester, avec un redan qui se trouvait à la bifurcation du chemin de halage et du chemin de Saint-Georges. Entre la Maison du Passeur et eux, il n'y avait plus que la largeur d'une chaussée.

Sur la berge nord de l'Yser, où opérait une de nos flanc-gardes, la compagnie Riou avait poussé son avance dès le premier jour, on s'en souvient, jusqu'à la ferme F..., où elle avait organisé un petit poste. Mais, en retrait de ce petit poste, une route partait de l'Yser et montait perpendiculairement à travers les terres inondées vers le vieux fort de Nieuwendamme occupé par l'ennemi. A supposer qu'il voulût prendre l'offensive, rien ne l'empêchait de nous tourner par cette route, de tomber sur notre flanc et de nous cerner dans la boucle de Saint-Georges. Il convenait donc de mettre en état de défense le carrefour de la berge nord et de cette route : une tranchée fut creusée en avant, une autre au carrefour même et une troisième devant la ferme F...

Ce ne fut qu'après avoir pris ces précautions que la compagnie se remit en mouvement, employant pour avancer « la méthode qui avait donné de si bons résultats » sur la route de Saint-Georges. Quatre tranchées, disent les rapports, furent ainsi creusées sur la berge nord et une cinquième sur la route de Nieuwendamme, par le travers de la ferme Groote-Noord, « lorsqu'on eut acquis la certitude que cette ferme n'était pas occupée par les Allemands ». Mais, sur la berge nord, l'ennemi avait fortifié la ferme Versteck, placée de l'autre côté du canal, en face de la Maison du Passeur. Lignes d'eau, murs crénelés, réseau de barbelé, rien n'y manquait, pas même les mitrailleuses. Elles ne purent briser l'élan de nos hommes et, le jour même où la compagnie de chasseurs arriva devant la Maison du Passeur, la compagnie Huon de Kermadec, qui avait remplacé aux tranchées la compagnie Riou, enleva brillamment le ferme Versteck, qualifiée à juste titre par l'*Officiel* de « position importante ». Et, en effet, si cette position était restée à l'ennemi, non seulement la progression de la 2e compagnie sur la berge nord eût été arrêtée, mais les chasseurs eux-mêmes, pris d'écharpe, n'auraient pu bouger de leur redan. Couverts du côté du canal, ils s'élancèrent : le 27 décembre au matin, après une lutte acharnée, la Maison du Passeur était à eux et l'ennemi voyait tomber son principal réduit de flanquement sur l'Yser (1).

Nos marins, qui appuyaient l'attaque avec une section de mitrailleuses, pouvaient revendiquer leur petite part dans ce succès. La maison n'avait pas été emportée du premier coup. Une palissade de sacs à terre nous séparait des Allemands, qui y épaulaient leur résistance. Mais, parmi nos mitrailleurs, se trouvait un jeune marin, presque un enfant, puisqu'il ne devait avoir dix-sept ans que le 22 mars de l'année suivante, Yvon Nicolas. Solide et râblé, comme le sont ces mousses de la côte bretonne, Yvon avait obtenu son brevet de fusilier le 1er août 1914, à la veille de la guerre. Et sans doute il n'était pas une exception dans la brigade. Il y avait peut-être parmi ces Marie-Louise de la mer des marins encore plus jeunes que lui : il n'y en avait pas de plus allant. C'était le type même de la « demoiselle au pompon rouge ». La guerre l'avait à peine bronzé : vétéran de Melle et de Dixmude, il portait dans ses yeux clairs toute l'ingénuité de sa race et aussi son esprit d'aventure, la tranquille audace héritée d'une longue lignée de coureurs d'océans. Et ce fut cet Éliacin qui brisa la résistance allemande. Comment, « malgré un feu nourri » qui balayait la route et arrêtait toute progression, Yvon réussit à « hisser sa mitrailleuse sur les sacs à terre qui le séparaient des Allemands », comment il détruisit « la plus grande partie

(1) Voir la note de la page suivante.

de ceux-ci », mit « les autres en fuite, permettant ainsi à un peloton de chasseurs cyclistes de pénétrer dans une maison, point d'appui de la droite ennemie » et qui n'était autre que la Maison du Passeur, — sa citation le dit, mais elle n'évoque qu'imparfaitement la scène et l'espèce de terreur sacrée où elle plongea la garnison. Il est certain qu'Achille, sur le mur de sa tranchée, ne dut pas causer plus d'effroi à la soldatesque troyenne que cet éphèbe aux yeux bleus apparaissant soudain aux Allemands et braquant sur eux le canon de sa mitrailleuse. Derrière lui, leurs muscles tendus pour l'attaque, les chasseurs avaient bondi. La charge sonnait. La vague passa, emportant tout. Ce fut « superbe », dit le lieutenant de vaisseau Le Page qui, dans la même journée, allait donner un pendant à ce beau fait d'armes en enlevant la première tranchée ennemie de Saint-Georges (1).

(1) Cependant, après avoir été emportée par les chasseurs cyclistes du capitaine de Tarlé, la Maison du Passeur fut un moment réoccupée par les Allemands, qui réagissaient plus particulièrement sur ce point depuis le 26 où ils nous avaient enlevé dans la nuit une tranchée avancée qu'une contre-attaque énergique nous rendit presque aussitôt : dès 8 heures du matin, le 28, la Maison du Passeur était reprise par l'escadron Gibert du 9ᵉ dragons et spécialement par le peloton du sous-lieutenant Vial qui fut cité à cette occasion à l'ordre de l'armée. On trouvera à l'*Appendice* un récit de cette seconde et brillante opération où furent tués les lieutenants Amyot d'Inville et de Sancy, tandis qu'ils regardaient à la jumelle les Allemands détaler de Saint-Georges. — Lire encore sur cet épisode et d'une façon générale sur l'histoire du 9ᵉ dragons pendant la guerre (ce régiment fut commandé successivement par les colonels Claret, 1914-février 1915 ; Bastien, février 1915-

C'était, en effet, la 3e compagnie qui, par suite du hasard des relèves, occupait à ce moment les tranchées avancées de la route. A la guerre comme ailleurs, et peut-être plus qu'ailleurs, celui qui sème n'est pas toujours celui qui récolte. Il en devait être autrement cette fois et la conquête de Saint-Georges, qui était réservée au capitaine Le Page, allait couronner deux semaines d'efforts méthodiques au cours desquelles ce fils d'un vieil instituteur breton, rompu aux fortes disciplines paternelles, avait révélé l'esprit ordonné, le coup d'œil et le sang-froid d'un vrai chef. Rien ne lui échappait. Très ménager de la vie de ses hommes, il s'entourait de renseignements, multipliait les patrouilles et les reconnaissances. Il était la vérification vivante du mot de Joffre que la guerre de tranchées est surtout une guerre de capitaines. Mais, de ce ruban de chaussée allongé entre deux lagunes impraticables, l'œil le plus attentif ne pouvait à peu près rien saisir des défenses ennemies. On les devinait formidables. Saint-Georges est le seul village du *shoore*. Massées à la croisée de trois routes, ses maisons formaient un bloc imposant autour d'une église trapue et découronnée. Notre artillerie bombardait bien le village, mais au hasard, faute d'indications précises sur les organismes de la défense. On savait seulement que cette défense était assurée par le 3e bataillon du régiment de marins, débarqué récemment au Kursaal d'Ostende. Les prévisions de

juin 1918 ; Ricaud, juin 1918) le beau discours prononcé le 20 décembre 1918, à Boissy-Saint-Léger (Seine-et-Oise), par l'abbé Jules Guyétant, aumônier militaire, au service solennel célébré à la mémoire des officiers, sous-officiers et cavaliers du 9e dragons morts pour la France.

l'État-Major s'étaient donc réalisées en partie : la lutte s'engageait entre des hommes de même formation et d'égal courage, marins contre marins, et, sur ces plaines inondées, sur ce *shoore* vaseux où Saint-Georges s'embossait au bout de sa jetée, c'était comme une scène d'abordage qui s'apprêtait. Mais, jusqu'à nouvel ordre, l'avantage de la position, malgré son immobilité, restait au vaisseau, qui nous dominait de toutes parts et n'offrait aucune prise visible à nos grappins.

La situation aurait pu se prolonger assez longtemps, si le hasard n'était venu à notre aide de la façon la plus inattendue. Le 24 décembre au matin, la 3e compagnie venait de relever aux tranchées de la route la 1re compagnie du capitaine Riou. Dans la nuit, une patrouille de cette compagnie avait visité une maison que l'on voyait à droite, presque à l'entrée du village, et l' « avait reconnue, disent les rapports, comme n'étant pas occupée par l'ennemi ». Le commandant de Jonquières fit donner l'ordre à la 3e compagnie d'occuper cette maison dès son arrivée aux tranchées. Mais le capitaine Le Page voulut s'assurer au préalable qu'elle était toujours vide, car « c'est assez l'habitude des Allemands de dégarnir momentanément certains postes avancés qu'ils réoccupent en force quelques heures après », et il l'envoya donc reconnaître par deux volontaires.

Il faisait encore nuit et le temps était brumeux. Les deux hommes arrivent près du village, à la fourche de la grande route et de la levée de terre qui mène à la ferme de l'Union. Mais là, trompés par l'obscurité, au lieu de tourner par cette levée pour reconnaître la maison, ils continuent à suivre la route, et, sans se laisser arrêter par les obstacles de toutes sortes accu-

SAINT-GEORGES DANS L'INONDATION

mulés sur leur passage : tranchée inachevée avec caisson boulonné pour mitrailleuse, trou de loup de 25 mètres de long, sur 2 mètres de profondeur, barricade de sacs à terre et de madriers, ils poussent leur exploration jusqu'au cimetière, où ils découvrent tout un nouveau système de tranchées. A ce moment l'ennemi les aperçoit, mais leur bonne étoile les sert jusqu'au bout. L'un des deux hommes seulement, le fusilier breveté Roland, est blessé ; encore peut-il regagner nos lignes où on l'évacue aussitôt vers l'ambulance. Mais l'autre n'est pas touché. C'est un marin nommé Laplanche, patrouilleur émérite s'il en est, car dans les courtes minutes où il a fait le tour de Saint-Georges, « il a pris mieux qu'une idée des défenses du village et il en peut donner le détail » à son chef « avec une précision qui ne laisse rien à désirer ».

La suite des événements permit de vérifier l'exactitude de sa description. Les défenses de Saint-Georges étaient constituées comme suit :

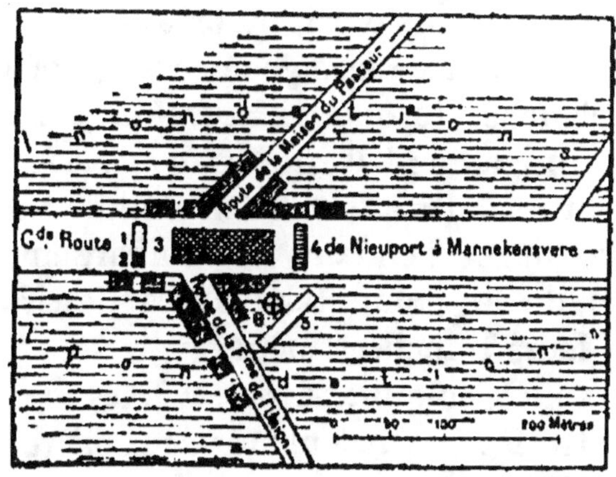

1. — Tranchée inachevée de couverture avec, dans le coin sud 2, un caisson boulonné extrêmement solide pour loger une mitrailleuse. 3. — Trou de forme ovale creusé sur toute la largeur de la route avec, au fond, piquets pointus et fils de fer barbelés. — 4. Barricade en sacs à terre. — 5. Tranchées dans le cimetière. — 6. Église.

Le capitaine Le Page s'était empressé de communiquer ce schéma au commandant de Jonquières, qui, après en avoir pris connaissance, avait donné l'ordre au capitaine d'enlever la tranchée allemande de couverture. Il ne fallait pas attendre que l'ennemi eût achevé son organisation, et tel était bien aussi l'avis du capitaine. Mais il fit observer « que l'inondation l'empêchait d'attaquer autrement que par la route et que, sur la route, il ne pouvait mettre en ligne qu'une dizaine de marins ». Or, les Allemands, « fortement retranchés à la barricade et dans le cimetière, tenaient nos tranchées sous une fusillade presque ininterrompue, qui eût fauché inévitablement, avec le concours de leurs mitrailleuses, les vagues d'hommes successives envoyées à l'assaut ». En conséquence, le capitaine de la 3ᵉ compagnie, avant de passer à l'attaque, croyait devoir solliciter « l'appui de la batterie du capitaine Boueil » et demandait qu'on donnât l'ordre à cette batterie d'ouvrir le feu sur la barricade et le cimetière, objectifs précis qu'on avait toute chance d'atteindre, grâce aux renseignements apportés par le fusilier Laplanche. Jusque-là, notre tir s'égarait sur le village et frappait au hasard. Cette fois les Allemands ne pourraient recourir à leur méthode habituelle, consistant à se terrer pendant le bombardement pour regarnir ensuite les points bombardés ; le tir les frapperait dans leurs tranchées mêmes.

Ce fut, en effet, ce qui arriva. « Affolés » par la précision de notre feu, les Allemands se replièrent en désordre vers l'église. Le second maître Cévaer n'eut qu'à faire passer les hommes de notre tranchée avancée dans la tranchée allemande de couverture, qu'ils retournèrent et organisèrent aussitôt sous sa direction.

En même temps, une escouade, appelée de la levée de terre, venait garnir notre ancienne tranchée de première ligne. Tout cela se fit comme à la manœuvre et au coup de sifflet des maîtres, sans nous coûter un seul homme.

V

LA PRISE DE SAINT-GEORGES

Les heures de Saint-Georges désormais étaient comptées. Bloqué au nord par les chasseurs et les dragons, dont les mitrailleuses prenaient d'enfilade la levée de l'Yser, à l'ouest et au sud par les marins qui avaient fait tomber sa tranchée de couverture, l'ennemi ne gardait plus qu'une étroite ligne de repli à l'est, vers le pont de l'Union. Son investissement était presque complet dans la soirée du 27, et le commandant de Jonquières reçut l'ordre d'attaquer Saint-Georges au petit jour. Le colonel Hennocque lui avait confié le commandement de l'attaque. Dans la nuit même, le commandant se rendit au poste de la Vache-Crevée, où se tenaient les observateurs d'artillerie.

Pour monter cette attaque, la 3ᵉ compagnie recevait le renfort de cent dragons à pied (escadron Cheffontaine). Le dispositif portait que le village serait soumis pendant trois quarts d'heure à un feu violent d'artillerie, après lequel l'assaut serait donné.

L'ennemi s'y attendait, mais il comptait bien étaler le choc. Il avait reçu des renforts dans la nuit ; des mouvements de troupes avaient pu être observés de la tranchée conquise. On ignorait l'importance de ces renforts, et l'on savait seulement que la lutte serait chaude. Comment franchir la coupure de la route qui nous séparait du village? Cette immense chausse-trape, de forme ovale, garnie de pieux aigus comme des pals, couverte d'un réseau de fils barbelés, était trop rapprochée de nous pour qu'on pût la combler à coups de 75. Tout au plus pouvait-on la contourner. Mais le passage laissé à nos hommes des deux côtés de la chaussée était si étroit qu'ils ne pourraient s'y risquer qu'à la file indienne. Inévitablement ils seraient « descendus » l'un après l'autre avant d'avoir abordé le village.

Jamais problème plus angoissant ne s'était posé à un chef qui n'affichait pas pour le « matériel humain » le dédain transcendant des guerriers de Germanie. La 3ᵉ compagnie avait passé la nuit dans ses tranchées de première ligne, sauf une section en réserve aux tranchées de la levée de terre. Les dragons, vers 11 heures du soir, étaient venus se masser à côté d'elle. Un peu avant le jour, le capitaine Le Page fit avancer la section de marins de la levée de terre, ainsi qu'un peloton de dragons, les deux autres pelotons restant en réserve. Marins et dragons furent « disposés hors de la vue de l'ennemi », derrière les maisons qui se trouvaient à gauche de la route, en entrant dans le village. A 6 heures, le bombardement commença, toute l'artillerie du groupe Laroque, de la 5ᵉ D. C., et du groupe Tricottet, de la 81ᵉ D. T., donnant de la voix en même temps que la batterie de 155 et la pièce anglaise de 120, et ce fut pendant trois quarts d'heure un vacarme assourdissant. Le capitaine Le Page se tenait avec le lieutenant de Cheffontaine dans la tranchée conquise la veille, à 50 mètres du cimetière. Au signal convenu (salve de fusants éclatant en plein ciel), une demi-section de

marins, les uns sur des planches, les autres en contour-
nant le trou-de-loup, se dirigea vers la barricade, d'où
ne partait plus aucun feu. Les Allemands sans doute
l'avaient évacuée pendant le bombardement. Mais ils
étaient restés dans le cimetière, où s'alluma soudain
une fusillade nourrie qui nous prit d'enfilade et cul-
buta dix de nos hommes (1), dont le second maître
Le Roux, « serviteur excellent », le modèle des gradés.
Un moment on put craindre que la progression ne
fût arrêtée. En même temps que les marins rampaient
vers la barricade, un demi-peloton de dragons avait
essayé de gagner dans l'inondation pour contourner
par l'est le retranchement du cimetière. L'eau du
shoore offrait encore moins de sécurité que la route.
Il n'y avait là que quelques touffes d'herbes, un
rideau de saules défeuillés, à travers lequel nos
moindres mouvements étaient aisément repérés. La
fusillade claqua tout de suite, couvrant le *shoore* de
ses ricochets. Une moitié du peloton fut en quelques
secondes hors de combat. Tout homme qui se montrait
était touché inévitablement. C'est ainsi que fut tué
un de nos agents de liaison, le matelot boulanger-coq
Clareton, « petit Marseillais à la mine intelligente »,
fleurant l'ail et la bonne humeur, que le capitaine Le
Page avait chargé d'une communication verbale aux
dragons. Il s'était tiré indemne d'une première mission. En prit-il trop de confiance? Au deuxième voyage,
il ne se masqua pas suffisamment ; il tomba et un peu
de la gaieté, de la jolie flamme du bataillon, s'éteignit
avec lui dans l'eau boueuse. Les dragons durent s'ar-

(1) Deux tués et huit blessés, sur vingt-cinq hommes engagés.

rêter, mais leur diversion avait permis aux quinze hommes restant du peloton des marins de se glisser jusqu'à la barricade et d'en occuper un des angles, où ils étaient momentanément à l'abri.

La chute de cette défense accessoire n'avait pas autrement d'importance d'ailleurs, les Allemands l'ayant abandonnée de leur plein gré pour se concentrer dans le cimetière et dans l'église, où ils se croyaient inexpugnables. C'était là le donjon de leur résistance, leur gaillard d'arrière, leur sainte-barbe, comme on disait dans l'ancienne marine. Et rien n'était fait tant qu'on ne les y avait pas forcés. Ordre fut donné cependant à nos hommes de s'accrocher à la barricade, de s'y retrancher et de tenir. Les choses demeurèrent en cet état jusqu'à midi. On se fusillait de part et d'autre, mais ces tirailleries n'avançaient rien ; notre artillerie même, qui continuait à bombarder Saint-Georges, ne parvenait pas à en débusquer les marins allemands, presque aussi tenaces que les nôtres et dont certains mettaient une affectation à s'exposer aux balles. Peut-être étaient-ce de ces naïfs dont parle Freytag qui se croient « congelés » (*best, gefroren*), c'est-à-dire protégés par quelque talisman contre les coups de feu. Il leur fallut donc déchanter. Tel ce gros mangeur de saucisses qui se dirigeait en tanguant vers les maisons placées à notre droite. N'ayant pas de fusil sous la main, un de nos officiers le désigne à ses guetteurs : le Boche s'abattit comme un bœuf sur le seuil de la maison.

Mais nous avions aussi nos pertes derrière la barricade. L'artillerie ennemie y réagissait vigoureusement pour se venger de ne pouvoir nous atteindre dans le village même, où nous étions trop près de ses troupes.

Et, du cimetière, partait toujours la même fusillade nourrie. Hérissé de mitrailleuses, il barrait la route à toute progression. On pouvait l'enlever sans doute, mais à quel prix ! Et de combien de cadavres faudrait-il combler les quelques mètres qui nous séparaient de l'ennemi ? En exposant la situation au commandant, le capitaine Le Page, après avoir fait ressortir les difficultés de se déployer en force vers le cimetière, demandait s'il ne serait pas possible d'en finir avec la résistance allemande par un tir d'efficacité. Sans doute nos lignes se touchaient. Mais le capitaine Boueil était un virtuose du 75. Le tir de sa batterie, d'une précision remarquable, faisait depuis le début des opérations l'admiration de nos Jean Gouin.

— Ce capitaine-là, avaient-ils coutume de dire, il envoie dedans comme s'il poserait ses shrapnells avec la main.

Le matin même de l'attaque, en observant à la jumelle la tour de l'église ou ce qui en restait, le capitaine Le Page y avait remarqué « quelque chose de noir » qu'il avait pris pour un guetteur caché parmi les pierres. A sa demande, le capitaine Boueil ouvrit le feu sur la tour. Au premier coup, elle oscillait ; au troisième, elle s'écroulait « laissant apercevoir nettement cette fois une poutre noircie sortant des décombres ». C'était là ce que nous avions pris pour un guetteur. Mais, d'une tour visible sur l'horizon à un retranchement caché sous terre et qui s'enchevêtre par surcroît dans nos propres lignes, la différence est grande et les deux sortes de cibles ne supportent aucune comparaison.

— A quelle distance êtes-vous de l'objectif ? fit demander le capitaine Boueil à Le Page.

— Environ 50 mètres (1).

— Diable ! c'est peu. Enfin, je vais essayer.

Le premier coup était bon en direction, mais un peu long. C'était ce qu'en terme de métier on appelle un coup de réglage. Raccourcissant à mesure sa trajectoire, le capitaine Boueil, au quatrième ou cinquième obus, « mettait en plein dedans ». Et aussitôt le martelage commença, si régulier, si précis, qu'en quelques secondes tranchées, parapets, caissons à mitrailleuses, tout avait sauté. On ne s'entendait plus. On ne voyait plus rien qu'une succession de grands geysers de fumée noire, où dansaient pêle-mêle des torses, des bras, des têtes, des fusils, des croix, des pans de grilles, des couronnes et des bidons. Les quelques Boches, que ce pilonnage effarant n'avait pas mis en bouillie et qui essayaient de gagner au large, étaient pris de face par nos marins et d'écharpe par les chasseurs de la berge sud, dont la mitrailleuse n'arrêtait pas de faucher. Plus un coup de fusil ne partait du cimetière, soit que toute la garnison eût été « nettoyée », soit que ce qui en restait fût incapable de la moindre réaction Et, quand nos 75 se turent, un silence de mort tomba sur toute la ligne. La voie était dégagée.

Une patrouille de dragons et de marins, sous le commandement du sous-lieutenant Mouquin (2), se glissa aussitôt vers le cimetière. « Nous suivions ses mouvements, prêts à nous élancer, écrit le lieutenant de

(1) Vingt-cinq mètres, selon le colonel (aujourd'hui général) Hennocque, qui nous dit avoir échangé le même dialogue avec le capitaine Boueil. Il y eut évidemment plusieurs colloques.

(2) Fils de l'ancien directeur des recherches de la Sûreté. D'après ce témoin (V. à l'*Appendice*), le tir d'artillerie serait loin d'avoir été aussi « effarant ».

vaisseau L..., quand tout à coup nous vîmes surgir
de terre des Boches et encore des Boches, sans armes,
les bras levés, implorant : « Kamarad ! Kamarad ! »
C'étaient les survivants de la garnison du cimetière
qui se rendaient. » Mais il en restait d'autres à l'intérieur des tranchées, « cassés en deux, incapables de
se tenir debout » et qui, la tête dans les épaules, ne
trouvaient plus la force que de remuer les doigts pour
implorer grâce. Au total, avec les blessés, une cinquantaine d'hommes appartenant au 3ᵉ bataillon du *matroseuregiment* qui, la secousse passée, ne cachèrent pas
leur satisfaction d'être enfin sortis de ce cauchemar.
Ils portaient la tenue *feldgrau*, la vareuse et le béret
des équipages de la Flotte, mais on ne leur avait pas
donné, comme à nos hommes, la capote des fantassins.
Ils étaient ignobles d'ailleurs, tout gluants d'une vase
verdâtre, et nous expliquèrent que, leur « grand sac »
de marins demeurant par ordre à l'arrière, il leur était
difficile d'avoir des rechanges. Aucun officier ne se
trouvait parmi eux.

Ce fut un étonnement pour nos hommes que les
Allemands n'eussent pas mieux « gréé » leurs marins
pour aller au combat. Après avoir fait occuper le retranchement du cimetière, le capitaine Le Page avait fait
fouiller le village. On n'y trouva que des blessés et
des morts. L'ennemi s'était replié vers le pont de
l'Union, dont il tenait les deux têtes. Il n'eût peut-
être pas été prudent de l'y suivre avant d'avoir reconnu
la position et consolidé notre conquête : les dragons
en réserve à la levée de terre furent appelés pour donner la main aux fusiliers. Et pelles-bêches d'aller leur
train. Tranchées par-ci, tranchées par-là, en moins
d'une demi-heure, le village fut organisé sur son front

est et sud. Mais, seule, la tranchée de la route présentait une sécurité et un confort relatifs : tout le reste du terrain trempait dans l'inondation ; sitôt la croûte entamée, l'eau sourdait, faisait nappe. Impossible de creuser à plus de 25 centimètres, et c'est à plat ventre dans la boue que les hommes postés là durent attendre la contre-attaque ennemie. Saint-Georges à peine entre nos mains, l'artillerie allemande l'avait pris sous son feu ; les tranchees de la route étaient particulièrement visées. Toute la soirée et la nuit, la fusillade claqua. Mais des renforts nous étaient arrivés. L'escadron de Cheffontaine fut relevé à la nuit par l'escadron Lafontaine ; la compagnie Le Page fut relevée à son tour à 4 heures du matin, le 29 décembre. Ses pertes, extrêmement faibles, étaient de quatre tués et huit blessés.

Telle fut cette affaire de Saint-Georges, dont l'amiral Ronarc'h a pu dire, en transmettant le rapport du commandant de Jonquières : « Beau résultat pour la guerre actuelle. » A la différence de ce qui s'était passé à Steenstraete, notre succès ici, « succès très calme, très prosaïque, sans panache, sans fanfare (1) », provenait tout à la fois de la prudence et de l'esprit de

---

(1) « L'unique clairon de la compagnie, qui était en même temps mon ordonnance, Lallouder (depuis médaillé militaire), avait bien son instrument sur son sac, mais l'instrument percé par les balles ne « sonnait » plus, au grand désespoir de son propriétaire. Peu après la rentrée du bataillon, au cours de la visite du général Joffre, Lallouder ne s'était pas moins aligné avec les autres clairons et faisait semblant de sonner « aux champs. » Le général s'étant aperçu de sa supercherie demanda des explications à Lallouder, qui lui raconta son histoire. Elle fit rire le général »qui autorisa mon brave

méthode du haut commandement et des commande-
ments subalternes et de la très forte coordination qu'ils
avaient su établir dès le début entre les divers éléments de l'attaque, marins, chasseurs, dragons, progressant vers leurs objectifs à la même allure et servis
dans chacun de leurs mouvements par une artillerie
merveilleusement souple et précise. Comme rien n'avait
été laissé au hasard dans la conduite des opérations,
tout y conspira, lentement, mais irrésistiblement,
vers le succès final, même la reconnaissance hasar-
deuse des canonnières Le Voyer, qui nous coûta des
hommes, mais nous valut de précieux renseignements.
Au total, les pertes du bataillon de Jonquières, depuis
son départ de la brigade jusqu'à la prise de Saint-
Georges, étaient de 3 officiers, 2 sous-officiers, 27 marins tués ; 2 officiers, 8 sous-officiers, 142 marins blessés.

Pertes « modérées » en raison de la longueur et de
la difficulté des opérations. Dès le lendemain de la
prise de Saint-Georges, le 30 décembre, à 10 heures du
matin, le général de Mitry arrivait à Nieuport et, dans
la cour de la maison servant de quartier général,
décorait de la croix d'officier de la Légion d'honneur
le colonel Hennocque (1), de la croix de chevalier

ordonnance à envoyer chez lui son instrument en guise de
souvenir. » (Carnet du lieutenant de vaisseau L...)

(1) Le colonel Hennocque avait été promu officier antérieurement et le général de Mitry saisit seulement cette occasion de lui remettre solennellement sa rosette. Le 8 janvier
suivant, il était cité à l'ordre du jour de l'armée par le général
Foch avec ce motif : « Le colonel Hennocque-Dumoutier de
Lafayette, commandant la 71e brigade de dragons, a dirigé
avec énergie une opération délicate qui lui avait été confiée
et a su la mener à bien, infligeant à l'ennemi des pertes sen-

le lieutenant de vaisseau Le Page, le capitaine d'artillerie Boueil, le sous-lieutenant de dragons Mouquin ;
de la médaille militaire le second maître Cévaer et le
quartier-maître mitrailleur Yvon Nicolas. En outre,
de nombreux avancements furent accordés aux marins

sibles. » Furent également cités à l'ordre de l'armée pour la
prise de Saint-Georges, outre les précédents, parmi les marins :
le lieutenant de vaisseau Huon de Kermadec et l'enseigne
Thuauden (« belle conduite lors de la prise de la ferme Vertesk
au nord de Saint-Georges »), les enseignes mitrailleurs Perroquin et Tarrade ; l'officier des équipages Brillant (« malgré ses
cinquante-cinq ans et bien qu'il pût être évacué, a tenu à
rester à son poste, a entraîné ses hommes à l'assaut de Saint-
Georges »), les seconds maîtres Autret et Dubois ; — parmi les
chasseurs : le capitaine de Tarlé (« a, par son action personnelle constante, du 15 au 28 décembre, contribué en grande
partie à la prise de Saint-Georges ; a ramené lui-même au feu,
le 25 au soir, des jeunes soldats que l'infanterie ennemie avait
fait plier ; a pris le 27 au matin la tête de la colonne qui a enlevé
la Maison du Passeur, s'est maintenu sur ce point malgré le
bombardement de l'artillerie ennemie ») ; le lieutenant Muller,
le lieutenant de réserve Carlier, le sous-lieutenant de réserve
Goudailler ; les sergents Gerelly, Panacopoulos, etc. ; — parmi
les dragons : le lieutenant de Laissardière ; le sous-lieutenant
de réserve Vial, les maréchaux des logis Benoît, Lyautey,
Naviot, le brigadier Mercailler, du 9e dragons ; le capitaine
Pradelle de Latour-Dejean et le lieutenant de réserve Chevalier, de l'état-major de la 7e brigade de dragons ; — parmi
les artilleurs : le chef d'escadron Laroque (« a, par la justesse
du tir de son groupe de batteries, permis au détachement de
Saint-Georges de progresser jusqu'à cette localité et de l'enlever par la suite ») ; le capitaine Marcy-Monge, le lieutenant
Gaultier, du 61e R. A. ; le lieutenant Gancel du 51e R. A. ; le
capitaine Tricottet et le lieutenant Staub, de l'artillerie de
la 81e D. T.

du bataillon de Jonquières et notamment à ceux de la 3e compagnie, où les seconds maîtres Cévaer et Herry furent promus maîtres, quatre quartiers-maîtres promus seconds maîtres et une dizaine de marins quartiers-maîtres. Mais, de l'avis même du colonel Hennocque (1), c'était le bataillon de Jon-

(1) « Le colonel commandant le secteur de Saint-Georges... remercie les officiers, sous-officiers, quartiers-maîtres et matelots du concours qu'ils lui ont prêté sans marchander dans toutes les opérations qui ont abouti à la prise de Saint-Georges. Il est fier de les avoir eus sous ses ordres pour mener à bien cette opération que le commandement a bien voulu qualifier de haut fait d'armes, *ne regrettant qu'une chose, c'est de n'avoir pu les faire récompenser tous, comme ils le méritaient.* » (Extrait de l'ordre du jour adressé au bataillon de Jonquières à la date du 14 janvier 1915 par le colonel H.-E. Hennocque.) — Cependant l'ennemi n'avait pas renoncé à Saint-Georges. Mais notre attaque du 28 avait été si foudroyante qu'une certaine désorganisation en était résultée chez lui. C'est seulement dans la nuit du 30 au 31 décembre que se produisit la réaction attendue. Nieuport et ses avancées avaient été soumis au préalable à un bombardement intensif. Saint-Georges lui-même recevait sa large part de l'averse. A 8 heures du soir, en pleines ténèbres, la contre-attaque se déclancha. Il gelait depuis quelques jours ; l'eau du *shoore* commençait à se prendre et un givre léger irisait déjà sa surface. Mais la navigation était encore possible et le lieutenant de vaisseau Guéguen, adjudant-major du bataillon (1), put aller avec une canonnière, jusqu'en première ligne, recueillir pour le colonel des renseignements sur l'attaque.

Cette attaque, calquée dans ses dispositions générales sur la nôtre, se prononçait en même temps dans les trois direc-

(1) Cet officier s'était déjà fait remarquer à diverses reprises, notamment lorsqu'une des malheureuses canonnières prit feu près des Cinq-Ponts.

quières au complet qu'en bonne justice il eût fallu récompenser et son chef aurait pu répondre comme le gouverneur de Vincennes au roi Louis XVIII qui lui

tions de Saint-Georges, de la berge sud et de la berge nord de l'Yser. Elle était accompagnée d'un tir de barrage très violent sur toutes les voies d'accès, que nos relèves empruntaient précisément à cette heure-là pour remonter à Saint-Georges ; un escadron de dragons fut surpris de la sorte à l'échelon ; la 3e compagnie de marins laissa elle-même quelques plumes en route. En moins de dix minutes, plus de deux mille obus s'abattaient sur la Vache-Crevée. Tout l'espace fulgurait. Derrière ce rideau de fer et de feu, les Boches s'étaient jetés sur Saint-Georges et, à l'ardeur qu'ils mettaient pour essayer de reprendre la position, on sentait combien elle était d'importance pour eux. C'était une fois de plus l'attaque en formation massive, avec des bataillons ivres d'alcool et d'éther, qui se ruaient à l'assaut sur un rythme de plain-chant. Mais nos hommes veillaient. Sur la berge sud, défendue par les chasseurs, le combat fut particulièrement dur et alla jusqu'au corps à corps. L'ennemi attaquait à la grenade, engin nouveau pour nous. Les chasseurs ripostaient à coups de crosse et, suivant le mot de l'adjudant Fontaine, qui fut blessé au cours de l'attaque, si « ça bardait » pour eux, ça bardait encore plus pour l'ennemi.

Sur la berge nord, l'officier des équipages Mahé était tué d'un éclat d'obus dans la tête ; dans les tranchées de la levée de terre, garnies par les dragons, un autre obus de gros calibre ensevelissait un lieutenant de dragons et une douzaine de ses hommes qu'on eut quelque peine à dégager. A Saint-Georges même, où le sous-lieutenant Goudailler et ses chasseurs attendaient la relève des marins, il avait fallu le cran de cette troupe d'élite pour ne pas céder un pouce de terrain à l'ennemi. Le village n'était plus qu'un cratère ; mais, sur les lèvres de ce cratère, les salves des chasseurs n'arrêtaient pas. Les assaillants s'abattaient par grappes dans le *shoore*. La lune demandait lequel des hommes de la garnison, lors de l'explosion de la poudrière, avait le mieux mérité la faveur d'une distinction :

« Tous ont fait leur devoir, Sire. En désigner un serait faire injure aux autres. »

s'était levée et son fin croissant, qui ajoutait sa lumière à la réverbération du gel, éclairait des étendues livides, où flottaient les « chiens de Germanie ». A 10 heures et demie, quand le calme se fut un peu rétabli et que la 3e compagnie de marins put accéder aux tranchées :

— Ah ! mon capitaine, dit le sous-lieutenant Goudailler au lieutenant de vaisseau Lepage en lui remettant le commandement, qu'est-ce qu'*ils* ont pris !

Ils avaient dû prendre quelque chose en effet, car, toute la nuit, des blessés allemands se débattirent devant nos tranchées, et la vase hurla.

La leçon avait été si rude pour l'ennemi qu'il ne récidiva pas sur Saint-Georges et cessa provisoirement de réagir autrement que par son artillerie. Le commandant de Jonquières avait pu se rendre à notre tranchée de première ligne le 31, vers 3 heures de l'après-midi ; le matin, l'amiral Ronarc'h était venu à Nieuport pour féliciter le bataillon. La 3e compagnie fut relevée le même jour vers 8 heures du soir. Elle ne devait plus retourner aux tranchées de Saint-Georges. L'ennemi la poursuivit de ses marmites jusqu'à la Vache-Crevée. C'était son salut d'adieu aux vainqueurs. Il ne leur fit aucun mal.

A partir du 1er janvier et jusqu'à l'arrivée de la brigade, le bataillon de Jonquières demeura exclusivement affecté aux tranchées de la berge nord de l'Yser ; une compagnie était aux tranchées, une en réserve à Nieuport, les deux autres au repos, d'abord à Coxyde, puis, en raison de la distance (15 kil.), dans des fermes de la banlieue nieuportaise. Ce service dura jusqu'au 17 janvier, date à laquelle le 1er bataillon du 2e régiment fut envoyé au repos à Saint-Pol et relevé par le 2e bataillon du même régiment.

NIEUPORT

I

L'ATTAQUE DE LA GRANDE-DUNE

Par un ordre du général Foch à la date du 8 janvier 1915, la brigade de fusiliers marins, dont le gros cantonnait depuis la veille dans la région Fort-Mardyck-Saint-Pol, avait cessé de faire partie de la 8e armée : sans lui donner encore d'affectation spéciale, Foch la gardait à sa disposition (1). « La brigade est en « rafraî-

(1) « Elle restera au repos, disait cet ordre signé Weygand, dans la région de Fort-Mardyck-Saint-Pol-sur-Mer, à la disposition du général Foch, adjoint au général commandant en chef. Pour la discipline et le service général, elle sera sous les ordres du général gouverneur de Dunkerque (Bidon) ; en ce qui concerne les ravitaillements, elle continuera à être rattachée à la D. S. de Dunkerque, à qui elle adressera ses demandes. » Ajoutons qu'on avait songé d'abord à envoyer des navires à Dunkerque pour loger les fusiliers marins. Par lettre du 7 janvier à l'amiral Ronarc'h, le général d'Urbal, commandant la 7e armée, faisait connaître de la part du général en chef qu'il était impossible de donner suite à ce projet.

« chissement », écrivait le 14 janvier l'enseigne Boissat-Mazerat. Le mot est joli, prometteur. Mais la chose est moins drôle, pour les officiers surtout..., car remettre au point une compagnie, l'équiper, la chausser, la déverminer, etc., est une chose bien plus pénible et déprimante que l'existence en première ligne. »

Ce travail fastidieux n'avait pas encore pris fin le 18 janvier, quand Foch avisa l'amiral Ronarc'h que, les circonstances l'obligeant de prélever pour le groupement de Nieuport un nouveau bataillon de fusiliers marins, il eût à s'entendre séance tenante avec le général de Mitry, commandant le groupement, sur les conditions dans lesquelles pourrait se faire le « déplacement de cette unité ». On ne savait encore si ce bataillon serait employé du côté de Lombaertzyde ou du côté de Saint-Georges, comme le bataillon de Jonquières qui nous avait été rendu le 17, et, avant d'arrêter son choix, l'amiral voulait attendre les renseignements du général de Mitry. Dès qu'ils lui parvinrent, il donna l'ordre au 3ᵉ bataillon du 1ᵉʳ régiment (commandant Bertrand) de tenir prêtes deux de ses compagnies à embarquer en autobus le 21 janvier, à 9 h. 30, dans la direction d'Oost-Dunkerque, avec une section de mitrailleuses et l'ambulance, les deux autres compagnies devant embarquer le lendemain dans les mêmes conditions, à la même heure et pour la même destination (1).

(1) « Désigné les 9ᵉ et 11ᵉ compagnies pour le premier départ ; les 10ᵉ et 12ᵉ pour le second. L'amiral passe en revue, à 14 h. 30, les 9ᵉ et 11ᵉ compagnies en tenue de campagne. Reçu dans la soirée un complément d'effets d'habillement et d'objets d'équipement. Le lieutenant de vaisseau de La Fournière, arrivant de Paris, est adressé au bataillon pour prendre le

Au P. C. du général de Mitry (1), le capitaine de frégate Bertrand, qui avait précédé ses échelons, apprit que le cantonnement avait été changé, Coxyde-Bains substitué à Oost-Dunkerque, mais que ce changement n'en impliquait aucun autre dans l'affectation et le mode d'emploi du bataillon : une opération sur Lombaertzyde et la Grande-Dune était en préparation dans le secteur de Nieuport, et le général de Buyer, qui en était chargé, destinait les marins à servir de soutien aux tirailleurs et aux cavaliers à pied composant, avec quelques territoriaux, l'effectif ordinaire du secteur.

C'est qu'en effet, sans avoir rempli les espoirs démesurés qu'on avait placés en elle, l'offensive générale prise par nos troupes le 17 décembre 1914, sur un ordre de Joffre daté de ce jour et dont les troupes seules eurent connaissance (2), n'avait pas été aussi infruc-

commandement de la 11ᵉ compagnie en remplacement du lieutenant de vaisseau Roux, évacué pour raisons de santé. » (Journal de marche du commandant Bertrand.)

(1) « Aimable accueil du général que je trouve en conférence avec le général de division Hély d'Oissel, que je connais déjà, puisque nous étions sous ses ordres à Steenstraete, et le général de brigade de Buyer, sous les ordres directs duquel je vais me trouver ». (Journal de marche du commandant Bertrand.)

(2) Ordre général nº 32, du 17 décembre 1914 :

« Depuis trois mois, les attaques violentes et désespérées des Allemands ont été impuissantes à nous rompre. Partout nous leur avons opposé une victorieuse résistance.

« Le moment est venu de profiter des faiblesses qu'ils accusent, alors que nous sommes renforcés en hommes et en matériel.

« L'heure des attaques a sonné. Après avoir contenu l'effort tueuse que le prétendaient les communiqués allemands. En ce qui concerne la brigade, elle nous avait valu, à Steenstraete, le gain de quelques tranchées (17 décembre) et, plus au nord de l'Yser, dans la boucle de l'Union, la conquête du village de Saint-Georges et de ses défenses avancées (28 décembre). En même temps les autres troupes du groupement de Nieuport, sous l'habile direction du général de Mitry, élargissaient nos positions vers Lombaertzyde et la Grande-Dune. Nous ne tenions jusque-là, sur la rive droite de l'Yser, qu'une tête de pont très étroite. Du 22 décembre au 8 janvier, le général de Buyer, commandant le secteur de Nieuport, mordait fortement dans les positions ennemies et s'y assurait la possession d'un débouché de 5 kilomètres environ qui était aussitôt relié à nos positions de la rive gauche par un « pont solide » auquel nos hommes donnèrent le nom du général en chef (1). Lombaertzyde résistait encore sans doute, mais nous occupions la majeure partie de son polder. D'autre part, chassé du Mamelon-Vert,

des Allemands, il s'agit maintenant de le briser et de libérer définitivement le territoire national envahi.

« Soldats ! La France compte plus que jamais sur votre valeur, votre énergie, votre volonté de vaincre à tout prix. Vous avez déjà vaincu sur la Marne, sur l'Yser, en Lorraine et dans les Vosges ! Vous saurez vaincre encore jusqu'au triomphe définitif.

Signé : J. JOFFRE.

« *P.-S.* — L'ordre général ci-dessus doit être porté à la connaissance de toutes les troupes, mais *il ne doit pas être communiqué à la presse ni divulgué dans le public.* »

(1) *Principaux faits de guerre* du 5 janvier au matin au 15 janvier au soir.

dont les zouaves s'étaient emparés le 7 janvier, l'ennemi avait reporté tout son effort défensif sur la Grande-Dune ou Dune 17, qui flanquait le village vers la mer et dont l' « arête (1) » sablonneuse de quelque trente mètres de haut continue de l'autre côté de l'Yser le système de la Hooge-Duynem. Inférieure aux massifs de la rive gauche (le Deleugeunar, le Hoogenblekker, le Zeebern, le Plaets-Burg) et moins puissamment articulée, la Grande-Dune se présente sous la forme d'un piton ou plus exactement d'un musoir qui aurait été coupé de son môle. Nos troupes avaient pu pousser jusqu'à ses premières pentes où elles se cramponnaient. La légende prétend même que les goumiers, certaine nuit, avaient réussi à s'emparer par ruse de la totalité du piton. Un matin, six beaux chevaux arabes erraient à l'aventure entre les lignes françaises et les lignes allemandes. Comme ils n'avaient pas de cavaliers, ce fut un jeu pour l'ennemi de les capturer. Le lendemain soir, la fortune le servit encore mieux : tout une harde, vingt-quatre bêtes, piaffait et s'ébrouait à 200 mètres de la Grande-Dune. L'ennemi pensa les prendre aussi aisément que les premières. Mais, quand elles furent à proximité, vingt-quatre formes humaines, collées sous leur ventre, à la manière arabe, et qui avaient échappé à l'œil des sentinelles, bondirent dans la tranchée, mousqueton au poing, sabre aux dents : à 10 heures du soir, les goumiers étaient maîtres de la Grande-Dune.

Ils en furent donc assez vite chassés, si tant est que ce stratagème ait porté les fruits qu'on assure. A la

____

(1) Expression du commandant Louis, chef d'état-major de l'amiral Ronarc'h.

date du 21 janvier, l'ennemi tenait plus fortement que jamais la Grande-Dune et Lombaertzyde, d'où le général de Mitry projetait de le déloger avec l'appui des fusiliers marins du bataillon Bertrand. En attendant ce grand jour et quand ils eurent pris leur cantonnement dans les villas de Coxyde-Bains (1), dont ils partageaient les logements avec de pauvres réfugiés belges accrochés à cette dernière frange de la patrie, le commandant Bertrand les occupa tour à tour à des exercices de maniement d'armes ou à des travaux de terrassement.

Un groupe de pionniers (création nouvelle de l'amiral) lui avait été adjoint sous les ordres de l'officier des équipages Devisse ; des goumiers en grand manteau rouge, la *djebira* en peau de lynx pendue à l'arçon de la selle, caracolaient sur l'immense plage de sable jaune découverte par le retrait du flot et dont les relais supérieurs étaient tendus de fils de fer et garnis de mitrailleuses ; une batterie de 75 et un groupe d'autos-canons attaché au régiment des goumiers et commandé par le lieutenant de vaisseau Guette, complétaient l'armement de la plage, mais ne la mettaient point à l'abri des obus de gros calibre qui la prenaient de temps à autre pour cible. Un de ces obus tombait

---

(1) « Le major du cantonnement est un fort aimable chef d'escadron de cuirassiers, le commandant Lambert de Sainte-Croix, qui se met en quatre pour nous aider. Il nous fait conduire aux villas où devront être logés nos hommes, car ce sont des villas sur la plage, Coxyde-Bains étant, comme son nom l'indique, une station balnéaire qui doit être charmante l'été. Nos hommes occupent les rez-de-chaussée des villas dont les étages supérieurs sont réservés aux fusiliers belges. » (Journal de marche du commandant Bertrand).

le matin du 22 aux abords du « Quartier-Margot » sur un parc de cavalerie dont il éventrait trois chevaux promptement convertis en beafsteaks par leurs propriétaires. Le 24, qui était un dimanche, les hommes qui le voulurent bien purent entendre la messe dans l'estaminet de l'hôtel Terlinck qui servait à la fois de chapelle, de salle de concert et de salle de conseil de guerre à la 81e division territoriale. Le temps était beau, propice, malgré les taubes et la menace du canon, à la flânerie par les rues, où débits de tabac, estaminets, pâtisseries, magasins de comestibles, faisaient un cordon d'avenantes devantures. Un peu après midi, le commandant Bertrand fut appelé à la villa Hurlebise, P. C. du chef de bataillon de tirailleurs Jacquot, qui commandait le secteur septentrional de Nieuport, subdivision du secteur de Nieuport commandé par le général de Buyer. Le résultat de cette entrevue fut qu'à la nuit tombée, dans la même après-midi, le 3e bataillon du 1er régiment de marins au grand complet, mitrailleuses et poste de secours compris, pliait bagages et se mettait en mouvement vers la rive droite de l'Yser : trois compagnies (9e, 10e, 11e) y allaient relever un bataillon de tirailleurs dans les tranchées du sous-secteur nord ou secteur des Dunes, et une quatrième compagnie (la 12e) y allait renforcer les escadrons de cavalerie à pied dans les tranchées du sous-secteur sud ou secteur de la Geleide.

Le premier de ces sous-secteurs se trouvant au bord même de la plage qui, de Dunkerque à Ostende, suit une ligne presque rigide, et le second n'en étant séparé que par le ruisselet qui, sous le nom de Geleide, descend de Lombaertzyde et se jette dans l'Yser au-dessous du vieux phare, le bataillon emprunta pour s'y rendre le chemin de la mer, l'*estran*, comme on dit dans les Flandres. Une bise aigre soufflait et la marche des hommes en pleine nuit, dans ces sables inconsistants, sous le lourd « barda » qui chargeait leurs épaules, fut une des plus fatigantes de la campagne. Il fallut à plusieurs reprises gourmander les traînards. Par delà Nieuport-Bains, entre les jambages d'une longue et tremblante passerelle, l'Yser ouvrait ses bouches mélancoliques. Et, tout de suite, le pont franchi — le fameux pont Joffre construit récemment par l'armée de Mitry — on entrait dans une zone étrange et qui sentait la mort : berges écroulées, estacades disloquées, grands bancs de tangue grise et squameuse, bombant entre les chenaux, comme des sauriens en dérive, leur dos criblé de trous d'obus... A la pointe d'une de ces vasières, vers le sud, un éboulis de briques blanches signalait le Vierboek, le plus ancien phare des Flandres, que Guy de Dampierre avait élevé au treizième siècle et qui s'éclairait primitivement avec des feux de roseaux. Il gardait les passes de l'Yser, à la sortie des écluses. Mais depuis longtemps son foyer ne s'allumait plus « au secours et sollagement des pescheurs et poissonniers batans et passans au long des costes de la mer de Flandre (1) ». Un autre phare, pourvu de tous les perfectionnements modernes, l'avait remplacé à quelque cinq cents mètres dans l'est. Nous l'avions enlevé à l'ennemi le mois précédent, avec la station du canot de sauvetage et le château d'eau, et tous trois gisaient au pied de la dune, dont le bourrelet onduleux, mais assez bas encore, faisait immédiatement suite aux vasières. Sur

---

(1) Henri MALO, *les Corsaires dunkerquois.*

deux kilomètres environ, jusqu'à l'escarpe du piton dont nous poursuivions l'investissement et qui semblait jaillir d'elle comme une grande lame de fond, la dune conservait la même altitude moyenne. L'artillerie des deux armées y avait ouvert de nouveaux sillons et, à vif presque partout, dépouillée de ses bouleaux nains et des pâles houppes de ses oyats, elle déroulait dans la nuit sa chaîne de crêtes chauves pareilles à une écume pétrifiée. Le chemin pavé qui la coupait en direction de Westende-Bains s'était ensablé peu à peu : il était pris en enfilade d'ailleurs par les mitrailleuses allemandes. La grève elle-même, tendue de fils barbelés, hérissée de chevaux de frise, cachait un immense piège. Et la mer, qui reculait au loin et que cherchaient, comme une amie, au milieu de ces dunes traîtresses, les regards vacillants des hommes, ne se révélait qu'à une barre couleur de plâtre et à son râle éternel...

Un dédommagement attendait cependant les nouveaux venus, assez fâcheusement impressionnés par la longueur de leur traite et l'âpre tristesse du décor : pour la première fois depuis leur entrée en campagne, ils trouvaient sur le front des tranchées à peu près confortables. « Plus de boue, plus d'eau, écrit un officier (1). Partout des tranchées sèches. C'est un *plaisir* d'être ici. Le P. C. est à côté du phare et de la station du bateau de sauvetage. De là partent des boyaux, conduisant aux tranchées de première et de deuxième ligne occupées par les tirailleurs tunisiens avec qui Jean Le Gouin a vite fait de fraterniser. » Comme tous les grands enfants, Jean Le Gouin ou Jean Gouin ne

(1) Carnet du docteur L. G...

voit d'abord que le beau côté des choses. Et d'ailleurs il ne hantera pas assez longtemps ce secteur des dunes pour en éprouver les trop réels inconvénients : le moindre souffle qui passe sur ces fragiles monticules en dérange la structure et il faut continuellement étayer les boyaux et les tranchées avec des fascines, des pieux et des sacs. Par les grands vents, c'est bien pis : le sable, soulevé en tourbillons, mobilise sa grenaille ; gare aux épidermes un peu tendres, aux prunelles trop sensibles ! La vue se brouille ; les fusils, les mitrailleuses « s'encrassent ». Aucun entoilage, aucun capuchon n'est capable de les protéger contre cette poussière volatile qui pénètre partout et s'insinue jusque dans le boîtier des montres et le mécanisme des armes. « L'ennemi y en a bon. S'en f..., mais li vent, y en a pas bon », disent les tirailleurs (1). Enfin, si la dune est étanche, elle n'en est pas beaucoup plus tiède : on y gèle tout franc, mais ici du moins « on peut battre la semelle » et l'engourdissement ne va pas, comme à Steenstraete, jusqu'à provoquer la mortification complète des muscles.

Telles quelles, le bataillon Bertrand, comme avant lui le bataillon de Jonquières, eût trouvé à ces tranchées toutes les qualités du monde, si la satisfaction qu'éprouvaient les hommes à s'y sentir au sec n'avait pas été gâtée par l'entrée en scène des *minnenwerfer*, engins nouveaux pour eux et auxquels ils n'avaient à opposer que les inutiles décharges de leurs lebels.

En même temps qu'il avait modifié la figure de la guerre et nous avait imposé la stagnation des tranchées, le Quartier Général allemand s'était inquiété

(1) V. les *Principaux faits de guerre*.

d'adapter à ce régime transitoire des engins appropriés (1). Et, si ces engins n'étaient pas toujours inédits, si l'ennemi, de cerveau peu inventif, se bornait, la plupart du temps, à puiser dans l'arsenal des vieilles découvertes, il n'en est pas moins vrai qu'on éprouvait là une fois de plus les effets de cet « esprit de guerre », de cette coordination des efforts et de cette convergence de toutes les pensées vers un but unique, qui ont fait si longtemps la supériorité de notre adversaire. Il semblait y avoir dans ses services un département de la poliorcétique qu'on eût vainement cherché dans les nôtres et dont le titulaire devait être quelque *her professor* de Berlin ou d'Iéna qui, pour l'organisation et la défense des tranchées, avait déjà exhumé des anciens textes les treillages en fil de fer (2), les chevaux de frise, les pals en quinconce, les fusées éclairantes et les grenades à main. C'était maintenant, en attendant les fougasses (3), au tour d'un

(1) V. dans *Avec nos troupes de l'Ouest*, du Dr VAUX, le passage sur lesengins dits « bouteilles » dont les Boches commencent à se servir contre nous dès septembre 1914.

(2) C'est le 17 octobre 1914 (circulaire du G. Q. G. n° 3911, signé Belin) qu'on s'aperçoit officiellement pour la première fois que l'ennemi tire un excellent parti décisif des « treillages en fil de fer, hauts de deux mètres environ », etc. Nos troupes (5e A. Attaque du bois de la Ville-au-Bois) se sont heurtées à une organisation de ce genre (treillages cloués aux arbres) et on en recommande l'emploi à nos officiers.

(3) D'un document allemand trouvé sur un prisonnier capturé à Hooge et communiqué par l'armée britannique (29 septembre 1915), il semble que les fougasses aient commencé seulement d'être employées vers cette époque en avant des tranchées allemandes où on les faisait « exploser »

autre vieil engin de siège, le *minnenwerfer* (1), espèce de mortier dont la portée variait entre 60 et 1 050 mètres et utilisable donc, suivant son calibre, dans les zones les plus différentes du front, celles où les tranchées des deux partis étaient séparées par des intervalles assez considérables comme celles où l'on voisinait d'une tranchée à l'autre.

A peine les fusiliers avaient-ils achevé leur relève que les *minnenwerfer* entrèrent en danse.

« Fait connaissance cette nuit avec les crapouillots boches, écrit à la date du 25 l'enseigne Poisson. Ils nous crachent, en fait de bombes, des cylindres de laiton de o m. 50 de long sur o m. 10 de diamètre, sans pointe, qui tournoient en l'air comme des bâtons. Leur vitesse initiale est assez réduite pour qu'on puisse les suivre des yeux (la nuit, à cause de la mèche) ; on les voit tomber et on a le temps de se garer, car ils mettent en moyenne quatre secondes à éclater après la chute. » Il semble bien, d'ailleurs, que ces cylindres étaient de dimension variable, car, dans un autre

par une mise de feu électrique (câbles enterrés au fond des boyaux).

(1) « Au début de la guerre de position, nous ne disposions que d'un petit nombre de *minnenwerfer* et ni les cadres inférieurs, ni les cadres supérieurs de notre infanterie n'étaient bien fixés sur leur utilisation. Les Français, qui en étaient complètement dépourvus, ont eu naturellement fort à souffrir des violents effets de ces engins... » (Document allemand du 4 juillet 1915.) Ces *minnenwerfer* divisés en lourds et légers, rayés ou lisses, et fabriqués spécialement pour la guerre de position, avaient une portée maxima de 1 050 mètres ; les *minnenwerfer* de fortune (*behel famessige*), fabriqués par les armées elles-mêmes, portaient de 60 à 450 mètres.

carnet d'officier, on leur donne de 0 m. 75 à un mètre de longueur et on les y appelle des bombes-torpilles. Mais le nom seul et le calibre diffèrent. La bombe-torpille est « une sorte de tuyau de cheminée, rempli d'explosifs, terminé à l'une de ses extrémités par une mèche qu'on allume avant de le lancer dans les tranchées ennemies, qui part en imitant le bruit d'une fusée, qui tournoie dans l'air et dont la trajectoire est très visible par suite de cette mèche qui fuse, laissant derrière elle une traînée d'étincelles (1) ».

Ce fut surtout la 10e compagnie (de Monts de Savasse) qui fut éprouvée par ces bombes-torpilles dans les tranchées qu'elle occupait au pied de la Grande-Dune. Prévenus par les tirailleurs, nos hommes se tenaient bien aux aguets. « Jean Gouin veille, voit partir, regarde la direction et aurait le temps de se garer, si les bombes n'étaient lancées de plusieurs endroits à la fois. » Mais il faut compter avec la curiosité du grand enfant, l'effet de la surprise aussi, car ces bombes, dont « le déplacement d'air est formidable », font, « en éclatant, des nuages de fumée et de sable qui aveuglent les hommes ». Dans la nuit du 26, l'enseigne mitrailleur Bellay, grièvement blessé aux jambes par l'une d'elles, devait passer le commandement de sa section au deuxième maître Laletton et subissait par la suite l'amputation de la cuisse gauche (2). Tuyaux de cheminée, pots de fleurs,

(1) Carnet du docteur L. G...

(2) Cité à l'ordre de l'armée avec ce motif : « Enseigne de première classe Bellay (L.-B.), officier consciencieux et capable, affecté à la brigade de fusiliers marins, a été grièvement blessé le 26 janvier 1915. A subi l'amputation de la cuisse gauche. »

cacaouettes, Jean Gouin, riche en sobriquets, avait
déjà baptisé ces coquines qui ne sévissaient ordinairement que la nuit et que quelques volées de 75 rédui-
saient au silence dès que paraissait le jour. Mais c'était
alors la grosse artillerie allemande qui donnait de la
voix. Elle cherchait surtout le pont Joffre, sans réussir
à l'atteindre, bien qu'un aviatik, planant au-dessus de
la ligne ennemie, appréciât les écarts et signalât par
fusées les rectifications nécessaires. Ce pont de fortune,
jeté à l'embouchure de l'Yser, était notre seul trait
d'union avec les tranchées des dunes. Un obus, le 26
au soir (1), tomba dans un groupe d'officiers qui y
faisaient un relevé des positions, blessa trois d'entre
eux et endommagea le pont. Cela jeta quelque trouble
dans nos plans : l'assaut de la Grande-Dune et, du
même coup, l'attaque sur Lombaertzyde, qui était la
grosse affaire, furent renvoyés au surlendemain.

Les 9e, 10e et 11e compagnies du bataillon Bertrand,
dans l'intervalle, étaient retournées à Coxyde, où les
avait rejointes la compagnie Dupouey, détachée sur
la Geleide, et le bataillon s'y était reposé de ses deux
jours de tranchée. Alerté le 28 à 3 heures 30, rassemblé une heure plus tard, il se défilait dans la nuit,
par l'*estran*, jusqu'au camp du Groenendyck et y attendait, à l'abri des dunes, que se déclanchât la préparation d'artillerie. Mais l'ennemi était sur le qui-vive et,

(1) « L'opération devait avoir lieu le 27, mais, le 26 au soir,
sur le pont Joffre, le commandant de tirailleurs M... et deux
de ses capitaines furent gravement touchés : ils devaient conduire l'attaque. Tout semblait remis *sine die*. Le lendemain
arrivait l'ordre impératif : on attaquerait malgré tout, le 28,
à la première heure. » (Henri GHÉON, *Témoignage d'un converti*.)

au feu roulant de nos pièces, il répondit par un tir
serré sur nos batteries, dont quelques-unes se trouvaient précisément derrière le bataillon. Deux ou
trois obus perdus tombèrent dans nos rangs sans
éclater. Le général de Buyer, qui dirigeait l'attaque,
laquelle devait se faire simultanément sur la Grande-
Dune par une compagnie de tirailleurs et sur les polders de Lombaertzyde par trois compagnies de tirailleurs et deux pelotons de cavaliers à pied formant la
première vague d'assaut, avait mandé le commandant
Bertrand à son P. C. de la villa Hurlebise (1) pour
qu'il fût « plus à portée de recevoir ses ordres ». Autour
du général et de son chef d'état-major se tenaient déjà
le colonel Cros, commandant la brigade de tirailleurs,
le lieutenant-colonel de Metz, commandant le 7e tirailleurs, le colonel d'artillerie Guillemin et divers autres
officiers supérieurs appartenant aux unités qui parti-
cipaient à l'attaque (cuirassiers, dragons, hussards,
chasseurs cyclistes). Les témoins ne s'accordent pas
très bien sur la durée de la préparation d'artillerie qui
s'engagea, suivant les uns, à 8 heures et demie et, suivant les autres, à 9 heures. Elle fut fort sérieuse, quoi
qu'il en soit : les quatre-vingts bouches à feu, déployées
en arc de cercle du Groenendyck à Nieuport, « cra-
chaient sans discontinuer » à raison de quatre obus par
minute. Puis un silence, lourd d'attente. Sans doute
l'assaut avait commencé. Mais dix minutes s'étaient
à peine écoulées que nos batteries rentraient en action.
Toute la ligne s'alluma de nouveau (2). Chez les fusi-

(1) Ancien P. C. du commandant Jacquot, que le général
avait emprunté pour la circonstance.

(2) Quatorze mille coups au total, d'après le commandant

liers, on se perdait en conjectures sur la raison de ce réveil anormal de l'artillerie, dont il n'y avait pas d'exemple jusqu'alors, et l'on se demandait si l'ennemi n'avait pas pris les devants en se jetant à l'arme blanche sur nos tranchées. Les notes de la charge, portées par le vent, répondirent à cette question : « baïonnette haute », tendant âprement vers l'objectif « leurs têtes basanées de sémites aux nez immenses ou de métis nègres aux nez aplatis», les étranges tirailleurs africains en turban jaune, capote bleue et pantalon de velours à côte, se lançaient à l'assaut de la Grande-Dune et des tranchées du polder (1). Il était 10 heures du matin. Une fusillade nourrie avait succédé au tapage du canon. Des hurlements sauvages arrivaient par bouffées, avec le roulement de la mousqueterie, aux oreilles du bataillon qui, à mesure que l'attaque progressait, était rapproché du théâtre de l'opération.

« Nous partons à la file indienne, écrit un officier (2), en nous dissimulant le plus possible dans les plis des dunes ; les aéros boches surveillent tous nos mouvements. Pas trop de malencombre cependant jusqu'à

Louis, 6 400 d'après le commandant Bertrand (4 coups à la minute par pièce, 80 pièces et deux fois dix minutes de tir).

(1) « Les tirailleurs de la brigade marocaine chargent. Ils bondissent baïonnette haute, tendant vers la Grande-Dune leurs faces étranges, brûlantes d'ardeur, leurs têtes basanées de sémites aux nez immenses ou de métis nègres aux nez aplatis : leurs turbans bizarres, aux couleurs imprévues, jaune-safran, contrastent avec leurs capotes gris-bleu qui tournent au verdâtre ; les fourreaux rouillés de leurs baïonnettes battent leurs pantalons de velours à côte... » (André FRIBOURG, *Croire.*)

(2) Carnet du docteur L. G...

Nieuport-Bains, où nous stoppons un moment. Les pignons des villas, les monticules de sable nous procurent des abris provisoires que nous utilisons de notre mieux, car l'artillerie boche crache dur et fait des barrages au pont Joffre et sur toute la ligne de l'Yser. Nous voici enfin sur la place, devant la barricade, où s'amorce l'entrée du boyau qui fait communiquer avec le pont. Nous passons devant un général de brigade (de Buyer), qui a établi son poste de commandement sur la terrasse du casino, à l'endroit le plus bombardé. A ce moment, et comme nous attendons l'ordre de franchir le pont, les premiers prisonniers débouchent, preuve que l'attaque va bien. Il y en a une douzaine, dont deux officiers (1). Ce sont des fusiliers marins allemands qui portent sur leur béret : *Matroseuregiment.* Leurs convoyeurs nous confirment que l'attaque a réussi. Nos pertes sont assez faibles : une cinquantaine d'hommes hors de combat, entre tués, blessés ou disparus, contre le triple au moins de Boches expédiés *ad patres* par les tirailleurs, car les coupe-cabêches, comme on les appelle, sont moins sujets à l'attendrissement que nos Jean Gouin. L'artillerie a ouvert six brèches dans les tranchées du polder, par lesquelles nos hommes sont passés ; la Grande-Dune est prise, et c'est le moment de faire donner nos réserves pour organiser la position. »

De fait, vers midi, l'ordre parvient à la 9ᵉ compa-

---

(1) « Parmi eux deux officiers, l'un en casque à pointe, l'autre en casquette d'officier de marine. Il paraît que ce dernier a traîné sur ses épaules son premier maître blessé. C'est plus marin et moins boche que la tradition suivie jusqu'ici. » (Poisson.)

gnie de se porter sur la rive droite de l'Yser. Opération délicate sous ce bombardement intense qui menace à tout instant d'effondrer le pont. Des obus l'encadrent à droite, à gauche, devant, derrière ; d'énormes geisers d'eau et de boue rejaillissent sur les hommes qui passent en courant, la tête dans les épaules, le sac sur la tête... Petit à petit cependant, toute la compagnie a pris pied sur la rive droite et s'est massée dans les tranchées du phare, où elle relève les tirailleurs du capitaine Delorme qui n'attendaient que sa présence pour « décoller » ; la 12e compagnie, qui l'avait remplacée contre « le talus d'Hurlebise », traverse à son tour l'Yser et se masse dans les tranchées du château d'eau, suivie peu après de la 11e compagnie qui doit renforcer la compagnie Béra le long de la mer, où l'on craint un mouvement tournant de l'ennemi. Celui-ci réagit à peine depuis quelque temps. Mais nous-mêmes semblons marquer le pas. Pourtant la 9e section de mitrailleuses a pris la file et est venue se mettre près du phare aux ordres du commandant Socquet, des tirailleurs. On sait en outre que le 1er bataillon du 2e régiment (commandant de Jonquières), appelé d'urgence de Dunkerque, vient de débarquer au Groenendyck en autobus. Tous ces mouvements semblent présager une continuation de l'offensive, et le front s'assoupit de plus en plus. Que se passe-t-il ? Des blessés qu'on mène au poste de secours des tirailleurs, voisin de nos tranchées, nous l'apprennent vers 3 heures : la Grande-Dune a bien été emportée ; une escouade est même parvenue sur le revers opposé et a tenté de retourner la position. Mais une réaction violente de l'ennemi nous a repris tout le terrain. Le bataillon n'interviendra donc pas et c'est peut-être dommage.

« Les marins, dit l'officier dont nous avons suivi le récit, ne demandaient qu'à marcher. Peut-être, si on les eût fait donner à temps, la position eût-elle pu être conservée. »

Il semble bien en effet qu'en cette occasion, comme en tant d'autres, notre échec ait été dû pour une part à un emploi mal combiné du jeu des réserves. Le renouvellement de la préparation d'artillerie, après dix minutes d'interruption, était bien la ruse la plus propre à tromper les Allemands, qui, d'habitude, au premier bruit du canon, abandonnent leurs tranchées de première ligne et les regarnissent, la préparation terminée : surpris par cette seconde préparation, l'ennemi n'avait pas eu le temps d'évacuer les tranchées de la Grande-Dune qu'il venait de regarnir ; nos obus en avaient fait un véritable carnage (1). Mais, derrière la Grande-Dune et séparée d'elle par une coupure de quelques mètres, se révélait une position presque aussi formidablement défendue et d'une altitude sensiblement égale à celle de la première : c'était le môle dont nous avons parlé, vaste redan fortifié qui se développait parallèlement à une autre échine sablonneuse bordant la mer et pareillement organisée. La Grande-Dune, en somme, commandait beaucoup moins ces deux massifs, qui pouvaient agir sur elle à la façon des branches d'une tenaille, qu'elle n'était commandée par eux ; elle était « comme une noix entre leurs pinces » ; les feux convergents de leurs mitrailleuses l'écrasaient et il n'était possible de s'y maintenir qu'à la condition de la déborder. Ainsi fut rendu vain

(1) V. les chiffres officiels donnés par les *Principaux faits de guerre.*

« l'élan merveilleux (1) » des tirailleurs du lieutenant Thouret, qui y avait fait les premiers prisonniers, mais qui avait été tué presque aussitôt. Il eût fallu que cette première vague fût immédiatement suivie par une autre et celle-ci par d'autres encore, dont la marée eût tout emporté. Mais le boyau d'accès vers la Grande-Dune ne permet d'y envoyer les hommes que par petits paquets : au lieu d'une marée, c'est « une infiltration au compte-goutte ». Le commandant Jacquot, « vieux colonial à la barbe de fleuve », qui conduit l'attaque dont il a tout fait pour dissuader ses chefs, ne peut la nourrir avec des effectifs suffisants (2). En quelques minutes les tirailleurs ont près de 300 hommes hors de combat, dont presque tous leurs officiers : le capitaine Duret, le lieutenant Barachet, etc. Six tirailleurs, qui se feront tuer l'un après l'autre et qu'entraînait « un héros sans armes », le capitaine de cavalerie de Juignac, attaché à l'état-major (3), résistent

(1) *Quinze mois de brigade*, manuscrit par M. Devisse, officier des équipages, qui des tranchées du phare assistait à l'attaque.

(2) « Je l'ai vu un jour dans sa cave, ce vieux colonial à la barbe de fleuve... Lui qui connaissait le terrain, il considérait, paraît-il, cette attaque comme une folie. Dupoucy le montre au téléphone, recevant d'instant en instant les bonnes et mauvaises nouvelles, réclamant des renforts qu'on lui refusait ; la mort dans l'âme, ordonnant de tenir ; enfin prenant sur lui de faire replier ses hommes. Il a pleuré ses pauvres tirailleurs. » (Henri Ghéon, *ibid.*)

(3) « Un joli Gascon de la vieille France... Il n'était pas là pour combattre ; il n'a pu se tenir au moment de l'assaut : c'est lui que j'ai vu sur la crête... » — « ... J'ai vu cinq ou six (tirailleurs), au moment de passer la crête, conduits par un

encore dans une espèce de fortin sur le revers sudouest de la Grande-Dune. « Leurs camarades, disent les *Principaux faits de guerre*, pour les soutenir, aménagent un boyau entre le fortin et nos anciennes tranchées. » Par ce boyau, « à 13 heures », ils tentent « un nouvel effort » et, « vigoureusement soutenus par nos canons, parviennent à atteindre le fortin. Mais une contre-attaque considérablement renforcée le leur enlève quelques instants après ». Un autre petit groupe de tirailleurs, section de la compagnie Delorme, résiste dans un bout de tranchée d'où le lieutenant Guyot, du 2e hussards, qui s'est lancé spontanément à son secours, réussit à le dégager, après qu'on a éprouvé l'inutilité de toute résistance. De la compagnie, il ne reste, avec le capitaine et un sergent-major, qu'une trentaine d'hommes presque tous blessés. Nos mitrailleuses, dès le début de l'action, avaient été démontées. Une plus longue obstination n'eût servi de rien, d'autant qu'à notre droite, sur le polder de Lombaertzyde, la situation n'était pas sensiblement meilleure : par les six brèches que notre artillerie avait ouvertes dans les courtines allemandes, nos hommes avaient pénétré

héros sans armes qui les appelait et les pressait... Il n'est pas mort, mais peu s'en faut. » (Henri GHÉON, *ibid.*) Le capitaine de Juignac expira en effet dans la soirée. Le matin de l'attaque, M. Ghéon l'avait rencontré dans la Grand'Rue de Nieuport se rendant « aux tranchées de la dune pour surveiller l'exécution de notre plan » ; il était « drapé dans une toile jaune serin » et tenait « en guise d'épée ou de canne, une de ces petites bêches munies d'une poignée de bois, telle qu'on en voit aux mains des enfants sur les plages ». Moins d'une heure après, « le capitaine à la petite bêche » tombait « dans le combat, victime de son enthousiasme ».

dans la première ligne de défense ennemie, inondée et en partie évacuée, et, sans prendre le temps de souffler, ils avaient foncé à la baïonnette, par la route pavée, sur les abris de seconde ligne. L'attaque, comme sur la Grande-Dune, avait réussi du premier coup ; mais, comme sur la Grande-Dune aussi, elle n'avait pas été suffisamment et assez rapidement appuyée : des mitrailleuses se dévoilaient, prenant nos hommes d'enfilade ; une première contre-attaque ennemie échouait sous nos feux, mais la seconde nous rejetait jusqu'à nos tranchées de départ, sauf au centre de la ligne où, derrière un parapet de fortune, quelques isolés parvenaient à se cramponner jusqu'au soir. Le chef d'escadron de Lucet, des cuirassiers, qui commandait l'attaque du polder, était tué du même obus qui blessait à côté de lui son adjoint, le capitaine de Villemaré. Tués encore le lieutenant Escoffier, des dragons, commandant une section de mitrailleuses, « et quantité d'autres (1) », ensevelis dans leur sacrifice anonyme par l'inflexible et jalouse consigne de silence imposée à nos communiqués officiels.

Ce ne fut pas sans peine, malgré tout, que le général de Mitry, à qui le général de Buyer avait envoyé son chef d'état-major, le commandant de Metz, pour lui rendre compte de la situation, se résigna, vers 3 heures de l'après-midi, à donner l'ordre de la retraite. Déjà illustré par son raid du 16 octobre sur Roulers, où la hardiesse de sa pointe avait trompé l'ennemi sur l'absence de notre organisation et donné le temps à nos territoriaux et aux Britanniques de garnir les lignes de l'Yser et de la Lys, Mitry avait apporté la même

(1) Journal du commandant Bertrand.

fougue heureuse dans ses opérations sur Saint-Georges et la Geleide. C'était essentiellement un « attaqueur », comme d'Urbal, son chef, comme Grossetti, Humbert et Balfourier, qui opéraient, sous ce chef, dans un secteur voisin : il croyait comme eux, comme Foch lui-même, expression la plus haute de cette école et par qui elle a finalement triomphé, à la toute-puissance de l'offensive. Et seule, en effet, l'offensive peut amener la décision. Mais il y a, dit Napoléon, des vices et des vertus de circonstance, et l'offensive n'est peut-être pas une vertu de toutes les heures ni de tous les terrains. En l'espèce, outre la faiblesse des effectifs engagés et le trop long espacement des colonnes d'assaut, la grande cause de notre échec fut incontestablement l'ignorance où le commandement avait été laissé par ses services aérostatiques de l'organisation du double massif qui faisait suite à la Grande-Dune et que celle-ci nous masquait. C'est sur ce massif qu'il eût fallu porter l'effort principal, l'issue des opérations générales dépendant de sa conquête qui eût fait tomber instantanément les tranchées du polder. Et, dans la pensée du commandement, il n'avait été que l'objectif secondaire. Pour pallier notre échec, les *Principaux faits de guerre* expliquaient que « l'attaque que nous avons prononcée le 28 janvier avait pour objet de reconnaître exactement les défenses ennemies dont l'ensemble seul nous était connu ». Et ils se félicitaient, en terminant, que ce résultat eût été atteint : « Nous ne conservons que la partie extérieure de la dune, mais nous sommes exactement fixés sur l'organisation défensive de l'ennemi. »

On ne peut se montrer d'esprit plus accommodant. Encore fallait-il conserver les quelques mètres de sable que nous avions enlevés à l'ennemi. Le bataillon Bertrand fut porté à cet effet, la nuit venue, aux abords de la première ligne, où il renouvela connaissance avec les « cacaouettes » et les « tuyaux de cheminée (1) ». Mais l'habitude était déjà prise ; l'excellent officier des équipages Devisse avait eu l'idée d'utiliser contre ces engins les treillages en fil de fer des tennis de Nieuport-Bains, et les pertes du bataillon, ce soir-là, furent légères (2). Le lendemain, avant l'aube, il relevait en première ligne les tirailleurs du bataillon Socquet épuisés (3). Une des sections de la 9e compagnie (commandée par le maître Godard) occupait « l'avancée » de la Grande-Dune, à 25 mètres des lignes ennemies ; deux escouades d'une autre section, avec l'enseigne Poisson et le deuxième maître Clément, l'intérieur et les parois du « cratère », petit cirque sablonneux au pied même de la Grande-Dune. Tout le jour les balles grêlèrent sur ces deux sections :

(1) Pendant ce temps, le bataillon de Jonquières était porté dans les tranchées du sous-secteur sud « que commande maintenant le commandant Jacquot, tout le secteur étant commandé par le lieutenant-colonel de Metz, du 7º tirailleurs. » (Journal du commandant Bertrand.)

(2) Sauf cependant à la section de mitrailleuses. « ... Réveillé à 3 heures, on vient me dire que les armements de notre section de mitrailleuses ont été décimés : un fusilier tué, les deux quartiers-maîtres chefs de pièce blessés, un autre homme blessé. » (Journal du commandant Bertrand.)

(3) « Troupes occupant le sous-secteur nord : les quatre compagnies du bataillon, une section de chasseurs cyclistes, une compagnie d'infanterie territoriale et trois sections de mitrailleuses (marins, dragons et hussards). » (Journal du commandant Bertrand.)

la nuit fut pire. Les torpilles n'arrêtaient pas et bouleversaient les tranchées de fortune que nous avions hâtivement creusées à la pointe du saillant demeuré entre nos mains.

« On travaille ferme à les réparer avec des sacs à terre, écrit l'enseigne Poisson. Vers 23 h. 30, le commandant Bertrand vient lui-même au cratère (que déjà nos hommes appellent le trou de la mort) pour apporter des chevaux de frise que nous allons tâcher d'interposer entre nos petits postes et ceux des Boches, distants d'à peine une douzaine de mètres. Par malheur les sapeurs territoriaux qui portent les appareils ne savent pas s'astreindre au silence, d'où dégelée de bombes qui provoque un peu d'émoi. Le capitaine (Béra) intervient pour rétablir l'ordre et activer le travail. Quatre blessés. Travaillé un peu fébrilement jusqu'à 1 h. 30. Les hommes sont harassés de fatigue, énervés par les bombes. Je sens qu'ils commencent à m'échapper. Heureusement l'autre peloton, qui n'a pas souffert, vient nous remplacer vers 1 h. 30 du matin. Le premier maître Finolleau prend ma place au cratère ; le premier maître de Kersauzon celle de Godard à l'avancée. »

La 9e compagnie n'était pourtant pas au bout de ses peines et le petit jour lui réservait une pénible surprise. Tout en criblant nos hommes de bombes et de grenades à main d'un nouveau modèle, « plates, allongées, munies de pattes sur les côtés », ce qui les faisait comparer à des « crabes » par les loustics, l'ennemi avait travaillé lui aussi pendant la nuit et réussi à surélever ses postes de tir. Au matin on s'aperçut qu'un de ses créneaux tenait directement sous son feu l'unique boyau d'accès au cratère. Toute communication devenait ainsi impossible ou du moins singulièrement difficile. « Nous sommes cernés », fit dire par un agent de liaison le maître Finolleau. Huit hommes de la 3e escouade, avec l'enseigne Poisson et le capitaine Béra, prévenu au passage, coururent aussitôt vers le cratère. Comme le maître Finolleau leur expliquait la situation, un coup de feu partit du créneau, « qui était à 50 mètres à peine », et le tua raide. Le boyau, à demi effondré déjà, s'en trouva complètement obstrué. Il était à craindre que l'ennemi ne profitât de cet incident pour enlever le cratère où le deuxième maître Le Glas était bloqué avec sa demi-section : le capitaine Béra partit donc chercher du renfort, cependant que, sous un déluge de bombes, de grenades et de balles, les huit hommes demeurés avec l'enseigne Poisson travaillaient au dégagement et à l'approfondissement du boyau, seule manière de le soustraire aux vues de l'ennemi. Sur ces huit hommes, sept étaient par bonheur, comme leur lieutenant, des anciens de Dixmude, et aucun d'eux, dit celui-ci, n'aurait voulu lâcher pied. Besogne peu commode cependant. « A chaque instant il faut bondir à droite, à gauche, ou se coucher lorsque la bombe arrive. Ce manège dure une heure un quart pendant laquelle on a la sensation d'une vie intense, décuplée pour ainsi dire. Au bout de ce temps le corps est dégagé, le boyau approfondi, la communication rétablie. » Contrairement à l'attente générale, les Boches n'ont pas attaqué ; le maître fusilier Thomas, qui remplace provisoirement le premier maître Finolleau, prend le commandement de la demi-section terrée dans le cratère. Le reste de la journée se passe dans un calme relatif. A la nuit seulement les bombes et les grenades recommencent leur charivari. Les bombes « démolissent plusieurs gourbis, renversent des piles de sacs » ; un homme est pris sous un éboulement. Plus de peur que de mal au demeurant et, à 3 heures du matin, le 31 janvier, quand la 9e compagnie, la plus exposée du bataillon, fut relevée par les tirailleurs, elle s'en tirait au total avec 3 tués et 14 blessés.

Ce devait être d'ailleurs, jusqu'en novembre, l'unique contribution des fusiliers marins aux opérations contre la Grande-Dune et, le 1er février, en rentrant à Coxyde, où ils cantonnaient, le bataillon Bertrand et le bataillon de Jonquières avaient la surprise d'y retrouver les autres éléments de la brigade qui venait d'être affectée, à titre définitif, au groupement de Nieuport.

II

PREMIERS CONTACTS
LES 5 A 7 DU CANTONNEMENT

Ce changement était une conséquence des remanie-
ments apportés par le haut commandement dans le dispositif des troupes du bas Yser. Dès le 29 janvier, au
lendemain de l'offensive sur la Grande-Dune et les polders de Lombaertzyde, Foch faisait savoir au général
Hély d'Oissel qu'il y avait « lieu de prévoir le relève-
ment » par la 38ᵉ division d'une partie des troupes
constituant le groupement de Nieuport (1). La mesure
n'affectait en rien le caractère d'une disgrâce à l'endroit de Mitry qui nous avait rendu trop de services
en Belgique pour qu'on pût lui tenir rigueur d'un échec
passager. Après cette courte éclipse, son étoile devait
reparaître plus brillante en Champagne et sur l'Aisne
et atteindre tout son éclat dans ces combats autour

(1) « Les troupes à relever, précisait la note de service
(signée : Wiegand), sont : 1º la brigade marocaine ; 2º les détachements (cyclistes, groupes légers, escadrons à pied, artillerie, mitrailleuses) fournis par le 2ᵉ C. C. » En sorte que le
groupement de Nieuport serait dorénavant constitué comme
suit : « 1º 38ᵉ division d'infanterie (moins la brigade de tirailleurs) ; 2º brigade de fusiliers marins ; 3º éléments de la 81ᵉ D. T.,
actuellement affectés au groupement de Nieuport ; 4º les goumiers. »

de Locre (avril 1918) où la fortune le ramenait, au déclin de la guerre, sur le théâtre même de ses premiers succès. Le 31, Mitry fit ses adieux au groupement de Nieuport (1) ; le 4 février, il était cité à l'ordre de

(1) « Au moment de quitter la région de Nieuport, le général tient à faire savoir à tous avec quelle fierté il a exercé pendant près de deux mois le commandement du groupement. Les troupes les plus diverses en ont fait partie. Toutes ont rivalisé de courage, d'entrain, d'endurance. Les éléments du C. C. (cavaliers à pied, chasseurs cyclistes) sont fiers d'avoir su montrer que, lorsque la cavalerie ne trouve pas son emploi à cheval, elle est digne de combattre à pied à côté des meilleurse troupes ; les marins, dont la réputation de superbe bravoure n'est plus à faire, ont encore, à Saint-Georges, inscrit une page glorieuse à leur histoire ; la brigade du Maroc, depuis son arrivée en France, avait déjà prouvé qu'elle était une troupe d'élite : elle a tenu à justifier sa réputation ; les zouaves, dans un secteur ingrat où l'eau augmente encore les difficultés de la lutte, ont fait preuve des plus brillantes qualités militaires. C'est avec regret qu'ils ont vu que le rôle glorieux était attribué à leurs frères d'armes les tirailleurs. Ceux-ci ont excité l'admiration de tous : après quarante jours passés dans un secteur particulièrement dangereux, ils ont su, en un élan magnifique, sauter sur les premières tranchées ennemies et infliger aux Allemands des pertes considérables. Tirailleurs, vous avez fait battre tous les cœurs. Vous vous êtes conduits en héros et, si vos pertes sont lourdes, vous avez su venger vos morts. Les sapeurs ont montré un dévouement au-dessus de tout éloge, exécutant les travaux les plus difficiles dans les conditions les plus périlleuses. L'artillerie enfin, par son activité incessante de jour et de nuit, a été d'un puissant secours pour l'infanterie qu'elle a remarquablement aidée dans toutes ses attaques. Le sang de nombreux d'entre vous a arrosé ce coin de Belgique, préparant la victoire finale. Le sacrifice de ces braves aura sa récompense. La France est

l'armée (1) ; le 5, il passait officiellement ses pouvoirs au général Hély d'Oissel.

C'était un cavalier qui succédait à un cavalier. Le général Hély d'Oissel n'avait que cinquante-cinq ans. La brigade, qui avait été sous ses ordres à Steenstraete, retrouvait en lui une figure familière et aimée. Les officiers surtout se rappelaient avec plaisir ce « cavalier mince, sec », monté « sur un joli petit cheval arabe » à la fine encolure et chez qui l'homme de sport se combinait harmonieusement avec l'homme d'étude : sorti le premier de l'École de guerre, il s'était rapidement adapté aux formes nouvelles du combat moderne ; il vivait dans le contact permanent de ses troupes et ne croyait pas s'abaisser en rédigeant lui-même, à l'occasion, le motif des citations dont elles avaient été l'objet. Il tenait enfin en haute estime les fusiliers marins et leur chef, qui le savaient. Le jour même où le général de Mitry faisait ses adieux au groupement, l'amiral recevait l'ordre de diriger sur Oost-Dunkerque « les bataillons restant à Fort-Mardyck et à Saint-Pol », afin d'être en état de relever,

fière de posséder de pareilles troupes. A tous, merci. — Le général commandant le groupement de Nieuport. — *Signé :* DE MITRY. »

(1) « Le général commandant la 8e armée cite à l'ordre de l'armée le général de Mitry, général de division à titre temporaire, commandant le 2e corps de cavalerie. A fait preuve, dans des circonstances difficiles, de la plus grande énergie et des plus brillantes qualités militaires, a pris la part la plus active et la plus glorieuse à tous les combats qui se sont livrés pendant les mois d'octobre et de novembre et a grandement contribué au succès des opérations sur la partie du front qui lui était confiée. — *Signé :* V. D'URBAL. »

dès le 2 février au matin, les zouaves du commandant Madelon entre la route de Lombaertzyde et le canal de Plaschendaele, et, le 3 au matin, les cavaliers à pied du colonel Hennocque entre ce canal et celui du Noord-Vaart. L'amiral avait fait élection pour son P. C. d'une ferme de la banlieue d'Oost-Dunkerque nommée la Roseraie, dont les locaux n'étaient pas complètement démeublés (1). Il n'y était qu'à quelques minutes d'auto du général Hély d'Oissel installé à Oost-Dunkerque-Bains et qu'il était allé voir en arrivant. Les deux chefs, après une brève conversation, tombèrent d'accord pour affecter un secteur fixe à la brigade : l'élément qui avait opéré dans le secteur des dunes en fut définitivement retiré et ce secteur, jusqu'aux abords de la route de Nieuport à Lombaertzyde, confié au colonel Capdepont, commandant par intérim la 76e brigade de zouaves (2).

(1) « La Roseraie. Abri à faire, facile avec planches, six chambres : quatre très bonnes, deux passables, six lits, dont deux incomplets. Pas de couverture, pas de draps. Cuisine, salle à manger. » (Carnet du commandant Louis.)

(2) Le colonel (aujourd'hui général) Capdepont avait en outre à sa disposition deux sections du 9e cuirassiers et deux bataillons (11e et 12e ou 14e et 16e) de la 81e D. T. avec toutes les sections de mitrailleuses de sa brigade et de la 81e D. T., plus du génie de la 38e division d'infanterie, ces diverses troupes appuyées par les trois groupes de trois batteries de 75 de l'artillerie divisionnaire 38 (colonel Roguin). Le secteur était lui-même subdivisé en sous-secteur nord (ou des Dunes) entre la mer et le chemin médian du polder inclus (un bataillon du 1er zouaves, un bataillon du 12e ou 16e territorial, une compagnie du génie) et sous-secteur sud (ou de la Geleide) entre le chemin médian jusqu'à environ 70 mètres à l'est de la route de Nieuport à Lombaertzyde (deux bataillons du 4e zouaves,

Le secteur adjacent, qui s'étendait de la route de Lombaertzyde incluse au canal du Noord-Vaart, où commençait le front belge, échut aux marins. L'amiral, sous les ordres de qui il était placé, le laissa divisé comme devant en sous-secteur nord, qui allait de la route de Lombaertzyde au canal de Plaschendaele et qui fut attribué au 2e régiment, et en sous-secteur sud, qui allait du canal de Plaschendaele au canal du Noord-Vaart et qui fut attribué au 1er régiment. Quelques Belges, qui devaient bientôt disparaître, et des territoriaux (8e ou 6e bataillon) faisaient la soudure au Boterdyck et à la Briqueterie entre ces deux sous-secteurs, couverts l'un et l'autre par l'artillerie de la 81e D. T. (2 groupes de 4 batteries de 75, chef d'escadron Bouquet) et renforcés d'éléments du génie et de la compagnie autonome de pionniers que l'amiral venait de créer à la brigade (1). Quatre batteries lourdes de 90, une de 95, deux de 120 et deux de 155, sous les ordres du lieutenant-colonel Denis, coopéraient en outre à la défense générale, mais recevaient directement leurs missions tactiques du colonel Guillemin, commandant l'artillerie du groupement de Nieuport (2). Enfin, de temps à autre, une grande pièce de marine anglaise, un *long Tom*, monté sur rail et camouflé en charrette de foin, mêlait sa voix

du 11e ou 14e territorial, un détachement de la compagnie du génie).

(1) « 9 février, organisation d'une section de pionniers indépendante des compagnies et rattachée à la section H. R. Le commandement en est donné à l'officier des équipages Devisse. » (Journal du commandant Bertrand.)

(2) Le colonel Guillemin avait dans le groupement les prérogatives et les droits d'un général de corps d'armée.

d'ouragan à celles des monitors qui bombardaient Middelkerke et Westende. Mais la meilleure défense de la place était la longue et large bande de marécages dont elle s'enveloppait. Encore fallait-il que l'ennemi ne pût l'assécher et ainsi s'expliquait qu'on eût massé sur cette mince presqu'île, dont les écluses réglaient tout le régime de l'inondation, des troupes d'une résistance éprouvée.

Nieuport était, avec Ypres au centre, Arras au sud, l'une des trois clefs de la Flandre française, l'un des trois sommets de ce triangle idéal où s'inscrivaient Calais et Dunkerque, objectifs éternels de la convoitise allemande. L'ordre était de les défendre à tout prix et de s'en tenir, tout en recherchant l'amélioration et l'élargissement des positions, à cette attitude purement expectante jusqu'au moment où le G. Q. G. jugerait bon de passer à une autre tactique, ce qui ne se produirait certainement pas avant quelques mois. La leçon du 17 décembre avait porté et il commençait à apparaître que la rupture du front allemand, déjà très fortement organisé à cette époque, ne pourrait s'obtenir qu'avec l'aide d'une puissante artillerie dont nous n'avions encore que l'embryon.

L'emploi des troupes de toutes armes du groupement fut réglé en conséquence et on veilla soigneusement à ne point trop le charger. C'est ainsi que, pour la brigade, le nouveau service (1) comportait deux

---

(1) Ce n'était pas là à proprement parler une nouveauté, puisque ce régime (V. *Steenstraete*) avait été adopté par l'amiral dès le 23 décembre 1914. Mais il est vrai que la brigade, relevée quelques jours après, n'avait pas eu le temps d'en mesurer les effets.

jours seulement de tranchée (le 2e régiment dans le sous-secteur nord ; le 1er régiment dans le sous-secteur sud), deux jours de cantonnement de réserve (le 2e régiment aux fermes de Groot et Klein-Labeur, sur la route de Wulpen ; le 1er régiment dans les caves de Nieuport-Ville), quatre jours en cantonnement de repos (le 2e régiment à Coxyde-Ville ; le 1er régiment à Oost-Dunkerque-Ville). Avec cette répartition judicieuse, le commandant Mauros estimait que « la brigade pouvait tenir longtemps », bien qu'elle éprouvât « chaque jour quelques pertes qui faisaient, à la fin du mois, un total voisin des pertes qu'eût coûté une offensive ».

Ces pertes étaient surtout sensibles dans le sous-secteur nord, où le 3e bataillon du 2e régiment avait remplacé les zouaves du commandant Madelon, et spécialement dans le segment de Lombaertzyde, le plus voisin du front allemand. L'avance de notre ligne, au 7 janvier, avait été poussée sur ce point jusqu'à 3 ou 400 mètres du village, à peu près à la hauteur de la borne kilométrique 14, sur le parallèle de la ferme Groot-Bamburg, qui n'était cependant pas à nous, car notre ligne, parvenue au Boterdyck, épousait le remblai jusqu'au Pont-de-Pierre et remontait ensuite le canal d'évacuation qu'elle coupait à un kilomètre de là. C'était un tracé aussi irrégulier que possible, tout en angles droits, conformément à la structure géométrique des routes et des canaux du pays. Cela ne laissait pas d'y rendre les relèves fort délicates, « les boyaux étant impraticables et les chemins d'accès battus par les balles » (commandant Mauros). De plus, les tranchées, vers Lombaertzyde, n'étaient encore qu'à l'état d'ébauche : « Quelques sacs de place

UNE TRANCHÉE DE MARINS DEVANT LOMBAERTZYDE

en place, des trous de cent mètres en cent mètres, sans rien pour se dissimuler à la vue, et, en face, tout près, le Boche installé presque confortablement, tirant dans nos vides avec une insistance qui nous valut bien des pertes (1). » Le 3ᵉ zouaves n'avait pas eu le temps de s'installer sérieusement sur ce terrain nouvellement conquis par lui : non seulement le plus gros, mais presque la totalité du travail y était à faire. « Tout y est de nos mains, dit un officier de marine (2), les parapets de sacs, les pare-éclats en bois et terre, les fascines, les planchers de rondins, les fils de fer, les chevaux de frise. » — « Avons-nous assez travaillé, mon Dieu, dans ce sable noyé d'eau, percé de trous d'obus et empuanti de cadavres ! écrit un autre jour le même officier. Chaque sac, chaque piquet sont pour moi des souvenirs, et combien de mes Jean Gouin n'ont eu pour sépulture qu'un petit bout de terrain placé un peu en arrière de la tranchée et un peu moins fangeux que le reste ! » Seuls, des marins, les plus ingénieux par profession de tous les hommes, les plus accoutumés à tirer parti des moindres espaces, étaient capables d'édifier dans ces marécages un P. C. de compagnie presque attrayant, « une demeure ombreuse portant comme enseigne une belle plaque émaillée : *Pension Marie-Louise*, ramassée quelque part dans Nieuport ». Avec leurs airs « bucoliques », ces P. C. n'étaient pas beaucoup plus sûrs que les tranchées. Dans celui du commandement Mauros, antérieurement occupé par un commandant de zouaves, un obus de gros calibre avait démoli le pignon, et ses hôtes successifs avaient

______

(1) Carnet du lieutenant de vaisseau Mérouze.
(2) *Ibid.*

dû se contenter de la moitié d'habitation qui restait. Grâce aux prodiges d'activité déployés par les marins, ce premier séjour dans les tranchées de Lombaertzyde ne fut pas trop coûteux malgré tout : « un tué et huit blessés par des balles ou des projectiles d'artillerie légère » (commandant Mauros). Le 3 février au soir, suivant l'ordre de roulement, le 3ᵉ bataillon du 2ᵉ régiment était relevé par le 2ᵉ bataillon, à la tête duquel le capitaine de frégate de Belloy de Saint-Liénard avait succédé au capitaine de frégate Pugliesi-Conti promu au choix de capitaine de vaisseau et chargé, depuis le 1ᵉʳ janvier, de la direction des services. Le bataillon Mauros descendit en réserve, par Nieuport, aux fermes de Gross et Klein-Labeur, sur la route de Wulpen, qu'il laissa au bout de deux jours pour Coxyde-Ville, où il prit son cantonnement de repos.

Dans le sous-secteur sud, c'était le 3ᵉ bataillon du 1ᵉʳ régiment, à peine remis de ses émotions de la Grande-Dune, qui était désigné pour faire la relève des chasseurs : les 10ᵉ (capitaine de Monts de Savasse) et 12ᵉ (capitaine Dupoucy) compagnies aux tranchées ; les 9ᵉ (capitaine Béra) et 11ᵉ (capitaine de La Fournière) compagnies en cantonnement d'alerte dans les caves de Nieuport-Ville. Les unes et les autres avaient fait leur entrée au brun de nuit dans cette cité vouée aux subversions, onze fois assiégée, onze fois détruite, onze fois ressurgie de ses cendres et qui, n'étant encore qu'au cinquième mois de son douzième bombardement, n'avait déjà plus un toit, une vitre, un chevron.

« Nous partons vers 4 heures de Coxyde-Ville par Oost-Dunkerque-Ville, écrit le docteur L. G..., et faisons halte au Bois-Triangulaire, situé à un kilomètre de Nieuport. L'endroit n'est pas très sûr. Des balles y sifflent constamment, mais il nous offre un écran relatif et on y attend en silence que la nuit vienne. La longue colonne se remet alors en marche et entre à Nieuport par nuit noire. On nous a fait prendre la file indienne pour éviter la casse, si le bombardement est trop vif. Les hommes doivent se tenir à dix pas l'un de l'autre. Ils observent scrupuleusement la consigne. Mais, de temps à autre, ils se heurtent à une barrière qu'il faut contourner, ils tombent sur des trous de marmites qu'il faut traverser sur une planche. Tant bien que mal on arrive aux Cinq-Ponts, où les compagnies se séparent pour se rendre dans leurs cinq segments respectifs : Lombaertzyde, Grande-Briqueterie, Nieuwendamme, Yser-Sud, Saint-Georges. Des cantonnements d'alerte ont été préparés dans les caves de Nieuport qui sont encore habitables. Les sections en réserve du 3e bataillon y sont réparties. Tout un peloton loge ainsi avec l'état-major de la 9e compagnie dans la grande cave à quatre compartiments du n° 19 de la rue du Marché. »

C'est dans ces « entreponts improvisés » que nos hommes vont désormais vivre les heures qu'ils ne passeront pas en première ligne ou en cantonnement de repos. Et nul encore parmi eux ne songe à s'en plaindre. Ils admireraient plutôt. Au dehors, ce n'était que ruines, maisons effondrées, éventrées, décapitées, scalpées, réséquées. Tout le luxe, tout le confortable de ces vieux logis bourgeois était descendu à la cave, où les premiers occupants de Nieuport, chasseurs belges et territoriaux français, amis de leurs aises, avaient entassé le meilleur du mobilier et jusqu'à des pianos et des harmoniums. « Cela jure d'être à la cave, écrit l'enseigne Poisson, mais donne l'impression d'un chez soi insolite et un peu mystérieux. » — « Tout s'y trouve, écrit Luc Platt. Nous avons des chaises, un piano. On fait la cuisine sur des cuisinières chauffées au charbon. On s'éclaire avec des bougies fournies par le gouvernement ! » Et l'aimable Maurice Faivre dresse un inventaire lyrique du sommier, du tapis, de la suspension, de la glace, du fauteuil Voltaire et de la table de toilette ruisselante de cristaux qui décorent son palais souterrain.

Ces « palais », par malheur, ne sont pas des plus solides. On les « épontillera » dans la suite avec des rails, des traverses de chemin de fer, etc. ; ils défieront ainsi les 77, les 105 et même les 210 ; ils ne seront jamais à l'abri des calibres plus forts et, justement, l'ennemi vient d'installer vers Westende (1) « une pièce monstre » nouvellement sortie de chez Krupp, un 305, disent les uns, un 420, disent les autres, qui sont dans la vérité. Cette pièce seule suffirait à rendre Nieuport intenable. Aussi est-il défendu de circuler dans les rues pendant le jour, pour ne pas donner l'éveil au monstre. Mais les marins n'en font qu'à leur tête. Le temps est beau et, si « enchanteur » que soit le séjour des caves, on aimerait bien se dégourdir un peu les jambes, visiter la ville, faire « son petit tour de boulevard » (Maurice Faivre). On a compté sans les taubes, dont il rôde toujours quelque couple au-dessus de Nieuport, et la leçon ne tarde pas. Une escouade de la 3ᵉ section de la 9ᵉ compagnie avait « cru pouvoir chauffer le café au rez-de-chaussée ; un gros obus tombe dans la pièce, tue un quartier-maître et blesse le second

---

(1) C'était une erreur : le 420 était installé près de Thourout, un peu avant l'embranchement de Leffinghe.

maître Le Glas et cinq hommes de son escouade ». Peu après, un autre obus tombe sur la gendarmerie, traverse les étages, éclate dans la cave et y tue « deux officiers belges avec la presque totalité de la section qui est avec eux ; un troisième officier, debout devant le soupirail, est projeté sans mal sur la chaussée ». Puis c'est le tour de deux badauds de la 9ᵉ compagnie, qui sont atteints « dans la rue ». Enfin un nouvel obus de gros calibre, « tombant dans la même maison que ce matin, pénètre dans la cave » et y blesse, — heureusement sans gravité, — les trois derniers survivants de la 9ᵉ escouade. « La voilà supprimée de l'effectif » (Poisson).

Comme début, ce n'était pas trop engageant et, pour peu que le 420 de Westende continuât à faire des siennes, le séjour en cantonnement de réserve deviendrait plus dangereux que le séjour aux tranchées. Il s'en fallait pourtant que ces tranchées du sous-secteur sud, bien qu'un peu moins rudimentaires que celles du sous-secteur nord, fussent des modèles d'organisation. Du canal de Plaschendaele au Noord-Vaart, notre ligne, presque aussi irrégulière que celle de la route de Lombaertzyde au canal de Plaschendaele, décrivait une série de rentrants et de saillants qui compliquaient plus qu'ils ne servaient la défense. Mais c'était vers Saint-Georges surtout, dans une plaine à peu près complètement inondée et d'où émergeaient seulement les remblais des routes, les digues des canaux et les *clyttes* qui portaient çà et là les bâtiments ruinés d'une ferme, que l'ingéniosité des marins avait à résoudre un problème difficile. Ce qu'on y appelait les tranchées n'était qu'un « pointillage de trous », un « chapelet de petits gourbis » creusés longitudinalement dans la berge aux endroits où elle était suffisamment résistante (1). Pour communiquer avec ces gourbis, on n'avait d'autre défilement que la piste en contre-bas du remblai et qui était trop souvent interrompue elle-même par l'inondation. Un officier compare justement ces routes à de « longs tentacules » rigides dont les gourbis eussent été les « ventouses ». Les ventouses terminales étaient seules au contact des Boches ; celle à l'est de la Maison du Passeur était à 80 mètres du poste ennemi correspondant. Derrière ces postes avancés ou plutôt ces sortes de fortins, solidement garnis de mitrailleuses, nos tranchées, faute de place, étaient obligées de s'égrener en profondeur. Il n'y avait que dans les « terres neuves » de Nieuwendamme, autour des Rood-Poort, de la Ferme de Venise, etc., qu'on pouvait descendre sur la plaine. L'inondation y avait respecté d'assez grands espaces, une vaste pampa où l'ennemi s'était retranché et où nous occupions nous-mêmes, en bordure du Polderlied, le tas de gravois qui avait été la ferme Grood-Noord.

La situation de l'ennemi n'était sensiblement pas beaucoup meilleure, il est vrai, sur les bouts de chaussée qu'il occupait dans notre direction, à gauche de l'Yser et du canal de Nieuwendamme. Cela égalisait les chances et les risques. Quelques obus de temps à autre, pour rompre la monotonie des factions ; quelques

---

(1) « Notre poste est sur une route en promontoire au milieu des étendues d'eau et forme une espèce de fortin, car il n'y a pas de tranchées continues, mais des petits postes isolés, devancés par les lignes de fil de fer... Les Boches ne sont pas loin : 100, 150 mètres tout au plus... » (Luc Platt.)

volées de balles, quand un imprudent ou un ignorant
s'avisait de s'écarter d'un boyau ou de n'y pas rentrer
suffisamment les épaules. C'était tout. L'immense
nappe liquide qui s'étendait jusqu'à l'horizon ressem-
blait à ces étangs salins de la presqu'île guérandaise
que quadrillent des « bossis » tirés au cordeau, comme
les routes et les digues des Flandres : sur ces eaux
plombées, immobiles, sauf aux heures où le mouvement des marées les soulevait imperceptiblement, des
cadavres flottaient, outrageusement ballonnés, parmi
les joncs et les têtards qui jalonnaient encore çà et là
le tracé des anciens canaux d'irrigation. Dans les
murailles mêmes des tranchées on trouvait à chaque
instant des corps en décomposition, fantassins belges
du 7ᵉ de ligne tombés lors de la déroute du 22 octobre,
fusiliers du *matroseuregiment*, chasseurs, dragons, marins... « Quand on creuse un peu, dit l'enseigne Poisson, il sort un bras, un pied. » C'est bien le « cloaque »
si crûment décrit par un témoin, Mme Marguerite
Baulu, « glaise triturée par le piétinement, détrempée
par l'écume, l'urine, le sang, gadoue bossuée d'un amas
informe de douilles, de boîtes de conserves, de vête-
ments ensanglantés » et d'où s'exhale une puanteur
indicible « d'immondices et de débris humains (I) ».
Rien ne bouge, ou rien ne paraît bouger pendant le
jour dans ces espaces pestilentiels. Mais nos hommes
ne se laissent pas piper à ces faux semblants : l'ennemi à qui ils ont affaire, ils le savent aux aguets dans
ses trous et toujours en quête de quelque nouvelle
ruse diabolique. Dès le soir du 5 février, escomptant
leur inexpérience, un radeau boche, à la tombée de

_____

(I) Marguerite BAULU, *la Bataille de l'Yser*.

la nuit, tentait « de venir s'insinuer dans une coupure de la berge » droite de l'Yser tenue par la 11e compagnie. L'enseigne Hillairet veillait au grain : « Une salve a vite fait de faire sauter à terre les occupants, et le radeau (planches et barriques) passe en dérive pour aller s'arrêter plus bas, dans un barrage », chez les hommes de la compagnie Béra.

Pour tenter des coups pareils, il faut être des marins et nos Jean Gouin en concluent fort sagement qu'ils ont encore devant eux des « collègues » de la marine boche. A tout hasard et par crainte que la tentative ne se reproduise ou ne soit la préface de quelque attaque en force, on double les postes de veille. Mais la nuit se déroule dans le calme, troublée seulement de temps en autre par « le cri plaintif des vanneaux et des courlis qui nichent dans ces marécages » (Poisson), le chuintement des fusées éclairantes qui montent de l'autre côté du fleuve, épanchant une lumière neigeuse sur la désolation du paysage, ou les coups de marteau qu'on entend du côté des fermes C et D, près du coude de l'Yser, que les Boches travaillent sans doute à organiser. Au matin nous signalerons ces réduits suspects à notre artillerie qui y enverra quelques volées de 75. Un coq, dans une métairie abandonnée, salue le jour ; trois porcs, sur un tas de fumier, jouent du groin. Gros sujet de convoitise pour nos hommes ! Il faut les empêcher de quitter les « gourbis » pour tenter un investissement du tas de fumier et de ses hôtes. La journée se passe sans incident, comme les précédentes. Peu ou pas de pertes jusqu'à la relève, qui est faite par deux compagnies du 1er bataillon. Et tout serait pour le mieux, dans le plus humide et le plus malodorant des sous-secteurs, si, parvenues à Oost-

Dunkerque, où elles doivent prendre leur cantonnement de repos, les 9ᵉ et 10ᵉ compagnies, déjà éreintées par une longue marche nocturne dans des terrains détrempés, n'apprenaient que leur cantonnement est changé et qu'on l'a transféré en pleine dune dans les baraquements en planches nouvellement construits par les zouaves. Mais la nuit est si noire et ces baraquements sont si bien camouflés qu'on tourne tout autour pendant une heure avant de les découvrir. « Jean Gouin peste, Jean Gouin ronchonne », et Jean Gouin a grand tort. Demain, quand il verra les baraquements, — baptisés camp Gallimard du nom d'un capitaine de zouaves tué à Nieuport, — il ne fera plus la grimace.

Ces baraquements sont en effet fort bien compris. Un plancher incliné, avec de la paille, y sert de couchage. Chaque baraque peut loger une section de 45 à 50 hommes et, pour la mettre à l'abri des obus, il suffira de l' « enterrer » complètement dans le sable. Aussi le général Hély d'Oissel décide-t-il de multiplier ces sortes de cantonnements qui présentent tant d'avantages pratiques : après le camp Gallimard, il y aura le camp Ribaillet, entre le Bois-Triangulaire et Oost-Dunkerque, le camp Jeanniot, à côté de Coxyde-Ville, un peu plus tard le camp de Mitry, le camp de Buyer, le camp de Juniac (1), etc. L'ennemi

(1) Du nom du capitaine d'état-major tombé à l'assaut de la Grande-Dune. Plus tard encore, le général Rouquerol décidera que le camp du 7ᵉ régiment territorial, à l'ouest d'Oost-Dunkerque-Bains, portera le nom de camp de l'adjudant Lefèvre, le camp au sud-est d'Oost-Dunkerque-Bains celui de camp du zouave Champermont « pour honorer la mémoire de ces deux braves tombés glorieusement dans les tranchées avant Nieuport (15 septembre 1915) ». Enfin, le

finira bien par repérer ces camps à l'aide de ses aéros, mais, sauf à Ribaillet, il ne leur causera aucun dommage sérieux. Les baraques d'ailleurs ont été très espacées pour éviter que l'ennemi puisse concentrer sur elles son artillerie. Tous les hommes font l'éloge des nouvelles installations : « C'est propre, c'est chic, écrit Luc Platt. Pas de boue. Et il y a des endroits réservés pour faire la cuisine ! » Une seule chose laisse à désirer : l'eau, qui est rare et peu potable, mais « on va faire des installations pour la filtrer » (Poisson). Et puis ce n'est plus ici comme à Dixmude et les hommes reçoivent « un bon demi-litre de vin tous les jours ». Comme vivres, « de la viande fraîche, du sucre, des haricots, du thé », sans compter les « vivres supplémentaires, beurre, sardines, fromage », que les capitaines prévoyants, comme celui de la 11e compagnie (de La Fournière), s'arrangent pour procurer à leurs hommes. Le « singe » lui-même s'est amélioré : c'est du corned-beef australien, de Sidney : on dirait « du jambon, mais il est salé et donne soif ». La vie, dans ces camps, est ainsi parfaitement supportable. « Quand il fait beau, on peut se rouler sur le sable ; quand il pleut, ma foi, on reste à l'abri. » Et d'ailleurs, de 5 à 7 (ou de 6 à 8) heures, il est permis de « descendre à terre ». Entendez : de se rendre à Coxyde, le « Trouville » de cette partie du front, pas trop démoli, très suffisamment achalandé, où l'on trouve « de tout » et même le reste (1). Il n'est que d'y mettre le prix et de savoir

18 novembre, un autre camp sera appelé camp du sous-lieutenant Rinck en souvenir « de ce brave tombé glorieusement le 18 septembre aux tranchées du Polder ».

(1) « Coxyde a peu souffert du bombardement et c'est à

s'expliquer, car « les gens qui vous servent ne vous comprennent pas toujours » et cela donne lieu aux plus drôles de quiproquos : « On rit. Pourquoi ne rirait-on pas, puisqu'on n'a que cela à faire?... » Les artilleurs et les hussards du groupement « se font encore moins de bile » que les marins. Le soldat français passa toujours pour galant : s'il peut obliger une petite Flamande que d'autres soins retiennent dans son arrière-boutique, il n'est point homme à se dérober, il s'empresse, il « se met en quatre » pour la remplacer au comptoir. Et c'est ainsi que, à Coxyde ou à Oost-Dunkerque, « quand vous allez acheter une boîte de confiture, il arrive que c'est un hussard ou un artilleur — le sigisbée de la dame — qui vous sert » d'un petit air protecteur.. Mais là, vraiment, Jean Gouin trouve que les camarades exagèrent ; cet homme pudique a horreur de tout ce qui ressemble à du dévergondage, et il le manifeste par des grognements, quelquefois par des coups. Les soirées ne sont pas toujours calmes dans ce Trouville flamand, surtout les soirées de paye et de grandes fêtes : les patrouilles ont fort à

peine si on aperçoit quelque mur écorché, quelques vitres brisées... Dans les rues, l'animation est grande : zouaves, marins, territoriaux, rivalisent d'entrain. Les baigneurs sont partis, les commerçants sont rentrés et ils ne doivent pas se plaindre de la guerre, car ils font de l'or. Les pommes 2 francs le kilogramme, les oranges quatre sous pièce, une banane six sous, pâtés, confitures hors de prix. Pâtisseries prises d'assaut de 6 à 8 heures, les seules heures où l'on peut boire du vin. Prenez une plage à la mode en pleine saison, flanquez tous les baigneurs à la porte et collez-y des soldats en nombre égal : vous aurez une image complètement exacte de Coxyde pendant la guerre. » (Luc Platt.)

faire pour remettre un peu d'ordre dans les rues. Il y a des moments, quand passent en tanguant, bras dessus, bras dessous, des bordées de mathurins en goguette, où l'on se croirait à Brest ou à Lorient. L'amiral, très strict sur le chapitre de la tempérance et qui a dû sévir déjà maintes fois, à Dixmude, contre des fusiliers trop amis de la bouteille, froncera les sourcils et recommandera la plus grande sévérité à ses capitaines de compagnie vis-à-vis des délinquants. Consignes, corvées supplémentaires, privations de quarts de vin, conseils de guerre même, rien n'y fera : le diable marchand de goutte a encore plus de comptoirs dans les Flandres qu'en Bretagne et il faudra recourir aux « grands moyens » pour exorciser le tentateur.

III

LA PRISE DU FORTIN DU BOTERDYCK

Les choses n'en sont pas encore là. On vient seulement de s'installer ; on n'est pas encore bien familiarisé avec les aîtres. Ce sera l'affaire de quinze jours, d'un mois au plus. Visiblement, la guerre s'est « stabilisée ». On fait comme elle, et il est impossible désormais de suivre la vie de la brigade jour par jour.

Cette vie, du reste, ressemble, à quelques variantes près, à celle que mènent tous nos soldats sur l'immense front qui court de Nieuport aux avancées d'Altkirch. C'est la vie de tranchée qui ne manque pas au début « d'un certain pittoresque » (Boissat-Mazerat), mais dont la monotonie finit par lasser assez vite. « Il pleut, il pleut à perpétuité, écrit le 4 mars Maurice Faivre. Il pleut surtout de l'ennui. » C'est qu'on semble « accroché pour longtemps » et qu'on se demande si le prochain hiver ne nous retrouvera pas « montant la garde à la même place ». On en sort à peine pourtant, de l'hiver. Faute de mieux on a vécu dans l'attente du printemps : on s'est dit que la guerre serait « charmante » au prix de ce qu'elle était jusque-là, « quand les violettes fleuriront au bord des tranchées ». Puis il n'est ciel si maussade qu'il ne daigne parfois se dérider. Et, enfin, on s'est aperçu que la monotonie même de cette vie n'allait pas sans certaines compensations. A l'arrière comme en première ligne; on connaît à peu près maintenant « les heures du Boche », méthodique et régulier « comme un chronomètre », et l'on met à profit les répits qu'il nous laisse. On connaît aussi ses objectifs qui varient peu. Il est rare par exemple qu'il bombarde Coxyde. Mais il s'en prend assez souvent à Oost-Dunkerque, où l'amiral, le « colonel » du 1er régiment, le chef du 8e bataillon, les 10e et 12e compagnies (1), les ambulances et les services sont encore installés. Dans l'après-midi du 18 février surtout, le marmitage, « sans doute par pièce de marine », est « intensif ». Pour la deuxième ou la troisième fois, mais non sans esprit de retour, ce qui reste de la population prend la fuite. Le Boche tape indifféremment sur l'ambulance du 3e bataillon qu'une marmite atteint de plein fouet, n'y faisant qu'un blessé, et sur de « vastes serres qui servent d'écurie » aux artilleurs, mais dont les chevaux ont été retirés à temps. Au total, « casse assez faible ».

C'est bien autre chose à Nieuport. Là pas un jour, pas une nuit ne se passe sans que la ville reçoive sa ration de projectiles lourds. Si jolie naguère, dorée et comme saurie par le temps, Nieuport-la-Noble ne mentait pas à son nom ; mais sa noblesse n'était ni d'épée ni de robe. Elle lui venait de la mer qui avait fait sa fortune et qui lui avait ensuite préféré d'autres rivales. Quelques vieilles maisons à redans, le long d'un quai somnolent où flottaient des aromes de goudron

(1) C'est seulement vers le 10 mars que ces compagnies quitteront les villas où elles cantonnent à Oost-Dunkerque pour s'installer dans les baraquements de Ribaillet.

et de bois de Norvège, évoquaient encore jusqu'au 15 octobre 1914, avec leurs ancres en fer forgé et les filets enroulés à leurs perches, l'époque de cette prospérité. Nieuport, avant Ostende et Dunkerque, avait été la métropole de la pêche maritime et le grand entrepôt de laines de la Flandre. Il lui plaisait de s'en souvenir. Réduite de ce haut rang à la condition de garde-watteringhe, de portière des écluses flamandes, elle se réfugiait dans son passé et mettait tous ses soins à en préserver les moindres vestiges. Henri Malo nous a rapporté les touchants efforts de M. de Roo, qui fut le dernier bourgmestre de Nieuport, et de M. Dobbelaër, secrétaire communal, pour constituer un musée de souvenirs locaux, identifier les fastueuses pierres tombales des magistrats et des seigneurs de la période espagnole, dégager les anciens remparts de Philippe le Bon et retrouver, sous le badigeon des façades, les chiffres de fer qui formaient comme un registre à ciel ouvert des naissances immobilières de la cité. L'édilité nieuportaise n'avait-elle point poussé le raffinement jusqu'à exiger qu'aucune maison ne fût reconstruite sans qu'on lui en eût soumis les plans et n'obligeait-elle point les entrepreneurs à n'employer que des briques de la plaine maritime taillées d'après les anciens procédés? Tant de piété pour ses origines, un culte si fervent et si minutieux du passé n'eussent pas manqué d'attendrir un ennemi moins barbare. Mais il semblait qu'ils eussent accru la rage de celui-ci : l'église Notre-Dame, qui avait quelques parties du douzième siècle, époque où elle fut consacrée par l'évêque de Térouanne, mourait pierre à pierre et son beau chœur ogival était la caverne des vents; les Halles, décapitées de leur beffroi, le gracieux refuge de l'Abbaye des Dunes, qu'élurent pour résidence les archiducs Albert et Isabelle et dont les fenêtres à meneaux sertissaient des vitraux aussi vifs que l'émeraude, ne se distinguaient plus des autres pâtés de décombres qui jonchaient les chaussées. Seule la grosse tour carrée des Templiers restait debout dans cet écroulement universel, simple construction de briques comme tous les monuments de Nieuport, mais si épaisse, si massive, si solidement liée, que, bien que l'artillerie allemande s'acharnât sur elle, on se flattait qu'elle résisterait à « tous les chambardements ».

C'était trop sous-estimer la puissance du 420 qui la prenait à partie et dont tous les témoins s'accordent pour reconnaître les « formidables » effets. Le docteur L. G... s'avise un jour de mesurer le cratère ouvert par un de ces 420 dans le pavé de la place de l'Église : il a 6 mètres de profondeur et 12 de diamètre, — 14, dira même l'enseigne Poisson ; la « largeur du boulevard Saint-Martin », renforcera Luc Platt qui conclut : « C'est superbe et terrifiant tout à la fois. »

Terrifiant surtout, car que faire contre le monstre ? Dès son départ « le sol tremble à 4 kilomètres de distance ». Quand il approche, traversant « cette énorme caisse de résonnance qu'est la ville morte », c'est « comme un bruit de chemin de fer lancé à toute vitesse », un « grincement de rames de métro entrant en gare (1) ». Nos hommes appellent d'ailleurs ce 420 le chemin de fer. Le 24 avril, comme la 11ᵉ compagnie quittait ses caves pour prendre la relève, le coup de départ du bolide fit soudain tanguer le sol. C'était dans la Schipstraat. Les hommes n'ont que le temps

____

(1) Lettre de Maurice Faivre.

de se coller à terre. Le bolide enfile la rue, passe sur leurs têtes et va faire explosion 400 mètres plus loin, « au milieu d'une lueur fulgurante » que suivent « mille sifflements bizarres » produits par les éclats qui retombent. « Je vous assure qu'il n'y a pas de braves à ce moment-là : le silence !... Une lourde colonne de fumée rousse et noire s'avance dans la rue, engloutissant tout ; la fumée se dissipe lentement : personne n'est blessé, mais la chaussée est couverte de débris de toutes sortes. Deux maisons sont éventrées à 400 mètres de nous : c'est là qu'est tombé le monstre (1)... » Et la compagnie n'a pas tourné le coin de la rue qu'un nouveau mugissement la rejette contre terre, le cœur suspendu. Ainsi trois fois de suite. Dans une circonstance analogue, le commandant Delage et l'officier des équipages Devisse, revenant des Cinq-Ponts et surpris par un 420, furent « soufflés tous les deux comme des fêtus de paille » et projetés dans la boue de l'autre côté de la rue. C'est une question d'ailleurs de savoir si, quand le 420 se démuselle, il ne vaut pas mieux être à l'air libre que dans une cave. La cave protège contre les éclats, mais on y risque l'ensevelissement. Danger pire que tous les autres et dont la seule pensée cause une sensation d'étouffement prématuré ! L'immobilité qu'il faut observer ajoute à l'angoisse, car « quel mouvement se donner dans un espace de quelques pieds carrés ? Les Boches tirent toutes les vingt minutes (2) et, après chaque coup, on regarde le réveil on suit, la

----

(1) Lettre de Luc Platt.
(2) « A intervalles de vingt-cinq à trente-cinq minutes », dit l'enseigne Poisson.

marche tout à la fois trop lente et trop rapide des aiguilles. Sera-t-elle pour nous, la nouvelle marmite? La voici qui s'annonce. D'abord c'est comme le bruit du vent sous la porte ; le bruit devient tempête ; la tempête devient foudre. Braoum ! Tout saute dans la cave ; les lampes manquent de s'éteindre. Et les vingt nouvelles minutes d'angoisse recommencent. L'effet est vraiment démoralisant. Dès que le bombardement commence, chacun se tait. On entendrait voler une mouche, les plus braves se collent dans un coin d'où ils ne bougent plus. Un mois de cette vie et l'on deviendrait fou (1) ».

Cette vie-là pourtant devait durer plus d'un mois et la pièce qui vomissait sur Nieuport ces monstrueux projectiles n'était pas encore à bout de souffle. Un moment, le 12 mars, on crut que les monitors britanniques qui bombardaient Westende l'avaient démontée (2). Mais le lendemain elle se remettait à rugir. Généralement elle tirait six coups le matin, « les six coups habituels de 420 sur Nieuport » (Poisson), l'après-midi étant réservé au 210. Mais quelquefois, comme le 26 mars, elle mettait les bouchées doubles et y allait « de sa douzaine » pour rattraper les jours où elle s'était tue...

On s'accoutume à tout, même aux 420 et aux 210. La première impression surmontée, le naturel de nos

(1) Carnet du docteur L. G...

(2) « La pièce de 420 millimètres qui bombarde Nieuport depuis plusieurs jours n'a pas tiré aujourd'hui. Le tir de l'escadre l'a peut-être obligée à se déplacer ou l'a avariée. Ce serait désirable, car elle finirait par rendre les caves de Nieuport inhabitables : elle fait des excavations de 10 mètres de diamètre. » (Commandant Mauros à la date du 12 mars.)

gens reprit le dessus et Nieuport, la ville morte, la nécropole des sables, vit passer à certaines heures dans ses rues d'étranges cortèges de pèlerins : fusiliers caracolant sur des chevaux de carton, d'autres berçant des poupées et d'autres promenant des lapins à roulette ou pressant l'abdomen d'un clown cymbalier. Un magasin de jouets démoli avait fourni ces accessoires. Ils divertirent tout un temps la brigade, qui s'était prise d'une belle passion pour les fouilles, mais qui orientait d'habitude ses recherches vers des épaves moins innocentes, dont ces caves de bourgeois nieuportais n'étaient que trop abondamment pourvues. Le hasard voulait parfois qu'en cherchant une bouteille de gin on tombât sur un coffret ou sur une liasse de valeurs. Rendons du moins cette justice à nos marins que, pour les trouvailles de cette sorte, leur probité ne fut jamais en défaut et qu'aussi souvent qu'un « trésor » était découvert, il était apporté par ses inventeurs à leurs chefs de compagnie ou aux aumôniers. Du bric-à-brac restant, — et dès lors qu'il n'était point article de bouche, — vases, chandeliers, pendules, tableautins, statuettes, bénitiers, crucifix, on décorait les caves des officiers ou les tombes de marins qui commençaient à s'aligner autour de l'église Notre-Dame et dont les obus de l'ennemi ne respectaient pas toujours l'ordonnance. Il fallait sans cesse recommencer leur mise en état, et nos hommes s'y employaient avec la plus touchante persévérance. Chaque jour elles recevaient quelque nouvel ornement : bouquets de fleurs en papier, minuscules palmiers stérilisés, branches de buis consacré et « jusqu'à des tableaux sous verre » et des couronnes de mariées. Comme elles n'avaient point de grillage, quelqu'un imagina d'entourer leurs petits

tertres avec les « montants bleus ou jaunes des lits
d'enfants » découverts dans les logis abandonnés. Les
croix, simplement rabotées, portant des inscriptions
au coaltar ou à l'encre, étaient pavoisées de petits drapeaux, de cocardes, de rubans tricolores (1)... On retrouvait là ce culte de la mort qui est un des traits du
caractère breton et qui se concilie fort bien avec des
pratiques d'un ordre plus profane. Comment, par exemple, laisser passer le Mardi gras ou la Mi-Carême et leur
seigneur *Malargé* (2) sans les fêter de quelques rasades?
Et si, dans les garde-robes des anciens habitants de
Nieuport, ces grands fous ont mis la main sur quelque
haut de forme pelucheux ou sur quelque antique casa-
quin à ramage du temps des Orange-Nassau, comment
leur défendre de s'en affubler? Mais ne vit-on pas une
section d'infirmiers et les deux jeunes « carabins »
qui la commandaient installer au bout de la rue
Longue une guillotine en carton trouvée dans les ruines
du théâtre et y simuler une exécution? Délassement
un peu macabre. Il y en avait d'autres, plus relevés.
Luc Platt, dans une de ses lettres, nous montre, en
une villa dont le salon « est resté intact », une escouade
de « Jean L'Gouin » se prélassant « dans des fauteuils
rembourrés » et prenant « béatement le café pendant
qu'un « collègue » joue sur le piano les airs à la mode
d'avant la guerre ». La musique, c'est en effet « la
grande distraction » et, pour certains, la suprême
et un peu perverse volupté de ce Nieuport en proie à
toutes les démences de l'artillerie boche, sans que les

----

(1) Roland DE MARÈS, *Nieuport*, et Jean LIMOSIN, *Deux
villes belges.*

(2) Personnification bretonne du carnaval.

L'ÉGLISE ET LE CIMETIÈRE DE NIEUPORT

plus effroyables explosions interrompent la rêveuse
sonate de Mozart dont se grise quelque jeune enseigne
mélomane ou les tapageurs accords de cette « diane
maritime » que plaque sur le piano d'un immeuble
voisin le facétieux quartier-maître Luc Platt :

> Tous les marins de la Basse-Bretagne
> Sont dégourdis comm' des manch's à balai...

On danse même quelquefois. Maurice Faivre, le
26 avril, nous donne le programme d'une de ces soirées
nieuportaises : « Polkas et valses, avec intermèdes de
chansons et de gigues américaines... Puis, continue-t-il,
la nuit a entraîné les invités chez eux et je suis resté
seul à « adapter » du Grieg. Il y a des fleurs dans le salon
et le piano a le son un peu grêle du piano de Verlaine.
La fenêtre fermée laissait venir à moi le parfum des
arbres mouillés, car il n'y a plus une vitre. Le vent
fleurait une bonne odeur de varech, et la lune, voilée
par des nuages alternatifs (comme dirait Mme Delarue-
Mardrus), se réflétait, puis mourait en coupant ses
rayons à la brisure de la glace... Le bombardement
est intense au nord (1). »

(1) Nous ne parlons ici que de Nieuport. Au cantonnement
les distractions étaient plus variées et organisées en général
par les officiers. C'est ainsi qu'à l'hôtel Terlinck (Coxyde)
se donnaient des concerts hebdomadaires. Le 8 avril on y
entendait entre autres le barde Botrel. Des « matinées sportives »
avaient également lieu à Coxyde entre les marins et les zouaves
cantonnés au camp de Mitry et dont l'un des officiers, déjà
grisonnant, était ce lieutenant Robert d'Humières, le traduc-
teur de Kipling, poète lui-même et auteur dramatique apprécié,
qui devait tomber quelques jours plus tard sur le front d'Ypres.
Il faudrait mentionner enfin les offices dominicaux, célébrés

Finale inattendue ! Ces bombardements de Nieuport par 420 et 210, ceux des tranchées de première et deuxième ligne par torpilles, shrapnells, grenades et autres projectiles de modèle perfectionné, où il faut faire une place à part au « saucisson » couplé de 90 centimètres, d'un effet foudroyant ; les répliques de notre propre artillerie et de l'artillerie anglaise de haute mer et sur chalands, renforcées en avril par une batterie neuve de quatre pièces françaises de 100 et trois nouveaux *long Tom* de 240 et de 120 ; les passages de zeppelins en route pour l'Angleterre, avec retour par Dunkerque, Calais et quelquefois Boulogne ; les incursions d'aéros à la recherche de nos pièces et de nos cantonnements et qui les arrosent de bombes, comme celle qui, le 13 février, blessa le commissaire en chef Duvigeant, ou de proclamations, de tracts, de nouvelles démoralisantes, comme celle de la capture de Garros le 20 avril ; des prises d'armes ou des revues « à grand orchestre », comme celle du général Joffre le 3 février et celle du président de la République le 11 avril, qui, accompagné du général d'Urbal, com-

ordinairement dans un petit oratoire de la dune sous le vocable de Notre-Dame de Pitié et que tapissaient de bizarres ex-voto, en cire blanche, prouvant « que les fermières des environs avaient recours à Notre-Dame pour la prospérité de leur élevage de lapins, de moutons et de vaches et aussi pour les blessures et les rages de dents » (Poisson), ou quelquefois, les jours de grande solennité, comme Pâques, en plein air, sur un autel provisoire ombragé par des drapeaux. Sur toute cette vie « excentrique » et pittoresque de Nieuport et de sa région pendant la guerre, consulter Louis GILLET, *l'Assaut repoussé* et spécialement le délicieux chapitre : *Une étoile passa.*

mandant l'armée de Belgique, parcourut à pied les nouveaux cantonnements ; des modifications dans l'équipement des fusiliers, dont les capotes seront d'un « gris bleu qui n'est pas le bleu horizon » (concession à l'amour-propre des marins) et dont les bérets seront remplacés aux tranchées par des « calottes protège-tête métalliques » (28 mars), premier nom officiel des casques Adrian ; l'arrivée de contingents nouveaux, comme celui qui débarqua le 6 mars de Lorient et qui permit de donner une cinquième section à une compagnie sur deux (celles qui occupaient le segment de Nieuwendamme, le plus étendu de tout le secteur), et surtout le détachement de 450 hommes qui permit si opportunément, le 5 mai, à la veille d'une terrible offensive ennemie, de reconstituer, sous les ordres provisoires du lieutenant de vaisseau Lefebvre, le 1er bataillon du 1er régiment supprimé le 23 décembre précédent (1) ; la relève des troupes belges du canal de Plaschendaele et de la Briqueterie, qui n'ont pu reprendre la tranchée perdue par elles le 24 février et qui demandent instamment qu'on les retire du front des fusiliers, occasion toute trouvée d' « unifier » ce front ; enfin la dislocation, à la date du 7 avril, de la VIIIᵉ armée (d'Urbal) et la reconstitution du détachement d'armée de Belgique, dans lequel est compris le groupement de Nieuport, sous les ordres du général Putz, appelé d'Alsace à cet effet, — tels seront, en dehors des actions militaires proprement dites et avec les obsèques des braves tombés au champ d'honneur,

(1) Par la même occasion, les compagnies des deux bataillons restants du 1ᵉʳ régiment qui avaient été portées à quatre, puis certaines à cinq sections, furent ramenées à trois sections.

les grands événements qui rempliront pour la brigade cette période quelque peu insipide qui va du 2 février au 9 mai 1915.

Si calme malgré tout que soit le front, si peu marquées que soient notre action et celle des Boches, chaque jour des hommes tombent Soit au cantonnement de réserve à Nieuport, soit au cours des relèves, soit dans les tranchées, les obus, les bombes, les balles font des victimes. « Il y a quinze jours, à la revue du commandant, note à la date du 7 mars le fusilier Maurice Oury, ma section comptait 62 hommes. Aujourd'hui, nous ne sommes plus que 38. » L'ennemi, par moment, semble pris d'une rage subite et se met, sans cause apparente (1), à déchaîner toute son artillerie diabolique. Ainsi le 16 février : « La pluie, les balles, les marmites, tout tombe à la fois » (Oury) ; le 16 avril : 94 obus boches contre 12 des nôtres tombant dans le seul temps que Luc Platt met à écrire une lettre ; le 20 avril, où, tant sur Nieuport que sur nos tranchées, l'ennemi fait pleuvoir 2 400 obus ; le 25, où il établit à Nieuport, au Bois-Triangulaire, aux Cinq-Ponts, un terrible barrage de feu qui nous fait croire à une attaque imminente. Et rien ne bouge. Passe encore quand c'est nous ou nos alliés qui l'avons provoquée : la bête sort ses griffes et il n'y a rien à dire qu'à « encaisser ». Le 26 février, par exemple, à la Briqueterie, qu'ils occupaient encore, les Belges cherchaient à reprendre la tranchée perdue le 24 (2) ; nous

(1) « Au bout de trois quarts d'heure, la pétarade cesse, comme elle a commencé, sans motif apparent.. » (Enseigne Poisson à la date du 4 mai.)

(2) Cette tranchée avait été enlevée aux Belges par sur

les soutenions de notre feu. L'ennemi se fâche, riposte,
et de quel ton ! « Nous avions tous mal à la tête, écrit
Maurice Oury, c'était un véritable branle-bas. » De
même le 18 avril, où l'on se perd en conjectures sur
la raison de la « sarabande de projectiles » à laquelle
se livre l'ennemi. Un transfuge nous la donna la nuit
suivante : c'était un tir de représaille et l'ennemi voulait venger les 60 hommes, dont un commandant, que
notre tir de la veille, d'une heure à deux heures, lui
avait mis hors de combat.

Nous-mêmes, on l'a vu, nous n'étions pas sans souffrir cruellement du tir ennemi, et ce n'était pas seu-

prise dans la soirée du 24 (21 h. 30), et ce qui restait de sa
garnison (tuée ou faite prisonnière en partie) s'était enfin
vers la Briqueterie, à l'exception de trois marins de l'armement
du 37, qui, finalement, s'étaient eux-mêmes décidés à se
replier, en emportant la culasse du canon et après avoir
caché les munitions. « Les deux compagnies de Nieuport-
Ville sont alertées. Deux sections vont aux Cinq-Ponts à la
disposition du commandant de Jonquières. Une compagnie
belge (Briqueterie) part pour reprendre la tranchée ; une
compagnie belge de Nieuport-Ville [vient à sa place] à la Briqueterie. Artillerie, batterie sur Bamburg, la tranchée allemande du S. G. et le canal de Plaschendaele ; le commandant de Kerros alerte le secteur de Saint-Georges.
Renforcé le poste de l'éclusette. 23 heures : les Belges sont à
la tranchée du bout (1 500) ; ils attendent pour contre-attaquer que l'artillerie ait préparé les voies. Tir trop à gauche.
2 heures (25), les Belges renoncent à attaquer. Ils attaqueront
la nuit prochaine avec l'appui de l'artillerie, qui aura eu le
temps de préparer son tir pendant la journée. Formation d'un
groupe pour soutenir la contre-attaque belge, artillerie règle.
Les Belges renoncent à contre-attaquer. » (Carnet du commandant Louis.)

lement les hommes et les gradés qui étaient éprouvés.
Jusqu'au 14 mars pourtant, les pertes en officiers
avaient été faibles : un seul grièvement blessé le 26 janvier, l'enseigne mitrailleur Bellay. Mais, brusquement,
une « série rouge » s'ouvrait : l'enseigne de Villeneuve,
le lieutenant de vaisseau Langlois, les enseignes Albert,
Buret, Bernard, le lieutenant de vaisseau Huon de
Kermadec, blessés à la file les 14, 26, 30 mars, le
5 avril, les 5 et 6 mai. Entre temps, le 17 avril, comme
il prenait sa garde à l'avancée de Saint-Georges, l'enseigne mitrailleur Tarrade recevait un fusant de 77
qui lui arrachait le bras droit et frappait mortellement un quartier-maître à ses côtés. On presse Tarrade de se laisser emporter au poste de secours sur
l'unique brancard disponible.

— Mettez mon quartier-maître dessus, répond-il.
Il est plus grièvement touché que moi.

Et lui-même gagne à pied le poste de secours, distant
de trois kilomètres, où l'on n'a que le temps de l'opérer,
parce qu'il a voulu s'arrêter en route auprès du capitaine le plus proche « pour rendre compte » (1) ; —
premier devoir et souci constant de ces grands disci-
plinés.

Le 1er avril, à l'Yser sud, était tombé un autre officier mitrailleur, le lieutenant de vaisseau Perroquin,
tué d'une balle à la tête tandis qu'il réglait un tir
d'artillerie ; le 3, tombait le lieutenant de vaisseau
Dupoucy, « un saint dans le genre de Cornulier »
(docteur Taburet) et dont la perte fut particulière-

(1) Claude PRIEUR, *De Dixmude à Nieuport*. (Nous rappelons que Claude Prieur est le pseudonyme de l'enseigne
Poisson.)

ment ressentie de la brigade, tué lui aussi d'une balle à la tête, au poste 9, dans la nuit, tandis qu'il examinait « un bouclier arraché par une marmite » et qu'on venait de réparer (1) ; le 4 mai enfin, toujours d'une balle à la tête, dans ce même Yser sud où était déjà tombé Perroquin et que les Allemands, sans rime ni raison, s'étaient mis à cribler brusquement de shrapnells, l'enseigne mitrailleur Illiou tombait à son tour, mortellement frappé, tandis qu'il sortait de son gourbi, en roulant une cigarette, « pour voir ce qui *leur* prenait (2) ».

« Ces pertes stériles sont déplorables », observait avec raison le commandant Mauros. Et la fatigue, la maladie s'ajoutant aux balles et aux obus, la brigade voyait peu à peu disparaître les derniers survivants de Melle et de Dixmude. Le commandant Pugliesi-

(1) Récit de l'enseigne Vielhomme dans le *Témoignage d'un converti* d'Henri GHÉON. Consulter sur Dupouey (Dominique-Pierre) et son action mystique ce beau livre dédié à sa mémoire ; lire aussi la préface écrite par André Gide pour sa correspondance et — quand ils paraîtront — le *Journal* et les méditations du *Cahier noir* dont M. Ghéon a donné dans son livre quelques fragments d'un intérêt supérieur. Il semble que la brigade ait eu en Dupouey son Pascal.

(2) Consulter encore Henri GHÉON, *Témoignage d'un converti*. « Il était d'Illiou le mot délicat et splendide que m'avait cité Dupouey... Après les combats de Dixmude, [Illiou] vient trouver [l'abbé Pouchard] pour « se mettre en règle ». L'aumônier le croyait parfaitement athée. « Comment venez-vous si tard? lui dit-il. Mais vous pouviez mourir vingt fois dans ce massacre ! — Oh ! je le savais bien, répond l'officier, et, dès le premier jour, j'étais décidé à me « rendre » ; mais je me refusais à faire un marché avec Dieu. »

Conti, qui avait pris la direction des services (1), les quittait le 5 mars, remplacé par le commandant Mauros, promu lui-même capitaine de vaisseau et remplacé à la tête de son bataillon par le capitaine de frégate d'Ablèges de Maupeou ; le commandant de Kerros s'en allait le 5 mai, remplacé par le capitaine de frégate Lefebvre ; le commandant Fauque de Jonquières s'en allait vers le même temps, remplacé par le capitaine de frégate Biffaut ; les lieutenants de vaisseau Lemarchand, Daniel, Pitous, Bonnelli, Ravel, Dordet, l'enseigne de vaisseau Poisson, d'autres, devaient être évacués. A la date du 5 avril il ne restait au 1er régiment que huit officiers de la première formation.« Je crois bien que le 2e en a moins encore », notait mélancoliquement l'ancien commandant du 3e bataillon.

Mais les nouveaux valaient les anciens. Une émulation d'héroïsme les emportait à faire « aussi bien » que leurs aînés et, s'il se pouvait même, à faire mieux. Ils y parvenaient quelquefois. Pendant trois longs mois, jusqu'au 9 mai, l'histoire de la brigade ne contiendra aucune grande action militaire. On se bornera à l'organisation du front ; on perfectionnera les tranchées ; on créera une troisième ligne ; on multipliera les avant-postes ; on travaillera surtout, du 15 mars au 30 avril, à la construction de petits fortins et d'abris de mitrailleuses qu'il faudra relier ensuite et qu'on n'occupera d'ailleurs que la nuit. Travail délicat, con-

---

(1) Il avait été remplacé à la tête du 2e bataillon du 2e régiment par le capitaine de frégate de Belloy de Saint-Liénard, auquel succéda le 13 février le capitaine de frégate Petit, qui fut remplacé lui-même par le capitaine de frégate Martel.

trarié perpétuellement, dans le secteur de Saint-Georges, par les batteries de 77 qui nous prennent « de face et de profil », de Mannekenswere et de Nieuwendamme. Que la relève tarde un peu, comme il faut traverser une zone découverte, tout est à craindre (1). L'ennemi, du reste, ne se montre pas moins actif que nous. Il travaille d'arrache-pied sur tout son front ; il le fouit, le blinde, le bétonne ; il rapproche ses avant-postes et ce sera entre lui et nous, pendant trois mois, une guerre de « chicane » aussi coûteuse d'un côté que de l'autre, pleine de beaux actes, de traits dignes de Plutarque, mais qui obtiendra rarement les honneurs du communiqué. Tantôt, comme aux Rood-Poort, après nous avoir laissés prendre possession des fermes, qu'il a évacuées et dont il a préalablement asséché le polder par une coupure pratiquée dans la digue de l'Yser entre les bornes 15 et 16, l'ennemi les couvrira d'un tel déluge de feu que nous serons finalement contraints de les abandonner (2) ; tantôt au contraire,

(1) C'est justement ce qui arriva un matin à la section de Kersauzon, surprise au petit jour « entre le fortin 16 et l'arroyo voisin du 17 ». Les hommes, qui n'avaient pu trouver à temps un refuge dans le fortin 17 ou dans l'abri des mitrailleurs ou qui ne s'étaient pas repliés en arrière vers le Noord, Vaart, durent se coucher dans la vase et faire les morts jusqu'à la nuit.

(2) Le commandant Delage, esprit ingénieux et toujours à la recherche d'inédit, avait projeté d'attaquer les fermes par radeaux blindés. L'assèchement partiel du polder rendit les radeaux inutiles. Le commandant Bertrand, chargé de l'opération, la mena de la plus heureuse façon du monde. Les hommes avaient mis baïonnette au canon. Ils étaient pleins d'entrain. « Les Allemands sont dans les fermes : on

comme à la Ferme-aux-Canards, c'est nous qui le délogerons, — sans trop de peine, — d'un ouvrage de notre ligne où il s'est subrepticement introduit et qui l'obligerons à se replier sur ses anciennes positions (1).

est heureux, dit l'officier des équipages Devisse, on va enfin pouvoir faire le coup de feu ! » Mais on craignait que les oies de Rood-Poort, fidèles imitatrices des oies du Capitole et qui nous avaient déjà fait éventer deux ou trois fois par l'ennemi dans nos précédentes tentatives nocturnes, ne lui donnassent à nouveau l'éveil. Les deux sections d'attaque, l'une partie de Groot-Noord, l'autre de la route de Nieuwendamme, s'étaient engagées dans le polder. « Nous recevons quelques coups de feu, continue l'officier des équipages Devisse, puis plus rien. C'est amusant de voir les hommes s'avancer avec précaution dans l'eau phosphorescente. Chaque homme pousse devant lui une petite vague de feu. On arrive aux fermes prêts à donner l'assaut. » Les Allemands se sont envolés. Mais les oies restent ; on leur tord le cou. « En voilà qui n'avertiront plus les Allemands de notre présence ! » Les fermes sont immédiatement organisées. On y travaille encore les jours suivants. Mais, les Allemands bombardaient avec tous les calibres. Nos pertes étaient telles qu'au bout de quelque temps il fallut lâcher les fermes après les avoir fait sauter.

(1) L'histoire de la Ferme-aux-Canards est l'exact pendant de celle des fermes Rood-Poort, mais les Boches s'entêtèrent moins que nous. Les caprices de l'inondation nous avaient forcés à l'abandonner au moment même où, en prévision d'une offensive prochaine, nous travaillions à fortifier notre couverture dans la direction de l'Union. Les Boches en profitèrent. L'amiral apprit le 28 février qu'ils s'y étaient installés. Il donna l'ordre aussitôt de la reprendre. Une patrouille conduite par le maître Carbel, chef de la 1re escouade de la compagnie Béra, se rendit à travers l'inondation jusqu'à la Ferme-aux-Canards et constata qu'elle était « libre de Boches ». Une remontée subite de l'eau les en avait chassés.

La conquête d'un de ces ouvrages, très fortement organisé celui-là et qui nous gênait extrêmement, mérite cependant une mention particulière. On la dut à l'enseigne Jacques Bonnet, de la 12ᵉ compagnie (3ᵉ bataillon du 2ᵉ régiment), qui, depuis plusieurs semaines, en ruminait le plan et n'attendait qu'un moment favorable pour passer à l'exécution. Il s'agissait de s'emparer par surprise d'une redoute allemande qui faisait saillant dans nos lignes à l'endroit où elles quittaient le Boterdyck pour obliquer vers la route de Nieuport à Lombaertzyde. Bonnet avait entretenu l'amiral de son projet dès le 18 février et lui en avait exposé l'économie. Mais tantôt l'atmosphère, tantôt la nervosité de l'ennemi en avaient fait différer l'exécution qui fut enfin fixée au soir du 11 mars. Proposé deux fois pour la Légion d'honneur, cité une première fois à l'ordre de l'armée le 25 février et, une seconde fois, le 9 mars (1), pour avoir « placé deux canons de 37 millimètres dans une maison démolie à dix mètres de la tranchée allemande, l'un au rez-de-chaussée, l'autre à l'étage en plein jour », avoir « tiré 99 coups dans la tranchée » et avoir « ensuite ramené les deux canons dans nos lignes (2) », Bonnet réalisait dans toute sa perfection le type du *splendid officer*, tel que l'entendent nos alliés anglais, d'une audace incroyable en même temps que d'une circonspection, d'une habileté et d'une souplesse de mouvement à rendre jaloux

(1) Avec le quartier-maître mécanicien Luneau (Alcide), le matelot Grimard (Abel), le matelot Dubois (André), le fusilier breveté Brisset (Édouard), le quartier-maître fourrier Roy (Edmond), le matelot Caudan (Yves), le fusilier breveté Jacques (Gustave). Cette affaire remontait au 14 février.

(2) Termes de sa citation par le général Hély d'Oissel.

les Indiens de Gustave Aymard. Diverses reconnaissances à vue qu'il avait menées sur le fortin du Boterdyck lui en avaient révélé la solide organisation : cinq
sentinelles étaient postées à ses abords et vingt hommes
y tenaient garnison avec des mitrailleuses. Bonnet
poussa une dernière reconnaissance sur le fortin la
veille du soir fixé pour l'attaque. Les quinze fusiliers qui l'avaient accompagné dans cette reconnaissance étaient les mêmes qui devaient l'accompagner
dans son coup de main, pour lequel, expliquait-il
plus tard dans une lettre à son père (1), ils s'étaient
offerts spontanément. L'amiral, qui s'intéressait tout
spécialement à la tentative du jeune enseigne, avait
fait donner par le « colonel » Delage, commandant de
la défense, les ordres les plus précis : Bonnet était
autorisé à demeurer aux tranchées, après la relève de
la 12e compagnie, « avec le personnel choisi par lui » ;
il aurait « la direction de l'opération », qui serait appuyée par deux sections de la compagnie Gamas
(7e du 2e bataillon). « Une de ces sections, ajoutait la
note de service, sera chargée de l'exécution de l'action elle-même, suivant les instructions que M. Bonnet
donnera à son chef ; la, 2e section sera destinée à
servir de renfort. L'action ne devra être exécutée
qu'autant que M. Bonnet jugera les circonstances
favorables, non seulement à la réussite de l'occupation, mais à son maintien définitif. Il faudra être
prêt à organiser la position sans délai. A cet effet le
personnel prévu pour cette occupation sera complété
par douze pionniers sous la direction du premier
maître Jussiaume... » L'artillerie cependant, pour « dé-

(1) M. Henry Bonnet, l'avocat bien connu.

tourner l'attention de l'ennemi », devait « taper un point de la tranchée allemande voisin de celui contre lequel aurait lieu le coup de main de Bonnet (1). » Tout étant ainsi disposé et la nuit paraissant suffisamment opaque, l'enseigne donna le signal à ses hommes. Eux et lui ont de longue date l'habitude du rampement. Mais il faut compter avec les fusées éclairantes et ce je ne sais quel instinct mystérieux qui, à certaines heures de danger, fait sur l'esprit l'office d'avertisseur et le met en garde contre toutes les possibilités de l'ombre. Par bonheur la distance à couvrir était faible : une centaine de mètres. Et l'ennemi, qui nous attendait sur un autre point de sa ligne, fut démonté par l'impétuosité de notre attaque ; ses sentinelles n'eurent pas le temps de donner l'alarme. Il avait là pourtant une troupe d'élite, des « Allemands de la garde prussienne », dira lui-même Bonnet à son père et qui se défendirent « courageusement ». Les assaillants s'étaient partagés en deux groupes. Le second maître fusilier Thomas (Carentan-Félix) avait sauté le premier dans le fortin avec l'un des groupes ; le quartier-maître Luneau, le même qui, le 14 février précédent, avec l'enseigne Bonnet, avait « installé une pièce à dix mètres des tranchées allemandes, sous le feu de l'ennemi, coopéré à la destruction de ces tranchées et ramené sa pièce », y sautait par un autre côté. Quinze contre vingt : la lutte est dure, et l'ennemi s'est ressaisi. Mais Bonnet, par sa seule présence, rétablit l'équilibre. Et, comme l'enseigne de Béarn accourt avec la section de renfort, il a « la chance » d'abattre d'un coup de crosse de son revolver un Boche qui dar-

(1) Carnet du commandant Louis.

dait sa baïonnette dans la figure de l'arrivant. A 2 heures du matin, après un « combat court, mais violent » (1), qui nous avait coûté deux tués et un biessé (2), le fortin était à nous, toute sa garnison exterminée, moins deux hommes qui se rendirent et qu'on ramena prisonniers vers l'arrière (3).

A la suite de ce beau fait d'armes qui, par exception, obtint les honneurs du communiqué (4) et valut les félicitations écrites de l'amiral à l'enseigne Bonnet (5),

(1) La plupart de ces détails sont extraits d'une lettre de Bonnet à son père.

(2) Le blessé était l'enseigne de vaisseau de Galard de Brassac de Béarn cité à l'ordre du groupement « pour l'entrain et l'énergie avec lesquels il a mené l'attaque du fortin allemand du Boterdyck ». Sa citation ajoute qu'il « fut blessé dans cette affaire ». Les deux tués, cités avec lui à l'ordre du groupement, étaient le quartier-maître mécanicien Henry (Louis), « toujours au premier rang dans les missions difficiles ; a pris part comme volontaire à l'attaque du fortin, y a trouvé une mort glorieuse » et le matelot Lèbre (Michel) : « A pris part comme volontaire à l'attaque du fortin, grièvement blessé, mort des suites de ses blessures. » Fut également cité le matelot Emmenault (Ernest) : « Volontaire dans toutes les reconnaissances périlleuses, a pris une part brillante à l'attaque du fortin ».

(3) *Mon journal*, du fusilier marin Maurice OURY. Cependant le commandant Louis dit qu'une partie de la garnison put s'échapper, emportant ses blessés par le boyau.

(4) « A l'est de Lombaertzyde, nous avons enlevé un fortin allemand à une centaine de mètres en avant de notre ligne de tranchées. » (Communiqué officiel du 12 mars.)

(5) « Mon cher Bonnet, le général [Hély d'Oissel], à qui j'ai rendu compte de ce que vous avez fait cette nuit, désire vous faire décorer le plus tôt possible. Pour cela il demande

celui-ci fut décoré de la Légion d'honneur, le second maître Thomas et le quartier-maître Luneau de la médaille militaire. La prise du fortin du Boterdyck était en effet d'importance. Elle enlevait aux ennemis le meilleur point d'appui de leur ligne vers Lombaertzyde et sa possession nous rendra les plus précieux services lors de l'attaque du 9 mai. Aussi l'ennemi ne négligea-t-il rien pour le reprendre et, à peine le fortin équipé par les pionniers du maître Jussiaume, nous eûmes à le défendre contre trois assauts forcenés. Dans la nuit du 14 au 15, l'ennemi réussit même, par une attaque à la grenade, « dont une tomba sur la tête du marin Guichaoua et le tua net », à pénétrer dans ses éléments avancés ; mais le lieutenant de vaisseau Lartigue, qui avait « replié ses hommes à dix mètres en arrière », fit ouvrir sur les assaillants un feu de salve qui en tua quatre et tint les autres en respect jusqu'au moment où le second maître Rosmorduc, qui s'était « offert pour conduire la contre-attaque », où il déploya « une vigueur et un brio dignes des plus grands éloges (1) », reprit à la baïonnette l'élément perdu (2). Ne pouvant

votre rapport (avec un croquis) pour aujourd'hui même. Venez faire votre rapport au P. C. dès que vous le pourrez. Bien à vous. — *Signé :* RONARC'H. »

(1) Motif de sa citation.

(2) Le lieutenant de vaisseau Lartigue fut à cette occasion l'objet d'une proposition du commandant de Jonquières et décoré peu après de la Légion d'honneur « pour les hautes qualités militaires qu'il a déployées dans le commandement de la section qui défendait le fortin contre une attaque allemande. » Le second maître Rosmorduc reçut la médaille militaire ainsi que le deuxième maître Carreau, de la section des pionniers, qui se trouvait au fortin au moment de l'attaque

emporter de vive force la position, l'ennemi tenta de la réduire par le canon. Continuellement le fortin, que l'amiral était venu visiter en plein jour pour se rendre compte des travaux qu'on y pouvait exécuter et dont la difficulté était extrême (on dut se contenter fina lement de le relier par un boyau avec la ligne princi- pale de résistance), était pris sous un feu violent d'ar- tillerie qui ne laissait pas de nous causer des pertes assez lourdes. Les Allemands, écrira le fusilier Oury, le 29 mars, « ont tellement à cœur que nous leur ayons pris le fortin que, depuis, ils nous envoient des pro- jectiles de toutes sortes : obus de 57, 77, 105 et 120, bombes, torpilles, etc. Ah ! les s... ! Dans ma compa- gnie, l'effectif est réduit à 125 hommes (1) ».

et qui vint rejoindre sans armes, demandant un fusil. Furent également cités le deuxième maître Lorant, en deuxième ligne et qui vint se joindre volontairement aux défenseurs de la première ligne ; le deuxième maître de mousqueterie Cabon ; les matelots Clerc (Henri), Clerc'h (Joseph), Demangeon (Henri) et Crayol (Paul), celui-ci blessé à la main et qui con- tinua cependant de tirer.

(1) Sur 250.

IV

PRÉPARATIFS D'OFFENSIVE

« Ainsi, écrivait le capitaine M..., les semaines, les mois passaient sans événements bien sensationnels. Le Boche malheureusement nous tuait du monde avec une régularité maudite ; il se vengeait de certaines affaires qui avaient coûté à son amour-propre (affaire du Boterdyck et autres). Et pourtant nous commencions à nous sentir forts et tout le monde avait pris confiance : le Boche n'avait qu'à se présenter pour s'apercevoir que la brigade était « un peu là ». Nous savions que, dans l'offensive du printemps, les lauriers seraient pour d'autres et notre seul espoir était que l'ennemi viendrait à nous qui n'irions pas à lui. Lors de la première attaque des gaz, le 22 avril, nous faillîmes bien être de la fête. On fit ses paquets et puis... ce furent les zouaves, nos voisins, qui partirent et qui eurent la gloire de reprendre Zuydschoote et Lizerne. Cependant notre attente ne fut pas trompée et le 9 mai se leva qui nous paya amplement de toutes nos déceptions. »

C'est ainsi en effet que les choses se passèrent pour une partie de la brigade (celle qui occupait le sous-secteur nord). Il n'était point sans doute dans les intentions du Grand Quartier général d'employer les fusiliers marins à l'offensive qu'il projetait pour le printemps de 1915 et qui, montée et conduite avec une rigueur de méthode inconnue jusque-là par un chef dont le nom n'était pas encore sorti de l'ombre, nous valut les importants résultats tactiques qu'on connaît. Mais, tout en portant son principal effort sur la charnière d'Arras, le Grand Quartier général, tant pour tromper l'ennemi sur nos intentions que pour l'empêcher de faire des prélèvements sur les autres parties de la ligne, avait alerté les secteurs voisins qui devaient manifester au cours de l'offensive « une certaine activité ».

C'était en vue de cette action locale, pressentie des hommes (1), que l'amiral faisait pousser, dans la boucle de Saint-Georges, la mise en état du secteur : il cherchait à s'y ménager une plate-forme vers le pont de l'Union, ce qui lui eût permis d'achever le nettoyage de la boucle, déjà fort avancé. L'offensive des gaz, déclenchée de Steenstraete à la Lys, où le XXVIe corps allemand se servit pour la première fois, d'une façon officielle, de nappes de chlore asphyxiant qui paralysaient toute résistance, faillit compromettre ce programme. L'ennemi, par bonheur, « manqua de cran ». Comme il l'avait déjà fait à Saint-Gond et comme il devait le faire à Verdun, à Marcoing, à Montdidier, à Bailleul, sur la Piave, il s'immobilisa brusquement en plein succès ou prit le pas au lieu d'allonger. Ses troupes, ainsi qu'on l'a supposé, bien que pourvues de masques, furent-elles incommodées à leur tour par les gaz? L'invention n'était-elle pas assez

(1) « Tout est calme, mais on parle d'attaque, d'offensive... » (Luc Platt à la date du 7 mai.)

perfectionnée encore pour que le transport et l'installation des récipients pussent s'effectuer à temps sur de nouvelles lignes? Le haut commandemant français (1) fit front, quoi qu'il en soit, avec une remarquable rapidité. Ce fut l'une des premières et non la moins brillante de ces opérations de « colmatage » où nous devions passer maîtres au cours de cette guerre. Dès le troisième jour de l'offensive, l'ennemi était arrêté et une lutte pied à pied s'engageait entre lui et nous pour la reprise du terrain qu'il nous avait enlevé. Comme on savait depuis assez longtemps que les Allemands songeaient à employer les gaz, l'antidote avait été cherché et presque tout de suite nos troupes furent pourvues de tampons d'ouate hydrophile qu'elles devaient mouiller au premier signal et s'appliquer sur la bouche avec les bandes de leur pansement individuel. Les fusiliers, dès le 24, reçurent de ces tampons, qu'on remplaça peu après par des masques (2). La nouvelle de l'attaque allemande par gaz asphyxiant ne les avait pas autrement « impressionnés », bien que le tapage fût « infernal » dans l'Ouest. « Ici, c'est calme, écrivait Luc Platt le 24 avril (3). Mais sur notre gauche, vers Ypres, le ciel est rouge d'incendies, et des lueurs fulgurantes jaillissent : ce sont les coups de canon et les obus qui éclatent. Que doivent-ils prendre, ceux qui sont là-

(1) Général Putz, général d'Urbal, général Foch.

(2) Ceux-ci furent distribués le 4 mai. Ils étaient constitués « par l'introduction d'une légère couche de cristaux d'hyposulfite de soude entre deux lames de coton contenues dans la pochette ».

(3) A remarquer toutefois que le 22, jour de l'attaque sur Langemark, l'ennemi pour nous fixer avait lancé « 4 000 obus sur le secteur, surtout sur les zouaves ». (Commandant Louis.)

bas? Les bruits les plus extraordinaires circulent au sujet de prétendues pertes et de prétendus gains [de nos troupes]. C'est pour occuper l'esprit (1). » La bataille en effet ne s'étendit pas jusqu'à nous, mais nous en eûmes pourtant le ricochet et, dans l'après-midi même du 24, l'aviation nous prévint que des gros de troupes se dirigeaient vers le pont de l'Union (2). L'amiral envoya aussitôt le 1er bataillon à Nieuport pour y renforcer, à la Briqueterie et au Boterdyck, le 6e territorial. Il était environ 6 heures du soir. L'attaque semblait proche, car l'ennemi exécutait un violent tir de barrage par 420, 350 et 77 sur Nieuport, « aux Cinq-Ponts et surtout aux ponts Albert et Élisabeth (3). » Mais, à 8 heures, tout cessait et le 1er bataillon rentrait à minuit dans ses cantonnements.

On était à peine remis de cette alerte qu'on apprenait que Dunkerque, qui était à plus de 35 kilomètres du front, venait d'être bombardé par du gros calibre (4). Une pièce lançant des obus à cette distance et tirant,

(1) « Le bruit court que nous sommes à Roulers. » (Journal de Ludovic Le Chevalier à la date du 26.)

(2) L'enseigne Poisson dit : « Les aviateurs ayant signalé une forte arrivée d'autobus chez les Boches ».

(3) « Il est 6 heures du soir environ. Les Boches font des barrages avec leur artillerie dans Nieuport, aux Cinq-Ponts et surtout aux ponts Albert et Élisabeth. » (Carnet du docteur L. G...)

(4) « Le clou de la journée [28] est que trois obus de 305 sont tombés sur Dunkerque (cimetière) et deux sur Bergues. D'où? De la mer? Du ciel? De la terre? » Le lendemain nouveau bombardement : « 20 obus de 38 ou 42 entre 11 h. 35 et 13 h. 25. C'est la surprise *kolossale :* 100 victimes, dont 30 tués. » (Commandant Louis.)

croyait-on, de Slype ou de Westende (1), cela parut extraordinaire pour l'époque. Nous devions en voir de plus extraordinaires deux ans plus tard, quand la « grosse Bertha » de Crépy-en-Laonnois prit Paris sous son feu. Le pis est que la Sardinerie, où s'était postée la pièce anglaise de neuf pouces, s'embrasait le même jour. On sauvait à grand'peine la pièce et les munitions sous une pluie d'obus incendiaires. « Ces c... nous feront donc toujours la pige ! » disaient les hommes encolérés. Mais cette colère même était de bon augure pour le jour où l'ennemi voudrait se frotter à eux. En même temps que les deux bataillons (3e, commandant Bruneaux, et 4e, commandant Bonnery) du 4e zouaves, qui avaient été poussés sur Zuydschoote, trois groupes d'artillerie du 32e étaient « partis en vitesse », appauvrissant d'autant le secteur. Il fallait parer d'urgence à ces vides avec les troupes que nous avions sous la main et auxquelles on dut imposer un supplément de corvée. Le service de la brigade fut donc changé : en attendant la reconstitution du 1er bataillon, qui était en voie d'achèvement (2), on demanda aux hommes de faire « trois jours de tranchée au lieu de deux, une seule compagnie se tenant dans les caves de Nieuport, tandis que les autres étaient en première ligne » (Poisson).

Le 5 mai enfin, le 1er bataillon du 1er régiment

---

(1) Elle se trouvait en réalité à Kallestraet près de Clerkem, à 37 kilomètres de Dunkerque. Une seconde pièce de 380, tirant de Lemgen et dont un coffre blindé protégeait la cuirasse, la remplaça en 1917-1918.

(2) D'avril à mai, la brigade reçut en effet 1 168 hommes de renfort.

fut rétabli (1). La brigade, pour la première fois depuis décembre, se trouvait au complet. Et, ce jour-là justement, l'amiral reçut l'ordre de s'entendre avec la 4e D. A. belge, qui préparait une attaque sur les fermes Violette et Terstyle, et d'assurer « sa liaison avec elle en progressant de Saint-Georges vers l'Yser ». Après en avoir conféré avec le général Michel, commandant la division belge, et réglé les conditions du mouvement avec les « colonels » Delage et Paillet, chargés alternativement du commandement des deux secteurs de Nieuport, l'amiral décida donc de « commencer immédiatement sa progression vers l'est », progression qui, dans l'état du terrain, ne pouvait s'exécuter que par les digues nord et sud de l'Yser inférieur, la route de Bruges et la route légèrement en remblai de Saint-Georges à la ferme de l'Union.

« Le terrain au nord et au sud de l'Yser inférieur est inondé et inaccessible jusqu'à la route du pont de l'Union (route de Bruges), dit l'exposé officiel. Entre cette route et la route de la ferme de l'Union, les prairies sont sillonnées de canaux larges et profonds, orientés perpendiculairement aux routes. De plus, elles sont en partie inondées ou boueuses, en tout cas peu praticables. Au sud de la route de la ferme de l'Union, le terrain est de même nature, quoiqu'un peu plus asséché, sauf vers la ferme Terstyle autour de laquelle l'inondation reparaît. Toute la région est nue et plate. »

---

(1) « 5 mai. Réorganisation du régiment sur de nouvelles bases : 3 bataillons de 4 compagnies à 3 sections. A 14 heures arrive de Paris un détachement de 300 hommes devant servir à cette nouvelle formation. » (Bertrand.)

A ces difficultés d'ordre géologique s'ajoute la puissante organisation défensive du front allemand dans le coude de l'Yser supérieur et sur l'Yser inférieur même jusqu'à quelques mètres de la maison H, la dernière ruine avancée de notre ligne. Comme nous, l'ennemi a « utilisé tous les ressauts du sol », — digues et remblais de routes ; sa ligne principale de résistance étant formée par les deux branches de l'Yser, il l'a flanquée de trois saillants (A, B, C) qui complètent « admirablement » son système de défense : l'un en aval du coude, l'autre à la tête du pont de l'Union, le troisième à la tête du pont de Terstyle à Mannekenswere. Blockhaus, douves, casemates, murs crénelés, carapaces bétonnées pour mortiers et mitrailleuses, postes d'observation, galeries de bombardement, tranchées avec pavesade et avant-garde de chevaux de frise, champs de barbelés descendant jusque dans l'Yser, c'est un modèle que cette organisation défensive si rigidement articulée entre ses ailes flottantes de marécages. Outre les deux ponts de l'Union et de Terstyle, l'ennemi dispose pour la rapidité de ses mouvements de trois passerelles, d'un pont de bateaux et d'un barrage construit obliquement au vieil Yser ; devant la maison H, sur la rive gauche et la rive droite de l'Yser, il a coupé les digues par un fossé profond, avec postes d'écoute ; il possède un autre de ces postes d'écoute sur la route de Bruges à Saint-Georges, en avant de la ferme W, dont les ruines ont été supérieurement organisées (chevaux de frise, fortin, abri pour mitrailleuses, etc.) et reliées par une défense continue, le long du chemin en remblai, à l'importante ferme de l'Union, crénelée elle aussi et gardée par trois ou quatre lignes d'eau.

Telle est, sommairement décrite, la position qu'il

nous faut enlever et qui ne peut être abordée que par l'étroit ruban des digues et des routes qui surplombent l'inondation. Au cours des mois qui précèdent, nous avons subrepticement poussé nos tranchées sur les berges nord et sud de l'Yser inférieur, jusqu'à quelques mètres des coupures qu'y a pratiquées l'ennemi ; à l'est du village de Saint-Georges, nos tranchées descendent jusqu'au Noord-Vaart, à 300 mètres environ de la ligne W-Union et parallèlement à elle ; plus bas, dans une zone à demi noyée, les tranchées avancées de la 4ᵉ D. A. belge entourent la ferme Reickenhoek, à 400 mètres environ des fermes Violette et Terstyle auxquelles l'ennemi a donné la même organisation puissante qu'à la ferme W et à la ferme de l'Union. Il y avait, à vrai dire, un assez large « hiatus » entre les deux troupes. Leurs cheminements devaient néanmoins se régler l'un sur l'autre et dans le plus grand silence, afin de ne pas éveiller l'attention de l'ennemi. Mais il se trouva que celui-ci, juste au même temps, combinait une attaque sur notre front nord-est, de la Geleide aux Roode-Poort, c'est-à-dire presque au point où venait expirer la ligne du secteur dans lequel nous comptions attaquer. Toute son attention sans doute était tendue de ce côté et, comme il travaillait d'arrache-pied lui aussi à y avancer ses lignes, il ne remarquait pas que nous en faisions autant de l'autre côté de l'Yser. Situation étrange que celle de ces deux adversaires préparant dans des secteurs contigus une offensive que, sans s'être donné le mot, ils devaient déclancher à la même date, mais avec des fortunes bien différentes !

L'investissement des positions allemandes ne pouvait mieux se faire que par la méthode de progression graduelle qui nous avait donné de si bons résultats à Saint-Georges. Elle comportait le creusement nocturne de boyaux sur chacune des quatre routes menant à la ferme W et à l'Union, « avec, de distance en distance, des tranchées perpendiculaires à la route ou en dehors, toutes les fois que l'assèchement le permettait, chacune de ces tranchées occupée en permanence et pourvue de défenses accessoires (chevaux de frise et barbelé). » Dans la nuit du 5 au 6 mai, des boyaux furent ainsi creusés sur une longueur de 15 mètres environ à partir de nos tranchées avancées : l'un sur la route de Bruges, l'autre sur la route de la ferme de l'Union et contre la route. Dans la nuit du 6 au 7, le gain fut encore plus grand : 25 mètres sur la route de Bruges, 27 sur la route de la ferme de l'Union. La relève des troupes, le soir du 7 au 8, compliquée par le travail de réorganisation des compagnies, qui n'étaient plus qu'à trois sections, gêna un peu le travail, et le gain, cette nuit-là, fut seulement de 4 mètres sur les deux routes. L'ennemi continuait à ne se douter de rien. C'est à peine si, par habitude, il envoyait de temps à autre quelques volées de shrapnells sur Saint-Georges. Le 8, l'amiral fut prévenu que la 4e D. A. belge qui, elle non plus, les nuits précédentes, ne s'était pas croisé les bras, avait fini de creuser ses tranchées de départ sur Terstyle et Violette et qu'elle était prête à décoller.

« En conséquence, dit l'exposé officiel, l'attaque sur la ferme Terstyle et accessoirement sur la ferme Violette par les Belges, sur W et ferme Union par les marins, est fixée pour la nuit du 9 au 10 mai. L'amiral donne aussitôt l'ordre : 1º de cesser l'avance par le procédé des boyaux ; 2º de creuser pendant la nuit des tranchées de départ à mi-distance entre les points atteints par les boyaux et l'objectif ; 3º de réunir téléphoniquement ces tranchées aux avancées de Saint-Georges ; 4º de continuer la reconnaissance tenace en avant ; 5º de définir la mission d'artillerie [une batterie supplémentaire, la 8e du 32e, appartenant au secteur Nord, avait été mise à notre disposition] ; 6º de régler le concours demandé à l'artillerie lourde. »

Toutes ces consignes s'exécutèrent de la meilleure façon du monde et comme si nous avions eu affaire à l'ennemi le plus accommodant. Sur la route de Bruges, l'inondation venant battre le pied du remblai, il fallut établir les parallèles de départ en travers de la route elle-même : on creusa deux tranchées (DD') à dix mètres d'intervalle ; on les réunit par un boyau et on y laissa une demi-section de la 5e compagnie (lieutenant de vaisseau de Roucy). Sur la route de la ferme de l'Union, qui rejoint à Saint-Georges la route de Bruges, l'espace était plus mesuré et le pavage ajoutait à la difficulté. Mais la plaine, entre le remblai et le Noord-Vaart, n'avait pas complètement disparu sous l'eau : elle présentait des parties solides, notamment à la hauteur des deux tranchées de la route de Bruges où quelques colzas (qui, d'après l'amiral, étaient des navets) commençaient à verdir. On y ouvrit une tranchée, dite la tranchée Colza, à 50 mètres environ de l'extrémité de nos sapes, et on y laissa une section de la 9e compagnie (lieutenant de vaisseau Béra).

L'attaque avait été décidée pour 9 h. 30 du soir. A cette heure, en mai, la nuit est toute tombée et sa complicité nous était nécessaire pour l'effet de surprise que nous escomptions. Aussi bien une attaque de jour eût-elle été impossible, tant sur la route de Bruges, bloquée des deux côtés par le marécage et coupée de

larges canaux perpendiculaires, reconnaissables à la
ligne de saules qui les balisaient, que dans la cuvette
asséchée qui s'ouvrait à l'est de la tranchée Colza et
qui était coupée elle aussi par deux canaux perpendiculaires à la route de la ferme. Mais, entre temps,
s'était produite sur notre flanc gauche une diversion
qui aurait tout arrêté, si elle n'avait, par bonheur,
comme on le verra plus loin, entièrement tourné à la
confusion de l'adversaire.

Dans cette même journée du 9 mai, où nous devions
donner l'assaut à leurs positions, les Allemands, dès
4 h. 45 du matin, déclanchaient sur le secteur de la
Geleide, tenu par les zouaves, et sur les segments qui
lui faisaient suite jusqu'à la route de Nieuwendamme
et qui étaient occupés par les marins, un bombardement d'une violence peu commune et auquel sem-
blaient prendre part des pièces de tous calibres. A
11 heures, le feu, dirigé à la fois sur nos tranchées de
première ligne et sur Nieuport, les Cinq-Ponts et le
Bois-Triangulaire, atteignait son « maximum d'intensité (1) ». Saint-Georges, quoiqu'en dehors de l'objectif
allemand, recevait sa bonne part de l'averse qui battait tout le terrain, depuis les tranchées à l'est du village jusqu'au poste de commandement de la Vache-
Crevée. Elle nous y démolissait deux mitrailleuses,
mais aucun projectile ne tombait sur les tranchées DD'
et Colza, creusées pendant la nuit précédente, preuve

---

(1) « Toutes les demi-heures un obus gros calibre sur les
quais de Nieuport. Bombardement intensif général à partir
de 4 h. 45 avec gros calibre. A partir de 10 h. 30 avec très gros
calibre vers les quais, chaque coup précédé d'une salve de
réglage de calibres moyens. » (Commandant Louis.)

que l'ennemi ne les avait pas repérées. Vers midi et demi d'ailleurs, le feu diminuait peu à peu sur Saint-Georges, mais gardait toute sa violence sur le reste du front et sur Nieuport ; à 2 heures de l'après-midi, l'ennemi enjambait ses fils de fer. L'action passait à droite de l'Yser, avant même que nous eussions pu l'engager sur la gauche, — ou plutôt un autre drame s'ouvrait, de l'issue duquel allait dépendre la continuation de notre propre offensive ou son arrêt.

V

L'ATTAQUE ALLEMANDE DU 9 MAI

Abandonnons donc jusqu'à nouvel ordre le segment de Saint-Georges, assez vite négligé par l'ennemi d'ailleurs, et transportons-nous de l'autre côté du fleuve, où notre ligne, partant d'un petit poste au-dessus de la ferme Versteck, remontait légèrement vers le nord-ouest et gagnait ensuite par une série de crochets la route de Nieuport à Lombaertzyde, à gauche de laquelle les marins de l'amiral Ronarc'h faisaient leur jonction avec les zouaves de la brigade Ancel.

Si notre progression vers les fermes W et de l'Union avait été silencieuse, celle de l'ennemi vers nos tranchées du sous-secteur nord et de la Geleide ne s'était pas opérée avec moins de discrétion. Rien ne nous faisait croire à une attaque sérieuse. Le 1er mai, à Nieuwendamme, un gradé bon observateur, le second maître de manœuvre Ludovic Le Chevalier, notait : « Dépassé un petit poste, rien d'anormal. » Dans la nuit du 1er au 2 mai, « une patrouille a été prendre un petit drapeau allemand [et déposer?] un paquet de journaux à la ferme Grooot-Bamburg », plaisanterie un peu risquée qui sort un moment le Boche de son atonie, mais dont il nous tient pour suffisamment châtiés par quelques volées d'obus sur nos tranchées du Boterdyck où une mitrailleuse est mise hors de combat et deux territoriaux blessés. Le 7, Luc Platt, dans le même segment, constate que tout est calme » ; le 8, « les Allemands, qui bombardent la ligne, lancent quelques obus sur le poste », mais ces obus « tombent assez loin », et la nuit encore « est calme ».

Le dimanche, par exemple, tout change. Luc Platt songe que le lendemain sera le jour anniversaire (semestriel) du 10 novembre, et qu' « il y a six mois, le bombardement sur Dixmude durait depuis deux heures ». Il est 10 heures du matin, il y a deux heures aussi (1) que tonne l'artillerie boche. Mais on est si bien rompu à ces bourrades de l'ennemi chez les anciens de la brigade qu'on n'y prête plus attention. Et puis, il fait un temps merveilleux : du soleil, un ciel léger, soyeux, « anhydre » (entendez sans la moindre brume), comme on n'en voit pas souvent dans les Flandres. « Le lieutenant (enseigne Frot) nous montre les pellicules des photographies qu'il a prises de nous [dans la tranchée] et nous déjeunons. » Déjeuner gai. « Le lieutenant nous raconte quelques « blagues » du *Borda* et nous dit que, d'ici une dizaine de jours, nous prendrons la tranchée allemande d'en face... » Le tapage pourtant va *crescendo*. C'est par rafales maintenant que les Boches tirent. L'aumônier Pouchard, au plus fort du bombardement, comptera sur Nieuport cent obus à la minute. Tous les calibres donnent en même

(1) Nous avons vu que le commandant Louis disait : « A partir de 4 h. 45. » D'autres carnets (le docteur L. G...) disent : « Depuis 9 heures. » Lieutenant de vaisseau Mérouze : « Depuis 3 heures du matin... » Le véritable bombardement, au moins sur les tranchées et d'après la plupart des témoins, dura exactement trois heures : de 10 heures du matin à une heure de l'après-midi.

temps : sur les Cinq-Ponts du 420, du 380, du 250 ; sur nos tranchées, outre les 57 et les 77 habituels, des shrapnells inédits, « non plus les bonnets de nourrice », mais des « sacs à charbon », des « gros verts », des shrapnells de 150, pêle-mêle dans certains segments avec des torpilles de 100 kilos qui dansent en l'air « comme des barriques ». Sans attendre davantage, les chefs de section ont fait ramasser les hommes. Il n'y a quasi plus personne aux créneaux ; on a emporté jusqu'aux périscopes. Et tout à coup, vers une heure trente de l'après-midi, « un 105 tombe en plein sur le poste, un deuxième, un troisième, une pluie de terre, de débris de bois... Des cris ! Ça y est : deux hommes sont enfouis dans un fatras de planches et de sacs. Le lieutenant juge prudent de sortir du gourbi, où nous risquons d'être ensevelis ; chacun fait ses malles... Un pauvre « bleu », arrivé la veille de Lorient, tourne à plat ventre dans le boyau ». Il n'est pas blessé, mais la secousse nerveuse a été trop forte pour son cerveau. La vue de ce maheureux rend tout son calme au narrateur, qui suit le lieutenant dans la prairie où l'affleurement de l'eau n'a permis aucun travail en profondeur et dont toute la défense consiste en « un épais mur de sacs à terre ». On y replace le périscope, rapporté du gourbi. Le bombardement, près de s'arrêter, précipite sa cadence. « Tandis que les marmites font rage et que la terre saute en gerbes de tous côtés, écrit Luc, je me couche le long du mur de sacs et regarde dans le périscope la tranchée allemande d'en face... Vers la gauche un point gris se déplace, deux, trois, quatre, dix... Alerte ! V'là les Boches ! Je gueule comme un putois et je fais passer au lieutenant que je les vois arriver. Celui-ci vient : « Eh bien ! Platt, qu'est-ce qu'il y a ? »

La scène qui précède se passait à la 3e section de la compagnie La Fournière, qui occupait vers les Rood-Pcort la pointe nord-est de notre ligne. Et, à la même heure, sur tout le front septentrional de la brigade, des scènes analogues se déroulaient. A l'autre bout du sous-secteur nord, dans le voisinage des zouaves, le lieutenant de vaisseau Mérouze n'avait que le temps d'évacuer sa « cagna », ébranlée par les rafales du « fameux 57 de marine », le plus dangereux des projectiles boches, « parce qu'on ne l'entend pas arriver ». L'ennemi insistait particulièrement sur cette charnière du secteur des marins et du secteur des zouaves dont il cherchait la rupture par une puissante concentration d'artillerie. Le réseau téléphonique était coupé en vingt endroits ; nous ne pouvions plus communiquer avec le P. C. du 3e bataillon que par nos coureurs, qui devaient « circuler en terrain découvert sur un millier de mètres ». Cependant, et comme il s'agit ici d'une lutte purement défensive de notre part, il convient peut-être, avant d'aller plus loin, de préciser la position exacte des diverses compagnies sur la partie du front de la brigade visée par l'attaque allemande.

L'amiral avait en ligne, sur cette partie du front, huit compagnies, dont six de marins et deux du 3e bataillon du 6e régiment territorial, ainsi réparties de l'est à l'ouest : 1° la 11e compagnie (capitaine de La Fournière) du 1er régiment, entre la route de Nieuwendamme et le poste 15 du vieil Yser (segment de Nieuwendamme) ; 2° la 12e compagnie (capitaine Geslin) du 1er régiment, du vieil Yser au canal de Plaschendaele (segment de la Briqueterie) ; 3° la 12e compagnie (capitaine Reymond) du 2e régiment, entre le canal de Plaschendaele et le canal d'évacuation (segment de Plaschendaele) ; 4º la 10e compagnie (lieutenant Hoffmann) du 6e territorial, du Pont-de-Pierre au Boterdyck supérieur (segment du Boterdyck sud) ; 5º la 10e compagnie (capitaine Deleuze) du 2e régiment, dans le redan et le fortin du Boterdyck (segment du Boterdyck supérieur) ; 6º la 12e compagnie (lieutenant Landron) du 6e territorial, dont une section se trouvait à droite de la 10e compagnie de marins, deux à gauche, une quatrième à la gauche de la 11e compagnie de marins ; 7º la 9e compagnie (capitaine de Rodellec du Porzic) du 2e régiment, à gauche de la 12e compagnie du 6e territorial ; 8º la 11e compagnie (capitaine Mérouze) du 2e régiment, entre la 9e compagnie et la route de Lombaertzyde incluse (ces trois compagnies dans le segment de Lombaertzyde).

A une heure trente de l'après-midi, devant le front occupé par ces compagnies dans le sous-secteur nord et le front occupé par les zouaves de la 76e brigade dans le sous-secteur de la Geleide, l'attaque ennemie s'ébranla sur le rythme habituel à ces sortes d'opérations et qui n'a jamais beaucoup varié : les hommes issaient de leurs tranchées, baïonnette au canon, par les « chicanes » aménagées dans leurs barbelés, s'étalaient en tirailleurs sur la plaine et fonçaient devant eux au pas gymnastique, la tête baissée, le dos courbé, le fusil dans la main droite et tenu par le milieu. Ils n'adoptèrent une autre formation d'attaque que dans le segment du Boterdyck inférieur. Aussi bien, quoique uniformément vêtus de gris, certains détails de leur équipement révélaient des origines différentes. Dans le segment de Nieuwendamme, par exemple, les troupes d'assaut, qui arboraient le shako de cuir bouilli et qui étaient sorties par sept ou huit coupures de la tranchée entre la digue de Nieuwendamme et le vieil Yser, appartenaient au 3ᵉ régiment d'infanterie de marine commandé par le lieutenant-colonel von Berhnud : se portant en avant par essaims d'une dizaine d'hommes, elles procédaient par petits bonds de dix mètres, à la façon des kanguroos, dont elles avaient le pelage et la taille, et, après chaque bond, fait sous le couvert de leurs mitrailleuses qui tiraient de la maison C (nord du coude de l'Yser), de la ferme de Nieuwendamme et de la tranchée allemande de départ, elles s'aplatissaient dans le trèfle et n'en bougeaient jusqu'à nouvel ordre. Dans les segments voisins au contraire, l'attaque était montée par des fantassins en casque à pointe qu'on sut être plus tard des éléments de la 44ᵉ D. I. R. Mais, fantassins ou soldats de marine, casques à pointe ou shakos, les uns et les autres, « après l'effroyable pré- paration d'artillerie à laquelle ils venaient de se livrer » (Mérouze), croyaient si fermement nous avoir anéantis qu'ils sortaient de leurs terriers le havresac au dos, la couverture en bandoulière, gonflés de musettes, de car- touchières et de bidons, comme des troupes qui vont prendre la relève d'un secteur (1). Peut-être, en outre, croyaient-ils notre front fort appauvri par les prélè- vements que le général Putz y avait faits le 23 avril. Leur confiance s'en accrut et, quand les officiers leur eurent dit d'emporter des vivres de réserve pour trois jours, ils ne doutèrent plus qu'ils allaient simplement occuper une position déjà conquise (2) ; ils se lancèrent

---

(1) « Ils avaient l'intention d'aller loin. Chacun avait son havresac et vingt sacs à terre pour se faire un abri. » (Mau- rice Oury.)

(2) Rapports des prisonniers.

vers nous comme des « somnambules », sans dévier d'une ligne, sans regarder à droite ni à gauche, déployés en plein soleil sur un terrain plat comme un stand où chacun d'eux faisait cible et ne prenait même pas toujours la précaution de se baisser.

Les salves de mousqueterie qui les accueillirent sur tout notre front et le feu roulant d'artillerie qui s'abattit au même moment sur leurs tranchées furent pour eux des phénomènes inexplicables. Ayant déjà peine à imaginer que nous fussions encore vivants, comment eussent-ils pu concevoir que nous réagissions avec une telle vigueur? Et l'on peut s'étonner en effet que, sur aucun point de notre front, ces huit ou neuf heures de bombardement consécutif n'aient amené de fléchissement, que nulle part la vigilance des fusiliers ne se soit trouvée en défaut ni leur matériel hors de service. Il n'y eut un peu de surprise pour nos troupes que dans le segment de la Briqueterie, où les hommes, dès le premier cri d' « alerte au poste de combat ! » s'étaient portés à leurs banquettes de tir et s'apprêtaient à recevoir l'ennemi de la belle façon. Mais rien ne sortait de la tranchée adverse. Et cependant des balles claquaient sur les créneaux ; les « moulins à café » tournaient sans discontinuer. L'ennemi approchait manifestement ; on sentait son souffle : on ne le voyait pas. Et soudain on l'aperçut qui semblait surgir de la prairie et qui courait, sous la protection d'une mitrailleuse placée sur la digue de Plaschendaele, vers notre tranchée de première ligne, dont les défenses étaient quelque peu endommagées. Par quel tour de sorcellerie avait-il pu se glisser jusque-là sans qu'on le sût? On n'en était pas encore bien informé quand une seconde vague sortit de la prairie, un peu à droite de l'endroit d'où était sortie la première. Chacune des vagues comptait une cinquantaine d'hommes. C'étaient des *feldgrau* qui, dans la nuit précédente, avaient réussi à fouir subrepticement deux ou trois boyaux conduisant de leur tranchée dans la plaine. Ils s'y étaient massés avant l'attaque pour tomber sur nos ailes et nous prendre à revers. Mais le stratagème fut éventé à temps. En moins de cinq minutes (1), l'enseigne de Lestrange avait brisé la double attaque boche dont les tronçons cherchaient à regagner leurs boyaux de départ en se dissimulant parmi les herbes. Le nettoyage de la prairie avait été si rapide que les deux sections de réserve de la 12e compagnie n'avaient pas eu besoin d'intervenir et que le lieutenant de vaisseau Geslin, pendant la suite de l'attaque et malgré le bombardement d'une extrême violence qui s'abattait sur la Briqueterie, put soutenir de son feu les compagnies voisines, tant vers la route de Nieuwendamme que dans le champ de navets qui s'étendait entre la ferme Bamburg et le Boterdyck.

Dans la première de ces directions, c'était la 11e compagnie du 1er régiment qui avait à supporter le choc. Nous l'avons quittée au moment où Luc Platt mettait au courant l'enseigne Frot du mouvement de la ligne ennemie : l'enseigne l'envoya par le boyau répéter ses explications au capitaine de La Fournière. Mais le capitaine, qui, « tout en préparant à la mort un de ses hommes grièvement blessé, ne perdait pas la carte et surveillait la tranchée d'en face », avait déjà vu le mouvement et donné des ordres en conséquence. De ce côté du secteur, entre le poste 15 et le poste 9 et à

(1) Les rapports disent même en deux ou trois minutes.

3 ou 400 mètres de la ligne ennemie, la tranchée française affectait la forme d'un V renversé. Nous avions essayé de corriger ce défaut en poussant des antennes vers les Rood-Poort ; mais cette partie de notre ligne venait seulement d'être organisée ; tous les gourbis n'étaient pas encore terminés et l'artillerie allemande eut beau jeu de les démolir. Finalement, nous l'avons vu, la défense était réduite par endroits à un simple mur de sacs de sable, derrière lequel, aussitôt l'ennemi signalé, le capitaine de La Fournière et l'enseigne Frot faisaient mettre la hausse à 250 mètres et commandaient feu à volonté. Vainement l'officier qui chargeait, sabre au clair, à la tête des quatre groupes d'assaillants et qui semblait avoir la direction de l'attaque, un grand diable roux à l'œil dur et au verbe rauque, essaya-t-il d'entraîner ses hommes : disloqué par nos feux, le groupe 4 reflua presque tout de suite ; les groupes 2 et 3 poussèrent un peu plus loin. L'officier lui-même, avec les débris du premier groupe, put s'avancer jusqu'à 30 mètres de nos fils de fer, se coucha et voulut tenter un dernier bond : le second maître Cadio l'abattit d'une balle dans la tête. Rien ne bougea plus sur la plaine, où « quatre-vingts Boches au moins » mesuraient le sol nouvellement reverdi.

— Nom de D... ! jeta en guise d'oraison funèbre un marin. Ils nous ont fait bouffer des betteraves à Dixmude, mais ici ils boufferont de la luzerne !...

Entre le canal de Plaschendaele et la route de Lombaertzyde où notre front dessinait encore un V formé par les deux canaux (Plaschendaele et d'évacuation) et le remblai du Boterdyck, les Allemands attaquaient en même temps par la levée de terre du canal d'évacuation et par les tranchées de la ferme Groot-

Bamburg. Et ce n'était plus cette fois une attaque par essaims. L'ennemi semblait avoir voulu soutenir la plus effrontée des gageures : ses forces atteignaient l'effectif d'un bataillon, et telle était la présomption des assaillants que, sur cette grande plaine rase, où les navets de l'année précédente achevaient de pourrir, ils s'avançaient en colonne par quatre, comme à l'exercice. C'est tout juste s'ils n'étaient pas précédés de fifres. Ils n'avaient pas ouvert de chicanes dans leurs fils de fer et les enjambaient tranquillement. Sans doute pensaient-ils que sur ce point du front, plus que partout ailleurs, leur artillerie avait écrasé toute résistance et que les territoriaux en particulier n'y avaient pas fait long feu. Mais ces territoriaux appartenaient au recrutement du Nord, moins tassé de charpente et tout aussi solide que le recrutement breton. En outre, la 10ᵉ compagnie territoriale (lieutenant Hoffmann), qui garnissait le Boterdyck, avait à sa droite la 12ᵉ compagnie (lieutenant de vaisseau Reymond) et à sa gauche la 10ᵉ compagnie (lieutenant de vaisseau Deleuze) du 2ᵉ régiment de marins. Ainsi étayée (surtout de biais, le long des canaux, par la compagnie Reymond), elle ne plierait pas. Puis vraiment ces lourds *feldgrau* pleins d'assurance, ces grandes « andouilles » vaniteuses, comme les appelait Luc Platt, et qui ne prenaient même point la précaution de se déployer en tirailleurs, présentaient une cible trop facile à nos fusils. Les mitrailleuses des marins de la 12ᵉ compagnie à la coupure de la digue, les mitrailleuses du 6ᵉ territorial au Pont-de-Pierre, se dévoilèrent en même temps ; prise en enfilade par leurs feux, « une partie du groupe de droite, dit le rapport officiel, se déploie en toute hâte dans les champs de navets au sud de Bamburg et y disparaît : le reste regagne précipitamment les tranchées. Le groupe de gauche s'égaille à son tour et disparaît dans les champs et le ruisseau qui longe les tranchées allemandes au nord du fortin. Tout l'après-midi, les mitrailleuses et les fusils arrosent les différents points de la ligne des tirailleurs allemands dès qu'un mouvement de retraite paraît s'y dessiner. Notre artillerie pendant ce temps balaie le champ de navets ». Rarement l'arrogance teutonne reçut un châtiment plus complet et plus prompt : sur le millier d'assaillants partis à la conquête du Boterdyck, pas un n'arriva seulement à moitié route de l'objectif et beaucoup ne revirent jamais les tranchées de Groot-Bamburg.

Bien qu'il ne semble point que des effectifs aussi imposants aient été massés sur les autres points du front, c'est à gauche du Boterdyck, perpendiculairement à lui et sur la ligne dentelée que faisaient nos tranchées jusqu'au secteur des zouaves, que l'attaque allemande devait porter le principal de son effort, surtout aux deux extrémités de cette ligne, au fortin et sur la route de Nieuport à Lombaertzyde. L'ennemi, à partir du fortin, n'était plus séparé de nous que par un étroit couloir de 150 ou 200 mètres, qui favorisait singulièrement l'action de ses mortiers. Sa ligne de tranchées, légèrement concave jusque-là, se rectifiait à la hauteur du remblai. De ces tranchées numérotées 1, 6, 4, 3, 2, la première seule, avec la ferme de Groot-Bamburg transformée en blockhaus et les tranchées du canal d'évacuation, avait participé à l'attaque du Boterdyck inférieur. Nos troupes, sur le Boterdyck supérieur et devant Lombaertzyde, allaient avoir affaire aux forces massées dans les tranchées 6, 4, 3, 2. Entre les tranchées 4 et 6, un saillant bétonné de construction récente menaçait directement le fortin et le redan tenus par la 10e compagnie du 2e régiment (lieutenant de vaisseau Deleuze). « Dès le début du bombardement, dit le rapport officiel, la situation dans le fortin du Boterdyck devient difficile ; le bombardement des boyaux en rend impraticable une grande partie. » Or, le fortin pris, tout le redan craque. L'ennemi le sait, qui l'a construit et qui ne peut se consoler de sa perte. Ce n'est qu'une épine dans sa ligne : ce serait une poutre bélière dans la nôtre. L'officier des équipages Laroque, qui le défend avec sa section, à 30 ou 40 mètres du redan, est atteint d'un éclat d'obus. L'enseigne de La Forêt-Divonne, qui le remplace au pied levé, s'affaisse à son tour vers 9 heures et demie. Peu à peu le tir des torpilles s'est allongé jusqu'à « toucher le saillant N.-E. de la tranchée ». A 11 heures le bombardement, « fait jusqu'alors d'une quantité énorme de projectiles percutants, se renforce d'une grêle continue de shrapnells gros noirs et gros verts. Pas de dégâts importants à la tranchée » (quatre créneaux démolis seulement) ; mais le fortin est « très abîmé » et un homme de liaison vient prévenir le capitaine qu'il ne peut plus tenir. Deleuze, quoique blessé lui-même au bras droit d'un éclat de torpille, prend son revolver de la main gauche et court au fortin en criant : « Si, si, il tiendra jusqu'au dernier homme ! » Et il ne quitte la place qu'après l'arrivée d'une demi-section de renfort conduite par le maître Grimaud (1). Sabordé, rasé comme un ponton, le fortin en effet

____

(1) Conté par le fusilier Le Merrer.

« n'amena pas », bien que les Allemands attaquassent avec une compagnie et demie environ. Mais, dès qu'ils eurent enjambé les tranchées 4 et 6, ils tombèrent sous le feu de nos fusils et de nos mitrailleuses. Leur élan emporta quelques-uns jusqu'au redan où ils s'embrochèrent dans les fils de fer ; les autres s'étaient terrés dans les colzas, d'où les nappes de nos balles les empêchaient de se lever. Une nouvelle vague se formait pour reprendre l'attaque, quand Deleuze, qui continuait à diriger la défense, le bras en écharpe, et qui avait fait mettre en action son obusier de 58, réussit, par un coup heureux, à ouvrir une brèche dans le saillant ennemi. La brèche démasque un boyau que les fantassins allemands « empruntent pour aller de l'est à l'ouest ». Le boyau est coupé. A 7 h. 30 du soir, « tout péril passé », Deleuze, qui voulait bien songer enfin à sa blessure, acceptait de gagner l'ambulance et remettait le commandement au capitaine des Ormeaux.

Cet officier lui avait été détaché en soutien par le capitaine de frégate d'Ablèges de Maupeou qui commandait le 3e bataillon du 2e régiment et qui, réintégré dans les cadres au moment de la mobilisation et à la brigade depuis quelques semaines seulement, semblait en avoir toujours fait partie, tant il s'y trouvait dans son élément. Sa légende l'y avait précédé. Il était Breton, mais de Nantes, où l'on ne naît point de complexion mélancolique, et la vieille marine des Eugène Sue et des La Landelle, insouciante, fantaisiste et casse-cou, parée à l'abordage par tous les temps, revivait en lui dans tout son pittoresque et son imprévu. Ne contait-on pas que, bombardé par des avions boches pendant un déjeuner qu'il offrait à des amis, il avait planté là ses hôtes, couru au prochain parc d'aviation, désert à cette heure et où ne se trouvait qu'un quartier-maître qui nettoyait un appareil, s'était fait expliquer par lui la manœuvre des bombes, avait fait mettre le moteur en marche, était allé jeter ses bombes sur la ligne ennemie et s'en était revenu, esquissant un pas de gigue, reprendre à table son déjeuner interrompu (1)? C'était son bataillon qui tenait les tranchées dans le segment de Lombaertzyde le matin du 9 mai. Rond et court, les « fauberts » en bataille, au premier signal de l'attaque, Maupeou avait bondi de sa cagna et on le voyait qui, peu content de donner les ordres nécessaires pour nourrir notre front, pressait, surveillait et cadençait du geste et de la voix la marche des renforts. Il avait l'art de communiquer son entrain aux autres. Mais lui-même, en l'espèce, n'était que l'agent d'exécution d'une volonté supérieure, bretonne elle aussi, mais du type traditionnel, concentrée, silencieuse, fuyant l'éclat, comme le chef qu'elle habitait et qui cachait ses étoiles sous un éternel pardessus noir de civil. Dès une heure de l'après-midi (13 heures), voyant se dessiner la manœuvre ennemie, l'amiral Ronarc'h avait pris en main la direction de la défense et poussé en avant toutes les réserves dont il disposait (2) : les trois com-

(1) Conté par le chef de bataillon d'infanterie de marine René Paris de Ballardière, attaché à l'état-major de la place de Lorient, mort depuis au Maroc où il avait été détaché pendant la guerre.

(2) Le 1er bataillon du 2e régiment (commandant de Jonquières) était resté à Coxyde à la disposition du général commandant le groupement, Hély d'Oissel. Le commandant de Jonquières, promu capitaine de vaisseau, allait d'ailleurs passer

pagnies du camp Ribaillet (6e et 7e du 2e régiment, 1re du 1er régiment) et les deux compagnies des fermes Groot-Labeur (4e et 8e du 1er régiment), étaient successivement dirigées sur les tranchées à l'ouest de Nieuport, puis sur Nieuport même et remplacées à Ribaillet et à Groot-Labeur par les trois compagnies (1re, 2e, 3e) du 1er régiment, en réserve au camp Gallimard. Ces renforts venaient grossir ceux que nous avions déjà en réserve à Nieuport (8e et 5e compagnies du 2e régiment ; 7e compagnie du 1er régiment). Par surcroît de précaution, l'amiral dédoublait le commandement de la défense, confiant au « colonel » Paillet (commandant le 2e régiment, qui était le plus fortement engagé) le commandement du secteur nord et ne laissant au « colonel » Delage (commandant le 1er régiment) que le commandement du secteur sud. Le colonel Ancel, qui venait de succéder à la tête de la 76e brigade de zouaves au colonel Capdepont, promu général, prenait des mesures analogues dans son secteur. Le général Hély d'Oissel, de qui dépendaient les deux chefs et qui avait approuvé leurs dispositions, pouvait croire ainsi sa ligne de résistance assurée de la mer au Polderlied. Et il ne se trompait pas en ce qui concernait la partie de cette ligne occupée par les marins : dès une heure et demie (13 h. 30), une section de la 7e compagnie (lieutenant de vaisseau Ven) du 1er régiment débouchait dans le segment de Nieuwendamme (commandant Bertrand), où d'ailleurs elle n'eut pas à intervenir, et, une demiheure plus tard, au plus fort de l'action, le commandant de Maupeou pouvait encore diriger par le boyau

son commandement au lieutenant de vaisseau Biffaud, promu lui-même capitaine de frégate.

du Boterdyck deux sections de la 5ᵉ compagnie du 2ᵉ régiment (lieutenant dé vaisseau des Ormeaux), sur la tranchée arrière du fortin, prêtes à contre-attaquer, si ce point délicat de notre ligne était venu à fléchir.

L'admirable résistance du lieutenant de vaisseau Deleuze leur en épargna la peine. Cette inexpugnabilité même du fortin, qui n'était plus qu'une coulée de gravats, mais d'où l'ennemi ne pouvait nous arracher, rendait relativement facile la défense du reste de notre ligne, tout au moins jusqu'à la route de Lombaertzyde où l'effort allemand devait à nouveau s'acharner. L'artillerie ennemie n'avait pas négligé pour cela les tranchées occupées par la 12ᵉ compagnie du 6ᵉ territorial et la 9ᵉ compagnie du 2ᵉ régiment de marins (lieutenant de vaisseau de Rodellec du Porzic). Les torpilles y commencèrent à pleuvoir vers 1 h. 15. L'une d'elles ouvrit même une brèche dans le front des territoriaux et ce fut l'occasion pour le sergent Drollet et ses hommes (1) qui, sous le feu ennemi et tout en faisant face à l'attaque, se mirent à réparer tranquillement la brèche, de montrer à nos « demoiselles au pompon rouge » les réserves d'héroïsme qui dormaient au cœur de leurs « anciens ». Aussitôt l'attaque allemande déclanchée, le lieutenant de vaisseau de Rodellec avait fait ouvrir le feu. Le tir, « un peu échevelé » d'abord, se régularisa très vite ; en quinze minutes la plaine était nettoyée (2).

(1) Il convient de noter parmi eux le soldat Desgardins, le caporal Grouillard, etc.

(2) Le lieutenant de vaisseau de Rodellec du Porzic rend hommage dans son rapport au concours apporté à ses hommes

Sur la charnière de notre front avec le secteur de la Geleide, occupé par le 1er et le 4e zouaves, le bombardement, nous l'avons dit, avait été particulièrement sévère ; nous ne pouvions plus communiquer avec l'arrière que par nos agents de liaison qui opéraient sur un terrain sans le moindre masque et battu d'un bout à l'autre par l'artillerie. Ces difficultés n'étaient pas pour arrêter des hommes tels qu'Henri Danzé, Eugène Diet, Frémery, Van de Weghe ou ce matelot sans spécialité Robert qui s'était déjà si magnifiquement conduit à Steenstraete le 17 décembre et que sa citation nous montre, « toujours volontaire pour les missions périlleuses, pendant l'attaque du 9 mai, portant sept ou huit messages de jour et de nuit et traversant les Cinq-Ponts sous un bombardement des plus violents ». Par eux les P. C. du commandant de Maupeou et du « colonel » Paillet étaient tenus au courant des moindres phases de l'attaque et l'adjudant-major du bataillon, le lieutenant de vaisseau Ferry, « malgré la rupture des communications téléphoniques », pouvait « assurer le ravitaillement en munitions de la ligne et la transmission des ordres (1) ».

Cette vigilance des chefs, la coordination qu'elle imprimait à tous les mouvements de la brigade ne furent certainement pas étrangères à l'heureuse issue

par l'artillerie : « Le tir du 75, dit-il, était admirablement réglé. Nous avons vu un Boche coupé en deux, projeté sur un cheval de frise où il est resté accroché. Les sacs volaient en l'air », etc.

(1) « Contribuant ainsi pour une très grande part, ajoute sa citation personnelle, à la mise en déroute de l'ennemi. » On sait que le lieutenant de vaisseau Ferry, second de l'*Amiral-Charner*, disparut en 1916 avec tout l'équipage de ce navire, moins un homme qui fut recueilli sur un radeau et qui était fou.

des événements. Mais notre meilleur adjuvant, c'était encore la confiance des hommes. Elle était « illimitée », dit un officier (Mérouze). L'ennemi, dans ce segment, ne ménageait pourtant pas ses torpilles ; les zouaves surtout, à notre gauche, « avaient subi un marmitage effréné ». Leurs tranchées étaient complètement bouleversées et l'ennemi pouvait croire que les nôtres ne faisaient pas meilleure figure. Mais, ce jour-là, décidément, il y avait comme une protection occulte sur les marins : l'artillerie allemande avait trop allongé son tir ; ses torpilles tombaient à une quinzaine de mètres en arrière et nos hommes, « tassés à l'abri du parapet » et riant sous cape, escomptaient déjà la déception du Boche qui les croyait « en marmelade » et à qui cette erreur pourrait bien coûter gros.

« A 13 heures en effet (1), dit le témoin que nous avons déjà cité, la préparation d'artillerie s'arrêta tout d'un coup. Nos Jean Gouin bondissent au parapet, gonflés de cartouches (à tel point que nous en rions) et nous n'eûmes plus qu'à maintenir leur impatience et leur mépris du danger. »

L'œil au périscope, le capitaine Mérouze guettait l'ennemi.

— Les voilà, dit-il à ses hommes, quand il vit les Allemands enjamber leurs tranchées, attendez un peu qu'ils aient bien avancé... et puis chacun son gibier !...

Les assaillants, ceux-ci debout, ceux-là courbés, fonçaient sur la tranchée française. Un roulement de mousqueterie, quelques moulinets de mitrailleuses, et tout fut dit : la vague boche tomba dans l'herbe. « Nos hommes tiraient les uniformes gris exactement comme

(1) Treize heures et demie, disent la plupart des carnets.

des lapins. » Sport enivrant ! L'attaque ennemie eût été
« liquidée » en cinq minutes, si les choses eussent suivi
le même cours à notre gauche dans le secteur de la
Geleide. A la jonction de ce secteur, au coude même
de la route de Lombaertzyde, l'enseigne de vaisseau
Souêtre n'avait pas bronché sans doute et soutenait
de son mieux, avec sa section, les zouaves de la tranchée voisine, Mais le feu ennemi avait été si violent
sur cette tranchée, les torpilles si bien ajustées, qu'il
n'y restait plus que quelques bouts de parapets. En
outre, sur cette partie du front, l'ennemi n'était pas
obligé, comme au Boterdyck et à Nieuwendamme,
de se présenter à découvert. Entre Lombaertzyde et
nous, le long de la route, des pans de maisons, des
murs et des haies de jardins favorisaient sa progression
clandestine. S'avançant à l'abri de ces masques, il
put tomber sur les tranchées des zouaves et « s'en
emparer jusqu'à un point que nous ne pouvions préciser, là-bas, du côté de la mer ». Rassuré sur la suite
du combat en ce qui le concernait, Mérouze, ainsi
gravement menacé sur son flanc, ordonne à sa 1re section (enseigne Souêtre) de faire tête aux assaillants.
Mais déjà, sans attendre, Souêtre avait mis en action
une mitrailleuse abandonnée par les zouaves « pour
tâcher de barrer la route de Nieuport aux Allemands qui
commençaient à y descendre en colonnes par quatre ».
L'infiltration prit d'autres chemins. L'ennemi semblait
avoir emporté toute la ligne de la Geleide jusqu'au
Mamelon-Vert, où « un terrible corps à corps » s'était
engagé entre les zouaves et lui, et nous l'avions main
tenant pour « voisin immédiat » de l'autre côté de la
route.

« La frontière, explique l'officier dont nous continuons à suivre le récit, était un vague pare-éclats, juste au coin de cette route. Et les maudits Boches continuaient de s'infiltrer par les boyaux et les ruines des maisons. Nous n'avions pas encore à cette époque de tranchées de soutien et, de notre première ligne à Nieuport, sauf vers l'ouvrage des Flamands, s'étendait une plaine uniforme, sans un fossé, sans un boyau. »

Par bonheur, le secteur des zouaves était un peu mieux pourvu : quelques jours auparavant, une ébauche de tranchée de soutien y avait été ouverte « depuis la route de Lombaertzyde jusqu'à une centaine de mètres à gauche ». La compagnie du 4e zouaves qui nous touchait s'était repliée là, décimée, et, « courageusement », s'efforçait de « contenir le Boche ». Le capitaine Mérouze fit tant bien que mal assurer la liaison entre cette compagnie et la sienne, le long de la route, par l'enseigne Souêtre et quelques hommes déterminés. Cela suffit pour endiguer momentanément le flot, mais non pour empêcher l'ennemi de s'installer dans les tranchées conquises et de les retourner contre nous. S'il recevait des renforts et reprenait son élan, tout le front du 2e régiment était tourné.

Pour éclairer le commandant de Maupeou sur la gravité de la situation, Mérouze lui détacha deux de ses fusiliers, porteurs d'un croquis et d'une explication écrite. Il les avait fait partir l'un après l'autre, afin d'être à peu près sûr qu'un d'entre eux au moins parviendrait à destination : l'unique route conduisant au P. C. du commandant de Maupeou, défoncée par les 380, n'était plus qu'un chapelet de cratères. Les deux hommes avaient reçu la consigne de « passer quand même ». Ils se nommaient Frémery et Van de

Weghe. Ils passèrent. Tout de suite la 6e compagnie (lieutenant de vaisseau Le Bigot) partit en soutien des zouaves sur la route de Lombaertzyde et vint occuper les tranchées dites des Flamands (tranchées de deuxième ligne creusées à l'est de la route) où elle établit sa liaison avec la 11e compagnie (1).

En même temps la 8e compagnie du 1er régiment (lieutenant de vaisseau Derrien) venait occuper le tranchée au débouché de Nieuport vers Lambaertzyde. Mais, pour les zouaves, il s'agissait moins de barrer la route à l'ennemi que de le rejeter dans ses tranchées de départ. Ces admirables troupes n'entendaient pas rester sur un échec. Elles voulaient leur revanche et elles l'eurent dès le soir même, aussitôt que la 7e (lieutenant de vaisseau Langlois) et la 8e (lieutenant de vaisseau de Prunières) compagnies du 2e régiment de marins eurent été mises à la disposition des chefs de bataillon Vernois et Prouzergues, du 4e et du 5e zouaves. Les deux compagnies se massèrent dans les tranchées de seconde ligne, et c'est de l'une ce ces tranchées qu'en attendant le déclanchement de l'attaque (2) l'enseigne de vaisseau Robert partit seul, en rampant, pour reconnaître un saillant ennemi défendu par une quinzaine d'hommes avec une mitrailleuse (ou un fusil-mitrailleur). Il pousse jusqu'à

(1) Cette compagnie n'avait cependant là que deux sections et la troisième avait été à tout hasard renforcer la garnison (territoriaux) du Pont-de-Pierre.

(2) Certains rapports disent au contraire que « la tranchée perdue fut réoccupée sans difficulté, sauf en un point faisant saillant et où s'étaient réfugiés une vingtaine d'Allemands avec un fusil-mitrailleur ». Nous avons suivi la version du rapport Langlois.

l'entrée du boyau, y trouve la mitrailleuse française abandonnée par les zouaves et la rapporte sur son dos. Puis, avec deux volontaires, il se jette sur le boyau. Ses deux volontaires sont tués à ses côtés. Robert rentre à plat ventre dans nos lignes, demande des grenades « à tout prix », repart seul et lance ses grenades sur le poste qui est enlevé de l'extérieur à la faveur de cette diversion, avec les sept ou huit Allemands qui n'avaient pas réussi à s'enfuir. Mais Robert, de retour dans la tranchée, tombait terrassé par une congestion cérébrale (1). A 5 heures du soir enfin, sur le terrain déjà plus qu'à demi déblayé par notre 75 et en liaison avec la 17e, la 20e et la 41e compagnie de zouaves et « des détachements de la compagnie Mérouze qui voulait venger ses morts », les compagnies Langlois et de Prunières se portaient à l'assaut, la baïonnette haute, au cri de : « En avant, vive la France ! » L'élan des chéchias et des pompons rouges, « fraternellement mêlés », avait été si irrésistible que toute la ligne allemande craqua (2).

— Ils foutent le camp, capitaine ! criaient les hommes du lieutenant de vaisseau Mérouze, ivres de joie, en voyant cette fuite éperdue des ennemis à leur gauche.

(1) C'est le lieutenant Chaillou, commandant la 20e compagnie, qui « arriva le premier, dit sa citation, dans la tranchée ennemie ».

(2) Presque sans perte pour les marins. Dans la compagnie Langlois : un tué, 11 blessés, 2 disparus. Parmi les blessés, l'enseigne de Béarn, qui voulait quand même continuer l'attaque « et n'a consenti, dit le capitaine Langlois, à se retirer que sur mon ordre, en pleurant de rage d'être obligé d'abandonner sa compagnie ».

— Mais tirez dedans, c..., ça vaudra mieux, répondit le capitaine.

« Et on tirait ; fusils, mitrailleuses, tout marchait et claquait sur les fesses du Boche qui déguerpissait vers ses anciens trous. » Dix-sept minutes, « montre en main », avaient suffi pour rétablir dans son intégrité l'ancien secteur de la Geleide. Nous étions vainqueurs « pour de bon » sur toute la ligne. La plaine au loin, entre l'Yser et Lombaertzyde, était « couverte de cadavres gris ». Il s'y voyait bien aussi quelques-uns des nôtres. Encore le plus gros de nos pertes ne fut-il pas supporté par les compagnies aux tranchées : ce furent surtout les renforts qui souffrirent dans la traversée de Nieuport et des Cinq-Ponts (1) coupés par d'épais barrages d'artillerie lourde. L'amiral lui-même, à 3 heures de l'après-midi, manquait d'être tué par un obus de 150 qui éclatait à l'intérieur de son poste et fauchait les pieds de sa chaise (2). Quarante-deux batteries, dit-on, tiraient en même temps des

(1) « On peut dire que les tués et blessés qu'il y eut dans les tranchées furent, par rapport à ceux de Nieuport, dans la proportion de 20 pour 100 pour les tranchées, de 80 pour 100 pour Nieuport. » (Carnet du docteur L. G...) Le rapport officiel dit de son côté que « tous les mouvements des renforts s'exécutèrent sous le feu de l'artillerie ennemie qui ne cessa pas d'être active toute la journée, notamment entre 14 heures et 15 heures, puis vers 16 heures ».

(2) « ...Quinze heures : obus de 150 entre dans le P. C., passe dans la cave, [éclate] sous l'armoire, fauche les pieds de la chaise sur laquelle se trouve assis l'amiral qui tombe en arrière dans des plâtras et des débris de chaise, de l'armoire. Je reçois un choc à la jambe gauche. Pas de casse. Propriétaire blessé. » (Commandant Louis.)

lignes allemandes et, comme notre artillerie, au début de la journée, ripostait faiblement, l'ennemi en prenait une nouvelle assurance. La vérité est qu'il ne servait à rien de gaspiller nos munitions et que celles-ci allaient trouver tout naturellement leur emploi quand les troupes d'assaut sortiraient de leurs terriers. Les rapports officiels constatent à quel point fut raisonnable le calcul du chef d'escadron Bouquet, qui commandait l'artillerie de la 81e D. T. (1). Ils ne tarissent pas d'éloges sur la précision et la sûreté des tirs de barrage exécutés à hauteur des tranchées ennemies, notamment par les capitaines Labisse (du 4e d'artillerie) et Lelièvre (commandant le 1er groupe de l'A. D. 81), tirs qui eurent « pour résultat évident d'empêcher d'autres assaillants de sortir de ces tranchées et d'aider les marins à mettre hors de combat les Allemands terrés dans la plaine, en tout cas de rendre à peu près impossible la retraite des troupes qui avaient échappé au feu d'infanterie (2). »

Ce que les rapports sont impuissants à rendre, c'est la tenue des fusiliers pendant cette attaque. Tous les carnets, tous les journaux de route, tous les mémoriaux sont unanimes, et jamais peut-être le moral de la

---

(1) Le chef d'escadron Bouquet avait succédé la veille des opérations au chef d'escadron Leclerc. Bien que celui-ci n'eût pas pris part à l'affaire du 9 mai, son successeur tint à l'y associer et le proposa pour une citation à l'ordre de la brigade pour « avoir assuré le bon fonctionnement de son groupe ».

(2) Les rapports ajoutent : « En particulier il est probable que les batteries du secteur nord avaient fait beaucoup de mal dans les tranchées de première ligne allemande qui étaient très garnies de troupes et prises par ces batteries de front et d'enfilade. »

brigade ne s'éleva aussi haut. Une sorte d'ivresse sacrée, de fureur dionysiaque et vengeresse, s'était emparée des hommes : de toutes les tranchées, en même temps que les balles de fusils et de mitrailleuses, partaient les cris, les interjections les plus frénétiques : « *Laha néan! Dao war he gueno!* (Tue-le ! Pan sur la gueule !...) Envoie dedans ! Vas-y ! Regarde-moi ces cochons ! Tiens, salaud ! *Zou* dans le mille ! » Tempête extravagante où collaboraient le rude idiome d'Armorique, l'argot parisien et la galéjade méridionale. « Quelqu'un qui aurait été là, dit le quartier-maître Luc Platt, se serait demandé si nous étions fous. » Ils l'étaient bien un peu à la vérité, mais d'une folie dont la brigade n'avait point encore donné d'exemple, qui n'était pas faite seulement d'exaspération patriotique, d'accès de rage sanguinaire, et qui les secouait d'un rire de Titans, — de Titans miraculeusement échappés à la pulvérisation et, de foudroyés, devenus à leur tour foudroyeurs. Ils rient quand l'attaque boche se déclanche. Ils rient quand elle enjambe ses parapets ,et s'étale dans la plaine. Ils rient quand les premières « capotes grises » piquent du nez dans la luzerne ou les navets. Et ce rire monte, s'enfle, gagne toute la ligne, à mesure que le drame se déroule. Quand le 75 entre en scène et que la tranchée boche « saute en l'air », saluée à chaque explosion par les hourras des marins, il atteint presque au paroxysme : « Bravo ! Vive la France ! On les tient ! On leur casse la gueule ! » Les derniers Boches tombent. Et « tout le monde de se tordre », même les plus pitoyables, les plus humains, des internationalistes de la veille, comme ce pauvre et charmant Luc Platt qui ne peut se retenir de crier son contentement à sa mère : « Je suis content, j'en ai tué un ! Chacun le sien. Voilà trop longtemps que la guerre dure. Il faut qu'on les tue. C'est le seul moyen d'en finir. » Ce contentement, cette allégresse, ce rire formidable de justiciers, on les entend dans tous les récits de l'affaire. « Mes hommes étaient si sûrs de la puissance de leurs fusils et de leurs mitrailleuses, dit le capitaine Mérouze, qu'ils riaient de tout leur cœur. » — « Ah ! les bons, les braves gosses, les bons et grands enfants, écrit à son tour le lieutenant de vaisseau Ferry, si vous les aviez vus le 9 mai : cette joie ! C'est, à la 12e, la gueule hilare de l'un d'eux : « Ils attaquent, capi- « taine, ils attaquent ! » de l'air de dire : « Ils sont fous, « archi-fous ! » C'est, après l'action, l'un d'eux : « Hé « hé, le Boche, tu viendras encore faire joujou avec « Jean Gouin? » C'est, pendant le feu, ce soin de viser, de tirer *à tuer* sans se laisser distraire, ce regret de voir l'attaque brisée net, de ne pas pouvoir en descendre davantage. » Enivrement de la victoire, survivant à la bataille, aux deuils causés par nos pertes et que le commandant de Maupeou traduisait en quatre lignes : « Sur tout mon secteur, malgré morts et blessés, c'est une joie sans pareille : du haut en bas tout le monde jubilait. On riait dans la tranchée. Aussi cela n'a pas été long. »

En effet, sauf dans le secteur de la Geleide, l'attaque allemande était complètement brisée dès 3 heures de l'après-midi sur tout le front, et l'amiral, en conformité des ordres du général Hély d'Oissel, pouvait reprendre son projet d'opération nocturne sur les fermes W et Union. Exaltés par leur succès de la journée, les marins se sentaient de taille à tout emporter. L'ennemi au contraire, démoralisé par son échec, ne pouvait manquer d'offrir une capacité de résistance amoindrie. Enfin, il ne s'attendait pas à ce qu'après une « secousse » pareille, la lutte se ravivât brusquement et que, renversant les rôles, la brigade, d'attaquée, devînt attaquante.

L'élément d'imprévu, de surprise, nécessaire au succès de toutes les offensives, allait ainsi jouer en notre faveur et, dans les fastes de la brigade, la journée du 9 mai devait briller d'un éclat exceptionnel.

VI

L'ENLÈVEMENT DES FERMES W ET DE L'UNION

C'étaient les 5e et 9e compagnies du 1er régiment qui avaient été désignées pour prendre part à l'attaque sous la direction du lieutenant de vaisseau Ferrat, adjoint au commandant Bertrand.

Le soleil descendait sur Furnes qui lui tendait son bouquet de clochers et, par cette radieuse fin d'après-midi printanier, les compagnies qui montaient aux tranchées d'un pas plus allègre que d'habitude, coupant au travers des colzas en fleurs, avaient des airs de collégiens lâchés en liberté. « Les dunes sont mauves sous le soleil couchant, notait Maurice Faivre, qui était de la fête... Des champs couverts de fleurs de colza sous le blanc des shrapnells, avec les têtes à pompons rouges courant dans les fleurs... Nous étions tous fleuris en arrivant, après une heure de course, aux tranchées de réserve. » Mais, vers le soir, la légère brume habituelle à ces terres humides commença de se répandre sur le paysage. Elle n'était pas pour desservir nos plans. On attendit cependant que la nuit fût complètement tombée pour entamer la préparation d'artillerie dont les nouveaux dogmes de l'état-major faisaient le prélude obligatoire de toutes les attaques d'infanterie. Sans prétendre à égaler le fastueux déploiement des préparations ennemies et n'en ayant d'ailleurs pas les moyens, nous ouvrîmes à 9 h. 30 du soir un feu très serré et tel que la brigade n'en avait pas encore vu ni entendu : tout l'horizon « flamboyait » ; dans les tranchées de réserve, les hommes, de qui l'enthousiasme n'avait fait que croître, s'étaient « mis debout » pour assister à cette « illumination féerique » accompagnée d'un « chahut infernal ». Le tir devait se faire en trois temps, trois « roulements » de dix minutes à un quart d'heure chacun, suivant la méthode qui nous avait réussi à la Grande-Dune, mais avec l'adjonction d'un nouveau temps pour tromper l'adversaire (1). Pendant la préparation, la 5ᵉ compagnie (lieutenant de vaisseau de Roucy) se rassemblait sur la route de Bruges, entre les tranchées 8 et DD', prête à marcher sur la ferme W ; le 9ᵉ (lieutenant de vaisseau Béra) ralliait le champ de colza, les sections se tenant les unes derrière les autres à plat ventre, prêtes à marcher sur la ferme de l'Union. A la même heure, les Belges devaient se masser dans leurs parallèles de départ pour marcher sur la ferme Terstyle (2). L'at-

(1) « A 21 h. 30, premier tir d'efficacité de dix minutes ; dix minutes de repos. 21 h. 50, deuxième tir d'efficacité de dix minutes ; vingt minutes de repos. 22 h. 20, troisième tir d'efficacité de dix minutes. Et, à 22 h. 35, les troupes attaquaient. » (Journal du commandant Bertrand.)

(2) « L'attaque, disait une note du Q. G. de la 4ᵉ division d'armée belge, se fera en partant du poste de Rykenhoek et marchant sur Terstyle d'une part et sur Violette d'autre part, en même temps que des démonstrations seront faites au nord-ouest de Terstyle en traversant le Noord-Vaart et au sud de Violette par la rive sud-est du Hemmeleed. Au sud, Groote-Hemme sera inquiété, de manière à ne pouvoir

taque proprement dite commencerait « dès que l'artillerie, qui battait d'abord les fermes, aurait allongé son tir pour établir un barrage entre elles et les renforts ennemis ».

Et, de notre côté du moins, tout s'exécuta conformément au programme : à 10 h. 35 du soir (1), le capitaine de Roucy, dont la compagnie attaquait sur la ferme W, lançait deux de ses sections : la 3e (enseigne de vaisseau Albert) par le bas côté sud de la route de Bruges ; la 1re (enseigne de vaisseau Boissat-Mazerat) par la prairie latérale, avec la 2e section pour soutien. Mais, peu après, voyant que l'ennemi ne réagissait d'aucune façon, Roucy fit remonter cette 2e section sur la route où elle se défila d'arbre en arbre. L'ordre était « d'aller rapidement et sans bruit ». La consigne fut si bien observée que, moins de vingt

se porter au secours de Violette. — Signé le commandant [de la 4e division A. B.] Michel. » Une seconde note du même Q. G. précisait : « L'attaque principale sur Terstyle sera faite par un demi-bataillon du 8 (désigné par le commandant du régiment) sous les ordres du commandant du bataillon ; l'attaque secondaire par le nord par un détachement de volontaires de 50 hommes du 8. — L'attaque principale sur Violette par un demi-bataillon du 10 ; l'attaque secondaire par une compagnie du 10, dont un peloton marchera vers Violette et deux pelotons vers Groote-Hemme. Les deux attaques principales sous la direction du lieutenant-colonel Bosquet. » Bien que ces attaques dussent être faites en liaison avec la nôtre, on a vu plus haut qu'elles gardaient, les unes et les autres, leur indépendance.

(1) Dix heures trente, dit le rapport officiel. Nous avons préféré suivre le rapport de Roucy auquel sont empruntées la plupart de nos citations, ainsi qu'à une lettre privée du même lieutenant de vaisseau.

minutes plus tard (1), l'enseigne Albert entrait avec sa section « sans coup férir » dans le fortin de la ferme W où il trouvait, autour du cadavre encore chaud de leur chef (un *feldwebel* tué par un de nos obus), sept Boches « abrutis par le bombardement » et qui, « littéralement affolés de nous voir tomber si vite sur leur ligne (2) », levèrent les bras en l'air et se rendirent sans résistance. La 1re section arrivait presque aussitôt sur les lieux. Seule, la section de l'enseigne Boissat-Mazerat avait éprouvé quelques difficultés dans sa marche. Le sol de la prairie était « détrempé », creusé de trous d'obus où l'on trébuchait « presque à chaque pas ». En outre, trois canaux la barraient perpendiculairement : le premier avait pu être franchi sur la passerelle portative dont l'escouade de pionniers, « armée de pinces coupantes, grenades, pelles, pioches de parc, etc., » qui accompagnait chaque compagnie, avait pris la précaution de se munir; mais cette passerelle se révéla trop courte pour les deux canaux suivants, qui avaient 5 mètres de large et qu'il fallut traverser à la nage (3). « Tout suants et mouillés »,

(1) Dix minutes, suivant le rapport officiel.

(2) Ces hommes, d'après Maurice Faivre (lettre du 11 mai) n'étaient pas encore revenus de leur abrutissement quand ils passèrent devant nos tranchées, « où tout le monde, un peu grisé par le roulement de l'artillerie, faisait la haie sur leur passage. » Un des marins qui regardaient passer le convoi disait au dernier prisonnier « avec un accent aimable : « Eh bien ! petit père, vous progressez ! Tu seras à Paris demain soir. »

(3) Le capitaine de Roucy explique dans son rapport que, pour que les hommes de cette section ne fussent pas « trop en retard sur la 3e section », il leur avait « fait déposer les sacs ». Une partie des détails précédents sont empruntés à une lettre du deuxième maître Laniel.

leurs « capotes pleines de boue », les hommes devaient encore faire en sorte de ne trahir leur présence par aucun grognement. On s'attendait pendant l'opération à des coups de fusil, peut-être de mitrailleuse, et, dans cette prévision, les deux canons de 37 de notre première ligne avaient été portés aux avant-postes. Ils n'eurent pas à intervenir. Et c'est que les ruines de la ferme W n'avaient plus de garnison. Fortin et ferme furent immédiatement occupés, retournés et matelassés de sacs de sable. Roucy cependant envoyait trois patrouilles reconnaître le terrain devant lui et à sa droite : une sur la plaine ; l'autre vers la tête de pont allemande, qui poussa jusqu'à 250 mètres sans trouver âme qui vive ; et la troisième vers la ferme de l'Union pour chercher la liaison avec la 9e compagnie. Partout le terrain était libre. Et les patrouilles revinrent sans incident.

La 9e compagnie, qui attaquait à la droite de la 5e, ne rencontrait pas une résistance plus sérieuse sur la ferme de l'Union. A 9 heures et demie du soir, tandis que l'officier des équipages Fichoux se déploie en crochet défensif dans la prairie pour parer à un mouvement de l'ennemi sur notre flanc, la 1re section (capitaine Béra), précédée de quatre éclaireurs, fait un bond et vient avec ses pionniers border le canal perpendiculaire n° 1 en avant du champ de colza ; les deux autres sections « démarrent » à leur tour et parviennent devant le canal, simple ruisseau à l'ordinaire dont les pluies ont porté la largeur à 8 mètres. Les passerelles n'en mesurent que 4. Gros embarras dans la nuit et avec le silence absolu qu'il faut observer. Sur la partie débordée du canal, « on n'a de l'eau que jusqu'aux mollets ». Mais, dans le lit du canal, l'eau atteint 1 m. 80. Reste à savoir où ce lit commence. Un volontaire est demandé pour l'aller reconnaître. Deux se présentent : le quartier-maître Delahaye et le matelot Bohel. Leurs indications permettent d'établir les ponceaux à proximité du point où ils ont plongé et qui est le seul passage un peu critique. Le capitaine Béra, familier des aroyos chinois et taillé lui-même comme un guerrier mandchou, prête la main aux pionniers, dont une partie opère sous la direction de l'officier des équipages Devisse et l'autre sous celle du deuxième maître Lérant. L'obstacle est franchi : la compagnie en a été quitte pour un simple bain de pied. Deux de ses sections obliquent aussitôt par la prairie vers la route de la ferme, se déploient en tirailleurs le long du ruisseau qui suit cette route, une section en face de la ferme, l'autre un peu en arrière, la troisième demeurant sur le canal perpendiculaire pour protéger la retraite en cas d'échec. A ce moment, une mousqueterie assez vive déchire la nuit, mêlée à des moulinets de mitrailleuse. Le bruit semble venir des batteries de la ferme (1), mais, après observation, on reconnaît qu'il vient de Terstyle, que les Belges doivent attaquer en liaison avec nous. Il faut faire vite pour leur donner la main. Les deux sections se lancent en même temps, baïonnette au canon, sur la chaussée qui mène à la ferme : l'une prend à l'ouest avec l'officier des équipages Fichoux ; l'autre (maître Leborgne) prend à l'est avec le capitaine Béra. Mais les ruines sont muettes : la position a été évacuée par l'ennemi ; un traînard est seul resté dans la ferme où on le découvrira deux

____

(1) Le rapport officiel dit même qu'il en vient. C'est une erreur.

heures après sous des tas de gravois. Une organisation de fortune est rapidement improvisée avec le millier de sacs à terre apportés par la section de réserve, qui a pris la place des deux premières le long du canal routier ; une section monte vers la ferme W pour établir la liaison avec la 5ᵉ compagnie et cueille en chemin un deuxième traînard allemand ; des patrouilles sont expédiées en avant et vers Terstyle pour établir la liaison avec les Belges. L'opération était terminée à 11 h. 15 et n'avait coûté qu'un seul blessé (1).

Prévenu de son heureuse issue, qui suivait de quelques minutes celle de la 5ᵉ compagnie sur la ferme W, le commandement donnait immédiatement l'ordre au lieutenant de vaisseau de Roucy d'occuper tout le front conquis (ligne W-Ferme-Union) et au lieutenant de vaisseau Béra de rentrer dans les tranchées de Saint-Georges, tout en laissant des postes aux tranchées DD' et Colza. Il était inutile, en effet, de chercher plus longtemps la liaison avec les Belges, dont l'attaque sur la ferme Terstyle avait échoué complètement. On parlait de gaz asphyxiants, dont l'ennemi se serait servi pour la première fois dans ce secteur : ce fut du moins la version qu'apporta au capitaine de Roucy, vers minuit et demi, un homme de liaison dépêché par les Belges (2). Cet échec de nos alliés, dont les

(1) Encore était-ce un blessé « par accident ».

(2) Les gaz semblent n'avoir été pour rien dans l'affaire, mais l'organisation allemande qui n'avait pas été suffisamment bouleversée : « A la dernière attaque, ils [les Belges] ont perdu 300 hommes. Il y avait [dans Terstyle] six mitrailleuses. Une photo récente montre derrière Terstyle trois lignes de tranchées ou d'abris. Ce sont ces abris qu'il faut bouleverser. » (Commandant Louis).

conséquences devaient être si funestes pour nous, exigeait une organisation rapide et sérieuse des nouvelles positions que nous venions d'occuper.

Laissant à l'enseigne Boissat-Mazerat le commandement de sa gauche, Roucy se porta personnellement à la ferme de l'Union et travailla d'arrache-pied à l'achèvement de son organisation. Mais, avec les moyens rudimentaires dont il disposait et la courte durée des nuits au mois de mai, l'organisation ne pouvait être que sommaire (1). En outre, les fermes W et de l'Union, étaient « trop en l'air », soit que le temps eût manqué pour les relier par des boyaux de communication, sur la route de Bruges et le remblai de la ferme de l'Union, avec nos tranchées DD' et Colza, soit plutôt qu'on n'y ait pas songé ou qu'on ne l'ait pas jugé utile, car ce travail, qui aurait pu s'amorcer tout de suite et se continuer les nuits suivantes, ne fut même pas entamé (2).

(1) « Les nuits actuelles étant courtes, l'installation ne put être que sommaire : suffisante contre les balles, mais trop faible contre l'artillerie. » (Lettre du second maître Laniel.)

(2) Le capitaine de Roucy avait pourtant demandé qu'on l'entreprît sans retard : « Autre point faible, mais auquel on peut évidemment remédier d'urgence, l'insuffisance de communication avec l'A. R. Boyaux à creuser sur les deux routes, en particulier sur celle de Bruges où il est aisé de faire profond (bord sud de la route). A droite il serait utile d'établir de petits postes-relais entre la Ferme et Saint-Georges sud. Comme matériel nécessaire, fusil à bombettes, téléphone, grand nombre de sacs à terre... Les pionniers auraient, en outre, à installer des passerelles solides sur tous les ruisseaux de l'A. R. et, en attendant une organisation plus complète, un réseau Brun en AV du front. Sur la route de Bruges j'ai retrouvé les chevaux de frise allemands, ce qui est très suffisant. »

Lourde faute. Tout ce que fit ou put faire Roucy, les deux fermes étant séparées par un canal, fut de creuser une tranchée (A) jusqu'à la passerelle X jetée sur le canal (1), que notre ligne franchissait et après laquelle elle l'avait à dos jusqu'à une demi-lune construite au nord de la ferme de l'Union. Deux petits fortins en briques de déblai et sacs de sable, BB', flanquèrent cette ferme au sud et reçurent une escouade. Enfin, devant la ferme W elle-même, on ouvrit une autre tranchée en forme d'arc de cercle, et le fortin de cette ferme fut aménagé pour abriter une section de mitrailleuses avec l'enseigne Rollin.

Assez propres peut-être sur un terrain naturellement organisé (prairies inondées, *watergangs*, ruines de maisons, etc.) à repousser une attaque par troupes d'infanterie, ces défenses étaient malheureusement insuffisantes contre l'artillerie ennemie, qui pouvait les prendre à la fois de face par le front de l'Yser, de flanc par l'ouvrage X au nord et par la ferme Terstyle au sud. Il n'était même pas à espérer que notre artillerie pût contrebattre, avec ses 75 et ses 120, les batteries rivales, d'un calibre et d'une portée très supérieurs. Mais on ne voyait pour le moment que les résultats de la journée, qui étaient bien de nature à gonfler le cœur des hommes. Non seulement la brigade avait repoussé, en lui infligeant de grandes pertes, une forte attaque de l'ennemi, non seulement elle avait apporté une aide efficace au secteur voisin [des zouaves] pour la reprise de ses tranchées perdues », mais, dans la

----

(1) Tranchée « constituée avec des briques et des décombres » ; passerelle construite avec des madriers. (Journal du commandant Bertrand.)

soirée du même jour, elle avait enlevé aux Allemands leurs deux principales positions avancées sur la rive gauche de l'Yser, la ferme W et la ferme de l'Union. L'amiral, dans son rapport, était autorisé à se féliciter de cette journée au cours de laquelle « le personnel de la brigade s'était montré tout à fait à la hauteur de la rude et lourde tâche qui lui avait été demandée et s'était brillamment et vaillamment comporté (1). »

(1) Dès le lendemain, le général Putz, commandant le détachement d'armée de Belgique, télégraphiait au général Hély d'Oissel : « Prière transmettre mes félicitations aux marins pour leur brillant succès et au 4ᵉ zouaves pour la vigueur avec laquelle il a reconquis le terrain sur lequel l'ennemi avait un moment pu prendre pied. » — Le général Hély d'Oissel, commandant le groupement de Nieuport, en transmettant ces félicitations, y ajoutait « de tout cœur ses remerciements personnels les plus chaleureux ». De même l'amiral. « Aux félicitations ci-dessus, dont la brigade peut être fière, l'amiral ajoute ses compliments et remerciements personnels. La façon dont l'attaque allemande a été reçue sur tout notre front, l'aide portée au secteur voisin pour la reprise de ses tranchées perdues, la prise de la position W et de la ferme de l'Union montrent une fois de plus ce que la brigade de marins est capable de faire et permettent à l'amiral d'envisager avec sérénité toutes les opérations de guerre qu'il peut être nécessaire d'entreprendre. L'amiral est particulièrement heureux de féliciter et de remercier l'artillerie du secteur sud (y compris la 8ᵉ batterie du secteur nord) pour l'habileté et le dévouement dont elle a fait preuve dans la journée du 9 et la nuit du 9 au 10 mai. » (Ordre du jour du 10 mai 1915.)

VII

LE REVERS DE LA MÉDAILLE

L'amiral faisait bien de se réjouir quand il en était
temps encore et nous allions voir très vite le revers de
la médaille. Dès 5 heures du matin, aussitôt la brume
dissipée, les Allemands avaient commencé à bombarder la ferme W et la ferme de l'Union, visant de préférence la première et son fortin qui tombaient d'ailleurs plus directement sous leur feu. Néanmoins, de
l'aveu du second maître Laniel, ce bombardement
tout d'abord ne gêna guère les hommes : « C'était du
57 millimètres seulement (1). » Et le capitaine de Roucy
écrira de son côté que, bien que le bombardement eût
été très violent, « jusqu'à 5 heures du soir nos pertes
n'avaient pas été trop fortes ».

Déjà pourtant, au 57 millimètres du début, avait
succédé du 135, tiré par salves de trois et dont la précision donnait à réfléchir. Le téléphone est coupé, nos
mitrailleuses mises hors de service l'une après l'autre,
et le lieutenant de vaisseau Ferrat en est avisé à la
Vache-Crevée par un homme de liaison (2). Il y a un

(1) Du 67, dit le commandant Bertrand.

(2) Le commandant Bertrand dit par un deuxième maître
mitrailleur et un homme de la 5ᵉ compagnie. « Les autres

peu d'accalmie vers midi. Mais, vers 4 heures du soir, le vacarme recommence. Notre artillerie tente une timide riposte. Il faut se représenter cette lutte sans analogue sur aucun autre point de notre front, dans des carcasses de fermes à demi noyées par l'inondation, qui ne laisse subsister entre les hachures des canaux que quelques minces langues de terre, tremblantes chaussées où le pied hésite à s'engager. Nul défilement naturel. A chaque instant un obus crève le mince parapet de briques et de gravats dont on a essayé de garantir les pseudo-tranchées ouvertes le long des *watergangs;* un projectile plus puissant défonce ce qui restait du fortin dont les sacs de sable coulent à l'eau, comme des entrailles qui se vident. La position, face au pont de l'Union et sous son feu, serait complètement intenable, si les Boches, nos prédécesseurs, n'y avaient creusé un abri de bombardement. L'enseigne Rollin, qui y avait déjà fait descendre ses blessés, y « entasse » à la hâte ses hommes valides.

« Lui reste près de l'ouverture, dit le lieutenant de vaisseau Cayrol (1), tant pour mieux surveiller les mouvements de l'ennemi que par simple devoir d'officier, toujours au poste le plus dangereux. C'est à cet endroit qu'il fut frappé, à 4 heures du soir, par les éclats d'un obus qui explosa près de lui : trois blessures à la poitrine, une blessure aux deux yeux. »

L'enseigne Rollin était aveugle. Il voulut néanmoins garder son commandement. Du coin de mur où on l'avait adossé, il continuait à donner des ordres et ne

---

mitrailleurs arrivent bientôt, blessés : l'un d'eux est fou. » (Journal du commandant Bertrand.)

(1) Lettre à la famille Rollin.

pliait pas quand tout avait cédé. Le tir ennemi, qui s'était étendu peu à peu à toute notre ligne, devenait de plus en plus rapide et précis. A 6 heures du soir, dans la tranchée A, où se tenait l'enseigne Boissat-Mazerat avec sa section, « trois gros obus tombent coup sur coup », couvrant les hommes « de boue, de mitraille et d'eau » : trois éclats atteignent Boissat-Mazerat aux reins et au cœur dans le moment où, doucement ironique, comme à son habitude, il plaisantait avec ses hommes pour les réconforter. Le second maître Laniel, qui lui a fait un oreiller de ses mains posées sur son genou, l'entend qui murmure : « Un peu de morphine... maman... mourir. » Puis, plus fort : « Et, quand même, vive la France ! » On couche le corps dans la tranchée, la tête sur un havresac. Les hommes osent « à peine parler », dans le saisissement que leur cause cette mort d'un de leurs chefs les plus aimés. Jusque-là cependant l'ennemi n'a manifesté son effort qu'à distance et s'est contenté de nous prendre sous le feu de ses canons. On le croit loin encore quand des mitrailleuses, dont les servants, complètement nus, ont passé l'eau à la nage (1), se dévoilent brusquement, tirant sur quelques éclopés des tranchées W et A qui ont tenté de revenir vers nos lignes, et une attaque en forme se déclanche : les « hommes de veille » signalent au capitaine de Roucy et aux chefs de section les infiltrations de l'ennemi

____

(1) « Par des contre-attaques l'ennemi cherche à reprendre pied, mais ne réussit pas. J'ai vu des mitrailleurs ennemis tout nus pour passer les rivières essayer de rapporter leurs mitrailleuses : aussitôt tués, ils sont remplacés... » (*Quinze mois de brigade*, ms. par l'officier des équipages Devisse.)

qui s'engage le long des canaux et des bas côtés de la route. Ce qui reste de la garnison « prend son fusil ou celui des camarades blessés » ; l'attaque est refoulée, mais on sent qu'elle va rebondir et que ce n'est plus pour les défenseurs des deux fermes qu'une question d'heures, peut-être de minutes, s'ils ne sont pas renforcés.

Malheureusement aucun des hommes de liaison dépêchés au « colonel » Delage n'arrive à destination. Celui-ci s'inquiète de cette absence de nouvelles et prescrit au lieutenant de vaisseau Ferrat d'envoyer à tout hasard aux fermes W et de l'Union une section de renfort avec un officier (1). La précaution était bonne. Nos deux derniers officiers venaient de tomber : Roucy atteint d'une balle dans la poitrine au moment où il quittait son abri « pour préciser certains ordres » et ramener une partie de ses hommes dans la tranchée Colza ; l'enseigne Albert (2) atteint moins grièvement dans la tranchée même de la ferme W, qu'il occupait avec sa section. Notre ligne n'était plus garnie que par de faibles détachements composés pour la plupart d'invalides : une douzaine d'hommes de la 5e compagnie à la ferme de l'Union, avec le second maître

(1) Le lieutenant de vaisseau Béra est désigné à cet effet avec une section de sa compagnie (la 9ᵉ). Le maître Leborgne, qui était à Saint-Georges à la 3ᵉ section de la 6ᵉ compagnie (Michel), le remplace. Le commandant Bertrand dit au contraire que c'est la compagnie Poulain qui fut désignée.

(2) L'enseigne Albert avait déjà été blessé le 31 mars dans la tranchée 17 d'une balle qui lui avait traversé le bras. Aussitôt guéri, il était revenu à la brigade. Le capitaine de Roucy, privé de connaissance pendant deux heures, put être ensuite ramené dans nos lignes.

Lamette, et une autre section à peu près complète de la même compagnie à la tranchée A, avec le maître Donval. Et ces hommes allaient avoir à soutenir une nouvelle attaque allemande qui se déclanchait à 10 heures du soir, un peu avant que la section Leborgne (de la compagnie Béra) ne fût arrivée sur les lieux, suivie de deux sections de la 6e compagnie (lieutenant de vaisseau Michel), que le « colonel » Delage, de plus en plus inquiet, s'était décidé à lui adjoindre vers 9 h. 45. Les Allemands attaquaient en tirailleurs sur W et sur l'Union. Nos mitrailleuses étaient démontées et, pour recevoir l'ennemi, nous n'avions que nos fusils. L'attaque, cependant, put être contenue jusqu'à l'arrivée des renforts, qui avaient dû traverser un terrible tir de barrage exécuté avec du 77 sur la route de Bruges et la chaussée de l'Union. Sur Saint-Georges, le tir, plus dispersé, bien qu'exécuté avec du 150, n'avait heureusement pas la même efficacité. Béra et Michel prirent aussitôt leurs dispositions : dans la tranchée A, une section de la 9e compagnie, avec le maître Leborgne, fut adjointe à la section du premier maître Donval ; à la ferme de l'Union, une section de la 6e compagnie, avec l'enseigne Goudot, fut adjointe aux quelques hommes de la 5e compagnie qui étaient restés là avec le second maître Lamette (1). Ces dispositions eurent un effet presque immédiat et, vers 11 heures, l'ennemi se désistait complètement. On en profita pour procéder à une relève presque impossible à faire jusqu'alors

---

(1) Dans la tranchée Colza se trouvait une autre section de la 6e compagnie et l'on sait en outre que la 3e section de cette compagnie était restée dans les tranchées de Saint-Georges à la place de la section de la 9e compagnie, emmenée par Béra

sous le feu des mitrailleuses allemandes de Terstyle
et du pont de l'Union et dont les troupes avaient le
plus pressant besoin. Une réserve avait été constituée
pour le sous-secteur avec la 1re compagnie du 1er bataillon nouvellement reformé, et ce fut elle qui fut
chargée de relever les garnisons épuisées de W et de
l'Union. Ces malheureuses n'en pouvaient plus : la
seule 5e compagnie avait perdu dans la journée
« 46 hommes blessés, tués ou disparus » (Laniel).
Sans la suspension du feu ennemi, elle en eût vraisemblablement perdu d'autres en descendant des tranchées et faute de cheminements pour traverser dans
la nuit cette zone nue, coupée de canaux débordés,
où les escouades qui ramenaient avec elles, sur des
civières, les corps de leurs officiers tués ou blessés,
manquèrent à plusieurs reprises de s'enliser. Il fallut
abandonner ainsi jusqu'à 2 heures du matin, au bord
d'un arroyo, le corps de Boissat-Mazerat. Le capitaine de Roucy et l'enseigne Albert ne tardaient pas
à se remettre de leurs blessures. Mais l'enseigne Rollin,
transporté encore vivant, des lisières du pont de
l'Union qu'il avait défendu avec l'héroïsme d'un nouveau Bayard, au poste de secours de Nieuport, devait
y mourir le lendemain. La nuit, qui couvrait ses yeux,
n'était pas descendue sur son âme qui se dorait des
feux d'une aurore éternelle. Peu après s'être confessé
à l'abbé Pouchard, il avait reçu la visite du lieutenant
de vaisseau Cayrol, commandant la compagnie des
mitrailleuses. Rollin le remercia avec un bon sourire,
puis, prenant sa voix de chef, et, avant de mourir,
songeant qu'il avait un devoir à remplir vis-à-vis de
ses hommes :

— Commandant, dit-il, je demande que vous félicitiez la 8ᵉ section de la compagnie des mitrailleuses pour sa belle tenue au feu dans la journée d'hier.

L'abbé Pouchard, au nom du commandant Cayrol, qu'on venait d'appeler près du capitaine de Roucy, l'assura qu'ainsi serait fait, et, la conscience en règle avec Dieu et avec ses hommes, l'enseigne « sans peur et sans reproche » se remit à son destin...

Dès son arrivée sur les lieux, la 1ʳᵉ compagnie avait occupé les ouvrages avec ses trois sections, puis, avec deux sections de pionniers, elle avait travaillé à la réorganisation du front complètement bouleversé par le bombardement du jour. La 9ᵉ et la 6ᵉ compagnie avaient été relevées après l'attaque en même temps que les débris de la compagnie de Roucy ; mais la compagnie Michel, en se repliant sur le front de Saint-Georges, avait laissé des petits postes de liaison dans les tranchées DD' et Colza.

La journée du 11 fut relativement tranquille. « L'ennemi, dit le rapport officiel, ne se montre pas. Il lance quelques projectiles sur Saint-Georges. Vers la fin de l'après-midi seulement, les Allemands bombardent avec du 210 et du 150 W et Union. Notre artillerie est impuissante. Nuit assez calme. Bombardement intermittent de Saint-Georges. On pousse le plus possible les travaux d'organisation de W et de la ferme de l'Union, mais l'état de fatigue de la 1ʳᵉ compagnie oblige le commandant Delage de la relever à une heure du matin par la 6ᵉ compagnie (lieutenant de vaisseau Michel) qui occupe W et la ferme avec deux sections : la 2ᵉ section (maître Robic) dans la tranchée sur la route ; une demi-section de la 1ʳᵉ (second maître Lucas) dans les ruines de W et dans un trou avoisinant ces ruines ; l'autre demi-section avec l'enseigne Goudot à la ferme de l'Union (1). Dans la matinée du 12 mai, les Allemands bombardent par intermittence W et Union et tous les ouvrages avancés de Saint-Georges. Vers 13 heures, le bombardement devient intense. Il est exécuté avec tous les calibres. Tir très précis. Les points de chute se groupent à quelques mètres les uns des autres. Ainsi tout l'après-midi. »

Ce fut « terrible », dit l'officier des équipages Devisse. Et le second maître Boullaire précise : « sur un espace de 400 mètres, nous n'avons pas reçu moins de 4 000 obus de tous calibres. Pendant sept heures consécutives, nous sommes restés couchés à plat ventre dans la boue sous cette mitraille qui, malheureusement, faucha une grande partie des défenseurs », — dont le chef de ces braves et l'un des meilleurs officiers de la brigade, le lieutenant de vaisseau Michel, qu'un coup de 57 à la jambe, qui lui avait coupé l'artère fémorale et fait une trentaine d'autres blessures, obligea, vers 4 heures de l'après-midi, de passer son commandement au premier maître Robic (2).

Ce bombardement anormal semblant présager des mouvements d'infanterie, le commandant du sous-

(1) La 3e section de cette compagnie restait en réserve à Nieuport, cependant que les tranchées avancées de Saint-Georges étaient tenues par la 1re section de la 1re compagnie (enseigne Fouqué) et par la 3e section de cette même compagnie (officier des équipages Le Bollès).

(2) Récit du second maître Boullaire et rapport du lieutenant de vaisseau Gamas. Rappelons que c'est le lieutenant de vaisseau Michel qui commandait la section de mitrailleuses au cimetière de Dixmude, le fatal jour du 10 novembre, et que c'est son habile manœuvre qui sauva les mitrailleurs menacés du même sort que la compagnie Lucas.

secteur fit avancer dans les tranchées Doris et de la Source (entre la Vache-Crevée et Saint-Georges) les deux sections de la 1re et de la 6e compagnie qu'il tenait en réserve. Vers 7 heures du soir, le bombardement diminue d'intensité et l'arrosage par shrapnells commence sur tout le terrain entre W, Union et Saint-Georges. A 7 h. 15, une attaque allemande, forte de 250 hommes environ, débouche du pont de l'Union et des berges nord et sud de ce pont et s'engouffre sur la route de Bruges, courant vers W. On fait aussitôt jouer le barrage d'artillerie, et la garnison de l'Yser sud (1re section de la 2e compagnie, enseigne Constantin), ainsi que la section de mitrailleuses de ce poste avancé (enseigne Domenech) ouvrent le feu sur les Allemands à partir du milieu de leur colonne d'attaque, comptant sur les défenseurs du fortin pour anéantir sa tête. Mais de l'ouvrage W part une très faible fusillade. Il fait jour encore. L'enseigne Constantin regarde, étonné (l'Yser sud a vue sur W), et constate que la garnison du fortin est réduite à quelques marins, blessés pour la plupart. On distingue, en effet, leurs pansements. Plus tard les survivants ajouteront, pour expliquer cette faiblesse de leur mousqueterie, que beaucoup de fusils étaient brisés ou remplis de terre. C'est ainsi qu'en dépit des pertes que la garnison de l'Yser sud et les mitrailleuses de l'enseigne Domenech lui avaient fait subir, l'ennemi, refoulé par ses propres mitrailleuses d'ailleurs, quand il faisait mine de reculer (1), put arriver à la

(1) « On apprend que les Allemands, débouchant du pont de l'Union vers W, ont d'abord été repoussés. Revenant en arrière, ils sont mitraillés par leurs propres mitrailleuses. Ils

baïonnette, au nombre de 30 ou 40, sur le fortin W et s'en emparer assez facilement. Après avoir fait le tour du fortin, les assaillants cherchent à se rabattre sur les ruines de la ferme W où le premier maître Robic s'obstine encore avec une poignée d'hommes. Trois heures durant, ce gradé indomptable tint l'ennemi en respect par ses salves. Mais l'ennemi avait réussi à installer une mitrailleuse dans le fortin.

— Nous allons nous faire zigouiller, dit un marin à Robic.

— Mon garçon, répond le premier maître, nous sommes précisément ici pour ça.

Tous ses hommes tombent l'un après l'autre. Il n'en reste que trois. Robic est atteint à son tour d'une balle dans la tête. A ce moment-là seulement et par crainte d'être cerné, il consent à se replier sur la ferme de l'Union. Mais son farouche entêtement a permis aux blessés les plus valides de se traîner jusqu'à la tranchée Colza d'où ils sont conduits à l'arrière. L'ennemi céans n'aura pour butin que des mourants ou des morts.

Plus heureuse que le fortin et la ferme W, la ferme de l'Union, attaquée vers la même heure, mais protégée par une ligne d'eau où l'ennemi ne parvenait pas à jeter de passerelle, continuait à résister. Mais nos pertes, là encore, avaient été grandes. L'un des premiers, tout au commencement de l'attaque, vers 6 heures du soir, l'enseigne Goudot tombait frappé d'une balle en plein cœur ; le premier maître Mével

reviennent alors vers W. Reçus par la fusillade, les mitrailleuses de l'Yser sud, retournent en arrière ; mitraillées par α, reviennent enfin sur W, où ils entrent. » (Commandant Louis.)

était blessé gravement. Blessé aussi d'une balle au cou, le second maître Boullaire, qui avait pris le commandement de la 4e section et qui le conserva jusqu'au bout malgré sa blessure. Il n'avait plus avec lui qu'une vingtaine d'hommes sur cinquante-cinq fusils, le reste tué, blessé ou enseveli sous les décombres de la ferme. Ce petit carré de défenseurs irréductibles et « qu'un même souffle anime (1) » suffit quelque temps à contenir l'ennemi. Mais il se réduisait de minute en minute et son feu faiblissait sensiblement. Alors, disent les témoins, pour faire croire au Boche qu'il a encore devant lui « une force capable de lui tenir tête », les hommes, « se voyant perdus », s'avisent d'un stratagème inspiré du siège de Sidi-Brahim : ils ramassent les baïonnettes des morts et des blessés et les plantent dans la tranchée, « de façon que les pointes dépassent le parapet (2) ». L'ennemi croit que le ralentissement du feu

(1) Rapport du commandant Lefebvre.

(2) *Liberté* du 22 mai 1915 et récit du second maître Boullaire, d'Erquy. « Les braves qui restaient, une poignée, se voyant perdus, usèrent d'un artifice qui réussit : ils relevèrent les fusils de leurs camarades morts, mirent les baïonnettes au bout des canons et en dressèrent les pointes brillantes au-dessus des tranchées. Les Allemands, croyant la tranchée encore garnie de défenseurs, n'osent plus avancer, et la position est maintenue grâce à ce stratagème et aux renforts qui purent arriver à temps (3e section de la 6e compagnie) pour nous protéger, permettant l'évacuation des blessés et notre repli sur les tranchées de défense. » Il y a pourtant une certaine ambiguïté dans le récit de Boullaire et l'on ne sait pas très exactement si cet épisode se passa à la ferme W ou à l'Union. Mais l'épisode lui-même est confirmé par un autre passage du journal de l'officier des équipages Devisse, malheureusement aussi peu précis quant aux lieux : « Les hommes ont placé tous les fusils

cache une ruse, que les défenseurs ont été renforcés, et s'arrête. Ce temps de répit qu'il nous accorde est mis à profit par le commandement, qui dirige à la tombée de la nuit le second maître Bayon, avec une demi-section de la 6e compagnie, sur la ferme de l'Union, qu'il faut « tenir à tout prix ». Il ne s'agit d'ailleurs que d'une simple avant-garde et, peu après (8 heures), apprenant que tous les officiers du front W-Union sont hors de combat, le « colonel » Delage charge le lieutenant de vaisseau Gamas « d'aller prendre sur place le commandement » de la défense. Gamas, en arrivant à l'Union avec deux sections de la 1re compagnie du 1er régiment, n'y trouve plus qu'une poignée d'hommes dont les munitions mêmes commencent à s'épuiser. Son premier soin est de fortifier nos antennes menacées par la chute du fortin. Cependant, sur le rapport d'un blessé qui arrive des ruines de W et qui prétend qu' « il y a encore là de nos hommes qui tiennent », il envoie aux renseignements dans cette direction l'enseigne Fouqué, avec une escouade et huit pionniers. Exploration délicate le long d'un arroyo qu'il faut passer sur une planche, à la file indienne. Fouqué n'avance qu'avec précaution. Découvert par une fusée éclairante et reçu à coups de fusil, il craint une méprise et crie : « Ne tirez pas ! Nous sommes des Français. » La fusillade redouble et Fouqué, renseigné, se replie par la passerelle, perdant au cours de l'opération le quartier-maître Gamion (1). Toute notre

disponibles, baïonnette au canon, le long des ruines qui servent de parapets pour faire croire à une nombreuse garnison. Ce stratagème réussit, car les Allemands n'osent avancer... »

(1) Le quartier-maître Fouré se distingua particulièrement

résistance doit se ramasser pour le moment autour de la ferme de l'Union : il faut empêcher le Boche de franchir le fossé d'eau, qui est notre meilleure sauvegarde contre ses assauts ; s'il parvient, malgré tout, à le franchir et à prendre pied dans un élément de nos tranchées, la section Fouqué l'en chassera par une contre-attaque énergique.

Toutes dispositions étant ainsi prises, l'évacuation des blessés vers l'arrière se poursuit régulièrement. Il n'est pas encore question d'abandonner l'Union. De nouveaux renforts viennent même d'arriver de Nieuport : une section de la 1re compagnie, qui touche Saint-Georges à 10 h. 25 ; deux de la 5e, qui la suivent vers 11 heures. Le bombardement ennemi, qui a repris avec une nouvelle intensité sur les tranchées avancées de Saint-Georges, s'efforce de leur interdire le passage. Et il menace même de compromettre notre ravitaillement. Sans le dévouement du maître Lafouillade qui, vers 11 heures du soir, voyant l'hésitation de son escouade, prend les devants et se faufile avec un seul de ses hommes à travers les mailles du barrage pour nous apporter une caisse de cartouches, les munitions auraient fini par manquer. A minuit cependant, le plus gros du péril semblait conjuré ; l'ennemi, solidement contenu, ne donnait plus signe de vie. Mais, « en raison, dit le rapport officiel, d'une part, de la situation très critique de la garnison de la ferme de l'Union prise sous les feux de W, de l'Yser, de Terstyle et sans communication d'aucune sorte avec nos tranchées ; en raison, d'autre part, des difficultés d'une reprise de W par

par son courage et son sang-froid au cours de l'opération. (Rapport Gamas.)

nuit noire et, en cas de reprise, de l'impossibilité, vu l'heure tardive, de refaire une organisation sérieuse de W-Union, l'amiral décide d'évacuer la ferme de l'Union et de se replier sur les avancées de Saint-Georges, avec des petits postes à DD' et Colza ».

Ce mouvement de décrochage, particulièrement malaisé en zone inondée, sur de fragiles passerelles ou des isthmes larges comme la main, s'opéra sous la protection des mitrailleuses de l'enseigne Domenech et d'une demi-section de la 5e compagnie, commandée par le maître Donval. Blessés, matériel, tout fut ramené. Et, à 2 h. 15 du matin, le 13, les derniers défenseurs de la ferme W et de l'Union étaient rentrés dans nos lignes. La journée nous avait coûté 72 hommes : 19 tués, dont un officier (Goudot), 29 blessés, dont deux officiers (l'un grièvement : Michel ; l'autre légèrement : Fouqué), et 24 disparus (1). Nos pertes totales du 9 au 13 mai étaient de 57 tués, 204 blessés et 42 disparus.

(1) La demi-section du fortin faite prisonnière?

VIII

LA GARDE SUR L'YSER

Ce fâcheux lendemain de la triomphale journée du
9 mai n'eut pas de répercussion sur le moral de la brigade (1). Il suffisait à l'amour-propre des marins que
l'ennemi n'eût pas pris les fermes W et de l'Union et
que nous les eussions abandonnées volontairement
après les avoir fait sauter (2). Jusqu'à la dernière minute, l'ennemi avait été tenu en respect et n'avait pu

(1) Le communiqué officiel oublia cependant de l'enregis-
trer après avoir signalé le 10 la prise de la ferme de l'Union et
de Californie. Il avait constaté le 11 l'échec de la contre-
attaque boche de la nuit.

(2) « Des mines sont placées en différents endroits par les
pionniers ; la mise de feu est reliée à la tranchée jumelle ; on
fait évacuer morts, blessés et matériel. On va attendre que les
Allemands veulent bien venir réoccuper pour faire sauter ce
qui reste... Vers minuit (?) on entend un bruit. Je donne l'ordre
de mettre le feu aux mines à la mélinite ; elles explosent avec
un fracas énorme... Au matin il ne reste plus rien. Les ouvrages
ne seront plus utilisés par aucun des deux partis, au moins
pendant quelque temps. » *Quinze mois de brigade*, par M. DE-
VISSE, officier des équipages, qui ajoute un peu plus loin : « Au
bout de quelques jours le fortin W a été réinstallé par l'ennemi.
Souvent notre artillerie lourde en démolit une partie, mais elle
n'a jamais réussi à le détruire complètement. Les tranchées

placer une seule passerelle sur le bourbeux fossé d'eau qui le séparait de l'Union ; à la ferme W, les mitrailleuses de l'enseigne Domenech l'avaient empêché de déboucher du fortin. Enfin l'échec des Belges sur les fermes Terstyle et Violette expliquait trop bien que nous n'eussions pu demeurer sur des positions que battait de toutes parts le feu ennemi, sans qu'il fût possible à nous-mêmes de le contrebattre.

La brigade sortait donc à son honneur de l'aventure, qui n'avait pas tourné au gré de ses désirs, mais n'avait porté aucune atteinte à l'affirmation de sa supériorité. Longtemps encore après la journée du 9 mai, le sentiment de cette supériorité demeurait en elle.

« Combien vous trouveriez de changement, si vous reveniez parmi nous, écrivait, le 3 juin 1915, au lieutenant de vaisseau Cantener, le « colonel » Delage, quelle différence dans l'attitude de nos ennemis depuis novembre 1914 ! Nous avons l'impression qu'il n'y a devant nous aucune force capable de nous résister en pleine campagne. C'est le siège sans conteste et nous sommes les assiégeants, moins par la situation que par le moral. Ce moral, son niveau s'est encore remonté à la suite des attaques furieuses des Allemands, le 9 mai, qui n'ont abouti qu'à leur jeter par terre des milliers d'hommes [lesquels] n'ont même pas pu approcher de nos défenses accessoires. Nous tenons de cette façon un front énorme, ce qui nous interdit toute vel-

jumelles et Navet (c'est-à-dire Colza) deviennent nos premières lignes sur ce front ; c'est là le seul résultat de l'opération. On les prolonge dans la plaine et on les relie aux lignes par des boyaux... »

léité d'augmentation ; ceci est réservé à d'autres, mais patience ! Le moment viendra où nous aurons notre tour. Jean Gouin prendra sa revanche et, les 200 kilomètres faits en retraite, il espère bien les refaire en avant, avec d'autres, consciencieusement jalonnés sur la route. »

Cet espoir ne devait se réaliser qu'en partie et seulement pour le bataillon d'élite constitué, après la dislocation de la brigade, sous les ordres successifs des commandants Lagrenée, de Maupeou, Monnier et Martel et qui prit une part si brillante à l'offensive de l'armée Anthoine, en août et octobre 1917, et à celle de l'armée Mangin, en septembre 1918. Poësele, Driegrachten, le Moulin de Laffaux seront des faits d'armes aussi grands que Melle, Dixmude, Saint-Georges et le journée du 9 mai. Pour la brigade Ronarc'h, cependant, cette journée, où elle s'est élevée jusqu'à la cime de l'héroïsme, marque la fin de la période proprement offensive, et son histoire n'est plus désormais que celle d'une troupe quelconque chargée à la vérité d'un secteur important du front, mais à qui les circonstances infligent une attitude presque continûment passive (1). « Nous voilà promus factionnaires », écrit, avec une nuance de dépit, un officier. Le mot est juste.

(1) Il avait bien été question d'abord de reprendre à nouveaux frais l'opération sur W et l'Union. « Amiral voit général Putz chez général Hély d'Oissel avec aide de camp de Foch. Décision : on continuera à marcher sur Union, mais méthodiquement, en creusant des boyaux le long des routes. On commencera dès ce soir. Les ordres sont donnés en conséquence. » (Commandant Louis.) Mais ils furent révoqués par la suite, encore qu'à plusieurs reprises nous ayons envoyé des reconnaissances à W et à Union, mais qui n'y laissaient pas de garnison.

C'est la garde sur l'Yser, une garde coupée d'alertes et de brefs corps à corps, de cheminements souterrains et de détentes brusques sur de petits postes avancés qui nous gênent et que nous réussissons quelquefois à neutraliser. Tout chauds encore de leur victoire du 9 mai, les marins conservaient leur mordant irrésistible, leur belle gaieté héroïque. « On a fait un assaut à la baïonnette, écrit le 22 mai le fusilier Spinec (1). Je suis sorti le troisième. On avait 50 mètres à faire, mais, avant d'arriver dans la tranchée allemande, les mitrailleuses faisaient pleuvoir les balles sur nous. Malgré tout ce bruit, croyez-moi, *je n'ai pas pu m'empêcher de rire* en descendant dans la tranchée boche. » Il arrive même que l'opération prenne une certaine envergure, comme celle que le général Rouquerol, qui avait succédé le 22 mai au général Hély d'Oissel, promu commandant du 36e corps d'armée (2), prescrivit pour

(1) Lettre communiquée par l'abbé X... Il s'agit sans doute des petites affaires du 17 et du 21 mai à l'occasion desquelles le lieutenant de vaisseau d'Estienne de Saint-Jean de Prunières, qui devait être grièvement blessé le 4 juin suivant, fut cité pour le courage montré par lui « en entraînant sa compagnie à l'assaut ».

(2) En même temps que le général Hély d'Oissel était promu commandant du 36e C. A., le détachement d'armée de Belgique était supprimé par ordre du général commandant en chef. « Il est constitué un 36e C. A. comprenant les 38e, 45e divisions et la 87e D. T. ainsi que l'artillerie lourde et les services qui étaient affectés au D. A. B. Seront temporairement rattachés au 36e C. A. : la 152e D. (du 9e corps), la 153e D. (du 2e corps) et la 31e D. T. dont une partie continuera, comme actuellement, à constituer la garnison de Dunkerque. Le commandement du 36e C. A., opérant isolément, exercera vis-à-vis des troupes et services placés sous son commandement les attri-

la nuit du 11 au 12 juin dans tous les secteurs du groupement afin d'aider les Belges dans leur nouvelle tentative sur Terstyle (1), les zouaves opérant contre la Grande-Dune, les marins attaquant le fortin de la route de Plaschendaele et lançant une forte reconnaissance sur W pour achever d'en démolir les ruines.

butions d'un commandant d'armée et aura sous ses ordres la place de Dunkerque. »

(1) Les Belges, ne voulant pas rester sur leur échec de la nuit du 9 mai, avaient d'abord décidé de reprendre l'attaque dans la nuit du 5 au 6 juin. Le général Michel, commandant la 4ᵉ D. A. belge, s'était entendu à cet effet avec le général Rouquerol, l'amiral Ronarc'h et le colonel Ancel. « 4 juin. Démonstration : 20 coups par pièce de 75. Le colonel Ancel fera sauter une mine ; les marins prendront le fortin de Plaschendaele ; l'armée belge (qui a installé une section de deux pièces dans le sud du cimetière de Nieuport pour battre la région de Terstyle) poussera de l'avant (4ᵉ D. A. sur Terstyle, Violette et Groot-Hemme). Opération retardée. — 8 juin. Général Michel vient voir amiral. Progression vers Violette dans la soirée du 9 au 10. Artillerie à partir de 17 heures. Reconnaissance à 21 h. 30. Les A (alliés) ont construit trois vannes dans la berge gauche de l'Yser à hauteur de Groot-Hemme. Comme ils mettent de l'eau dans Plaschendaele et Viel Yser, ont-ils l'intention de tendre des inondations en vue de dissimuler la densité de l'occupation ? C'est l'idée du général Michel. — 10 juin. Belges progressent vers Violette et canonnent Terstyle. — 12 juin, 23 heures. Les Belges avancent sur Terstyle. Allemand ne répond pas. Aucune réaction. 0 heure : Belges sont à Terstyle. — Une heure : ils évacuent et rentrent dans les tranchées de départ. » (Commandant Louis.) D'un autre carnet du même, cette explication du brusque repli des Belges : « Ayant constaté qu'en arrière de Terstyle, les ouvrages allemands étaient intacts et puissamment défendus, les B. ne sont pas restés sur les positions conquises et sont rentrés dans leurs tranchées. »

Mais, après comme avant ces « démonstrations », ainsi qu'on les appelle d'un joli euphémisme militaire qui en couvre la parfaite vanité, la ligne restait sensiblement la même de part et d'autre. L'artillerie boche continue à bombarder avec du gros calibre Nieuport, Dunkerque, Furnes, les Cinq-Ponts, les villages, les routes, les cantonnements, les parcs, les tranchées, et nous ne nous faisons pas faute de lui répondre, sans avoir encore à notre disposition un matériel aussi nombreux et aussi puissant que le sien, surtout un stock aussi inépuisable de munitions (1). Cependant un appui efficace nous avait été apporté, vers la mi-juin, par la 1re batterie des canonnières fluviales (de vraies canonnières celles-la) du capitaine de vaisseau Schwerer à qui le capitaine de frégate de Saint-Liénard, qui servait à la brigade, fut adjoint pendant quelque temps comme second (2). Ces canonnières, armées chacune d'un canon de 138,6, de deux canons de 47 et de deux mitrailleuses et dont l'échelon était organisé dans des chalands (3), devaient rechercher de préfé-

(1) « 29 août. Pénurie de munitions. Nous n'avons plus que 2 000 coups pour 20 pièces. » (Commandant Louis.) En outre un groupe d'artillerie nous avait été enlevé le 24 (2e groupe du 29e) et les marins restaient avec 5 batteries pour un front de 5 kil. 800, tandis que la 76e brigade, avec un front inférieur à 3 kilomètres, disposait de 7 batteries.

(2) Le capitaine de frégate de Belloy de Saint-Liénard commandait le 2e bataillon du 2e régiment. Il y fut remplacé par le capitaine de frégate Petit, puis, après la blessure de celui-ci, le 29 mai, par le capitaine de frégate Martel.

(3) Une péniche portant les munitions et une péniche-ambulance portant les approvisionnements et vivres. C'est ce qu'on appelait le « train » de la batterie. Ce « train » était commandé

rence les positions allemandes de Middelkerke, Leffinghe, Slype, Mannekensvere, etc., où leur feu se conjuguerait avec celui des monitors britanniques embossés sur les bancs de Flandre et du *long tom* de 9 pouces tapi sous les halliers du Bois-Triangulaire. Deux d'entre elles (A et B, construites à Brest sur les plans de l'ingénieur Dislère retouchés) étaient arrivées à Calais le 10 juin avec le commandant de la batterie (capitaine de frégate Ferlicot) et, dès le 8, installées sur le canal de Nieuport, elles entraient en action contre Tempelholf ; les deux autres canonnières (C et D, construites à Lorient) étaient attendues le 21 à Dunkerque, où elles arrivèrent en effet tout à point pour recevoir le baptême du feu qui leur fut administré par la nouvelle Bertha mise en batterie près de Langenboom et dont c'étaient justement les débuts (1).

par un enseigne de vaisseau ; chacune des canonnières par un lieutenant ou un enseigne de vaisseau de 1re classe.

(1) L'idée de ces canonnières avait peut-être été suggérée au général en chef par le général Foch, qui avait dû, on le sait, recourir à des canonnières de fortune, lors de l'expédition Le Voyer sur Saint-Georges. A la suite de cette expédition qui avait révélé une fâcheuse lacune de notre marine, la construction de canonnières, destinées à opérer sur les rivières et canaux de France, fut décidée au début de l'année 1915. Pour éviter la perte de temps qu'aurait entraînée l'élaboration de nouveaux plans, M. Ferlicot, alors lieutenant de vaisseau, chargé des premières études, reprit les plans dressés en 1870 par M. Dislère, ingénieur en chef des constructions navales et conseiller d'État, en les adaptant aux exigences de l'armement moderne. En mars, le capitaine de vaisseau Schwörer fut désigné pour organiser et commander ces canonnières, qui devaient comprendre originellement deux batteries : l'une destinée à opérer dans les Flandres sous le commandement du

Peu à peu aussi notre matériel de tranchées se complétait : nous avions maintenant des fusées éclairantes, des ballons-saucisses, des grenades à main, des masques contre asphyxiants (1), des fusils de chasse pour pa-

capitaine de frégate Ferlicot ; l'autre sur le canal de l'Aisne à la Marne, sous le commandement du lieutenant de vaisseau Gignon. Les quatre canonnières de cette seconde batterie (F. G. H. I.) étaient à Condé-sur-Marne dès le 20 juillet. Une troisième batterie, dont la construction avait été décidée dans l'intervalle et menée tambour battant (ses 4 canonnières, un peu différentes des autres, étaient armées chacune de deux canons de 100, au lieu d'un canon de 138,6), put, avec la précédente et une péniche armée d'un canon de 160, participer, dès le début, à l'offensive de Champagne (22 septembre). En annonçant au général Foch l'arrivée des deux premières canonnières, le général Joffre lui écrivait le 8 juin : « Deux canonnières de rivières, armées chacune d'un canon de 14, sont prêtes à partir de Brest pour Calais : deux autres pourront partir de Lorient pour la même destination dans trois jours. Leur mise en route étant subordonnée à l'état de la mer, la date exacte d'arrivée ne peut être prévue. Je vous prie d'appeler l'attention des autorités à la disposition desquelles seront mises les canonnières sur ce fait que chacun de ces bâtiments porte à la fois un canon de grande portée et des organes de défense rapprochée formant un ensemble qui ne doit pas être dissocié. Aucun de leurs éléments ne devra donc être débarqué pour un emploi à terre. Je vous rappelle que les canons de 14 ne comportent qu'un approvisionnement en munitions de 500 coups par pièce, qui ne pourra être renouvelé avant un délai de deux mois au moins. Ces munitions devront par suite être ménagées et réservées pour des objectifs éloignés qui ne pourraient être battus par des calibres à moins grande portée. — Signé : JOFFRE. »

(1) « 19 mai. Distribution aux compagnies de masques contre les gaz. » (Journal du commandant Bertrand.)

trouille nocturne tirant à petite distance et avec chevrotines (1), des stéthoscopes et des géophones pour surprendre dans les postes d'écoute les bruits souterrains, même, depuis le 9 mars, date mémorable où le « colonel » Delage vint procéder en personne dans les tranchées du capitaine Béra à l'installation d'un vieux crapouillot asthmatique, des mortiers de siège presque capables de répondre aux *minnenwerfer* du voisin. On faisait à Dunkerque, le 7 août, l'essai d'un bouclier roulant pour mitrailleuse, système Barbière ; on faisait, à Saint-Georges, le 18, devant un de nos petits postes où l'on se flattait d'attirer les Boches, l'essai d'un linoléum électrique, système Detœuf (2) ; entre temps on ouvrait, par ordre du général Rouquerol, une nouvelle route entre Oost-Dunkerque et Coxyde-Bains ; on scrutait les soubassements de la tour des Templiers, où nous avions un de nos observatoires, pour y découvrir l'entrée du souterrain qu'un négociant d'Anvers réfugié à Londres prétendait y avoir remarqué dans son enfance et qui aboutissait,

(1) Conformément aux prescriptions de la note du général commandant en chef n° 989, en date du 3 mars 1915, on avait fourni à certains corps des fusils de chasse. Le groupement de Nieuport est invité à faire connaître « si l'emploi de ces armes la nuit et à très petite distance est avantageux et en particulier si le calibre des fusils et le diamètre des chevrotines conviennent aux conditions d'emploi ».

(2) Le capitaine Detœuf, de la compagnie du génie, avait été mis à la disposition de l'amiral pour l'étude des communications à établir sur l'Yser, dans le secteur de Saint-Georges. Il avait été chargé ensuite (5 juillet) « de la direction des travaux de renforcement des caves et de construction des abris en béton à Nieuport-Ville ».

d'après ses dires, à 4 kilomètres de la tour, en pleines lignes allemandes, dans l'étable d'une métairie ; on travaillait surtout à la réfection des écluses, continuellement démolies par l'artillerie ennemie et dont on bouchait les brèches à grand renfort de sacs de sable et de bâtardeaux.

Travail de Danaïdes, toujours à recommencer. Nous n'étions pas les maîtres absolus de l'inondation, nous ne tenions pas seuls la clef des eaux, pour parler comme l'officier des équipages Devisse, qui, depuis le départ du génie belge, avait assumé avec ses pionniers, sous la direction du commandant Delage, la manœuvre des écluses : l'entrée du canal de Plaschendaele et la majeure partie de son cours appartenaient aux Allemands « en sorte que, quand ils vidaient d'un bout, nous étions obligés de remplir par l'autre ou réciproquement », ce pourquoi « nous avions construit des barrages dans tous les canaux avec des poutrelles en fer garnies de bois, entre lesquelles nous avions placé des vantaux qui pouvaient se manœuvrer au jusant ou au flot ». Nous arrivions ainsi à maintenir un niveau moyen et nous pouvions lâcher ou capter l'eau que nous voulions.

Aux champs matin et soir, trottinant sous les obus avec l'air placide d'un petit employé qui se rend à son bureau, le commandant Delage, sans cesse à l'affût d'un nouveau perfectionnement, aurait souhaité faire davantage et, pour éviter l'écroulement continuel des berges (1), les surélever « au moyen de blocs en béton

(1) L'écroulement d'une de ces berges donna lieu à un amusant épisode que rapporte ainsi l'officier des équipages Devisse : « Une des berges du canal de Plaschendaele, sous la poussée des eaux du canal latéral, vient à partir sur une cer-

reliés entre eux et garnis de terre » : on aurait pu de la sorte « assécher, à l'arrière de nos premières lignes, la majeure partie du terrain » et y « obtenir une île » sur laquelle il eût été possible de circuler et d' « exécuter les travaux de défense désirés ». Le haut commandement recula devant l'entreprise, qui paraissait trop

taine longueur. Il ne faut pas songer à la réparer avec des sacs : il y a un courant de 7 à 8 nœuds ; il faut étudier un autre moyen. Le commandant Delage décide d'aller y mouiller une péniche : tout est réparé. On profite d'une montée du canal pour faire cette opération. Avec beaucoup de peine on arrive enfin à y monter la péniche. Je dis avec beaucoup de peine, d'abord matériellement et ensuite par le bombardement, l'endroit étant complètement à découvert. Enfin on y réussit. La péniche est en place, on la remplit de briques pour la faire couler. On arrive à obturer les extrémités avec des madriers garnis de sacs de terre, il en faut des milliers, enfin on est assez satisfait des résultats. Mais cela ne doit pas durer longtemps. Au bout de quelques jours une des écluses du canal est démolie à coups de canon : à la marée montante, il se forme un raz de marée qui soulève la péniche. Cette dernière se met dans le lit de la rivière et remonte en vitesse ; il ne fallait pas songer à l'aller arrêter, car elle était complètement à découvert. Les Allemands croient à une attaque par eau, déclanchent dessus une avalanche de coups de canon, de mitrailleuses d'infanterie, font des barrages avec l'ensemble de leurs pièces. C'est hilarant. Nous passons là un moment agréable. Pauvre péniche ! Elle ne répond pas, monte toujours et encaisse, mais ne coule pas. Le feu continue et ne cesse que quand la péniche a dépassé la hauteur des lignes allemandes en face la ferme Bamburg. Les Allemands s'aperçoivent de leur erreur, mais cela nous a amusés un instant. La quantité de munitions dépensées par eux a été considérable ; en voilà que nous ne recevrons toujours pas ! Les Allemands avaient garni leurs tranchées croyant à une attaque, ce qui a permis à l'état-major de faire faire par

LES ÉCLUSES DE NIEUPORT

« gigantesque », mais qui fut cependant amorcée, pendant quelques centaines de mètres, sur les berges du Noord-Vaart. L'intérêt du commandant Delage et de son fidèle adjoint Devisse se portait également sur les ponts, qui étaient « de deux modèles, supportés par du liège ou par des barriques ». Les premiers « étaient formés de grandes caisses en fil de fer grillagé remplies de morceaux de liège et rassemblées deux à deux formant piles ; des travées de pont étaient appliquées dessus et maintenues par des trésillons en filin. Il suffisait d'en lâcher deux pour les ouvrir ou les fermer. Pendant le jour, ces ponts restaient ouverts et appliqués aux berges : de cette façon les avions ennemis ne pouvaient les repérer. » De même, les ponts en barriques, construits de telle sorte qu'ils « pouvaient s'immerger à volonté : il suffisait de laisser emplir les barriques » au petit jour et, le soir, pour les faire émerger, de les vider avec une pompe à main.

Mais la grande préoccupation, c'étaient les tranchées elles-mêmes. Visitant les travaux du sous-secteur nord, auxquelles nos corvées nocturnes ne cessaient de s'employer, le commandant Mauros constatait, le 21 août, que, partout « notre système de défense est bien organisé », mais qu'en général « les boyaux sont insuffisants pour se protéger des vues et des coups

les 75 un arrosage général de leurs lignes, et cela n'a pas été sans pertes, car les brancards ont circulé par la suite. Mais la brèche est toujours là et grandit toujours ; il faut y remédier rapidement. Des bâtardeaux sont construits et mis en place. Cette opération délicate réussit parfaitement, mais elle a été coûteuse : près de 50 000 sacs ont été employés, sans compter l'énorme quantité de madriers et autres matériaux. »

de l'ennemi » là où le remblai des routes et des digues ne leur fait pas écran. Mais comment creuser des boyaux vraiment protecteurs dans cette tangue grisâtre où l'eau du sous-sol affleure dès les premiers coups de pioche? Du moins les tranchées elles-mêmes « ne laissent rien à désirer ». Pour se rendre compte de la protection qu'elles peuvent offrir, Luc Platt, une nuit d'octobre, s'est glissé sur le ventre près d'une sentinelle isolée en plein champ. On entend en face les « barbares » planter des piquets, transporter des madriers ou des barres de fer, mais nos hommes non plus ne restent pas inactifs (1). Au delà d'un ruisseau large et profond, la tranchée « dresse son glacis ». Pour aborder celui-ci, il faut donc que le Boche emporte d'abord le ruisseau. Ce ne sera pas facile, car « la profondeur de ses eaux cache un réseau de fils enroulés et le Boche qui tombera dans le ruisseau ne pourra remonter ni d'un côté ni de l'autre ». En outre nos parapets sont solides, fortement gabionnés, avec des banquettes de tir, des parados, des abris individuels creusés de place en place. Bref, c'est du beau travail.

(1) « Dans la nuit, ce ne sont que corvées silencieuses, que chantiers en plein travail... Et toute cette activité calme fait une étrange impression. Des détonations sonores partent des flingues boches, et la balle vient marquer son point sur la route dans une étincelle rouge, mais le travail patient continue. Ce sera ou un fortin ou un boyau de dégagement ou une tranchée de bombardement qui sortira mystérieusement de terre en huit nuits... » (Maurice Faivre, 10-11 juin.) — V. aussi Maurice Oury « ... Nous avons été creuser des tranchées de quatrième ligne sur les bords de l'Yser. Devant la ville, c'est une véritable forteresse. Une tranchée épaisse de 4 mètres, avec un canal devant et 40 mètres de fil de fer barbelé. » (15 juillet.)

Et voilà, de la bouche d'un témoin compétent (Luc Platt, dans le civil, était adjoint technique des services de la Ville de Paris), la meilleure des réponses aux observations un peu sottes des parlementaires de journaux qui, depuis quelque temps, se mêlent de faire la leçon à nos chefs et de vouloir leur apprendre comment on organise un secteur. Derrière ces tranchées, ces lignes d'eau, qui, en certains endroits, s'élargissent jusqu'à ressembler à des bras de mer, nos hommes, appuyés par une artillerie qui, après un moment de crise assez inquiétant, ne cessera plus de se renforcer, peuvent se croire, comme Luc Platt, à l'abri de toute surprise ennemie. Puis, s'ils restent eux-mêmes l'arbre au bras, le front autour d'eux est loin de somnoler. L'offensive d'Arras n'a pas donné tout ce qu'on en attendait ; mais une autre offensive, montée avec des moyens moins sommaires, est en préparation sur le front de Champagne. Elle se « démusellera » dit-on, en septembre, et, cette fois, ce sera peut-être la fin — ou le commencement de la fin.

Car, malgré tout, on n'ose plus se montrer trop optimiste. Cette guerre nous a causé déjà tant de déceptions ! Elle a démenti les prévisions de tant de chefs, à commencer par Joffre lui-même ! Quand un coup de téléphone, le soir du 20 mai, annonça aux tranchées l'entrée en scène de l'Italie, ce fut une joie sans pareille chez les officiers comme chez les hommes : on se serrait les mains, on s'embrassait. Mais le moins emballé n'était pas l'excellent commandant Delage qui, ce soir-là précisément, visitait les travaux du secteur.

— Eh bien ! La Fournière, vous avez vu : l'Italie déclare enfin la guerre ! C'est superbe ! 117 voix de majorité à la Chambre, un enthousiasme fou, les trains bondés de militaires chantant la *Marseillaise*. Épatant ! Épatant !...

Et les hommes répètent après leur colonel : « Épatant !... Guillaume va en rester comme deux sous de frites. » L'Italie avec nous, c'est la guerre gagnée : les Boches n'ont plus qu'à plier bagages et « à f... le camp de France, où il est notoire qu'on les a assez vus. » On exulte, on crie : « Vive l'Italie ! A la baïonnette ! Défoncez-les ! » Et la *Marseillaise* roule sur tout le front, de Nieuport aux Vosges, comme une grande vague prête à déferler. Les Boches, qui croient à une attaque brusquée (1), sautent sur leurs fusils et font jouer leur barrage. Pendant une demi-heure ils nous assourdissent à leur tour avec les calibres les plus divers. On met cette réaction assez vive sur le compte de l'ignorance ou du dépit. Quand le Boche saura, dit-on, tout changera. Mais le lendemain l'ennemi est à la même place ; le surlendemain encore et les jours suivants jusqu'au 6 juin, où l'on apprend que, sur le front oriental, il a emporté Pzremyl et que l'armée russe, le fameux « rouleau compresseur », fait machine en arrière sur toute la ligne.

Si quelque scepticisme finit par se glisser dans le

(1) « Hier soir, scène tordante : le téléphone a annoncé le vote belliqueux de l'Italie. Les marins se sont mis à hurler aux Boches, outre les invectives habituelles : « Vive l'Italie ! » tellement fort que les Boches ont cru à une attaque à la baïonnette et tout fut déclanché en un clin d'œil : tirs de mitrailleuses et de fusils, fusées éclairantes, tir de barrage de l'artillerie. Cette plaisanterie leur a valu une chaude alerte, probablement de l'émotion, car ils doivent savoir nous craindre et, en tout cas, quelques milliers de francs de fumée. » (Maurice Faivre, lettre du 21 mai.)

cœur de ces hommes, comment s'en étonner? Le
27 août, dans la tranchée, un capitaine lit à sa compagnie un communiqué du grand état-major et il ajoute
« qu'à la moindre secousse de notre part, les Boches
sont f... ». Les hommes sourient. « Si c'était vrai, dit
Maurice Oury, comme nous irions de bon cœur ! » C'est
que, pour des Français en général, mais surtout pour
des marins, il n'est pire supplice que l'immobilité. Dans
l'espoir que ce supplice n'aurait qu'un temps, ces
hommes ont appelé de tout leur cœur la fin de l'hiver.
Elle est venue, annoncée par d'étranges phosphores-
cences du sinistre Yser, des millions d'étincelles
bleuâtres qui dansaient, la nuit, comme des feux
follets, à la pointe de ses vagues et dans les remous de
ses écluses. Sont-ce les fées du Nord qui, en rasant ses
eaux, y secouent cette traîne de paillettes? Est-ce
l'effet des gaz accumulés en lui par tant de cadavres
qu'il retient prisonniers dans ses herbes ou qu'une
lente dérive, au flux et au reflux, promène à sa surface
en un perpétuel va-et-vient(1)? Le ciel de Flandre, si
lourd aux épaules, presque continuellement pluvieux
ou brumeux, s'est lavé ; les oyats ont commencé à
verdir sur la dune ; la mer est moins grise. C'est le printemps, ce printemps amollissant des poderlies, toujours un peu humide et qui porte à la langueur. Et,

(1) « Toutes les crêtes des rides formées par le vent sur la
surface de l'eau brillaient comme des vers luisants. » (Luc
Platt, au 4 avril.) « L'Yser est toujours phosphorescent. C'est
magnifique : les cascades des écluses éclairent dans la nuit noire.
Quand un obus tombe, le remous devient lumineux intensé-
ment et l'on rêverait de voir émerger le *Nautilus* de Jules
Verne avec tous ses fanaux. » (Maurice Faivre, au 5 avril.)
Item l'enseigne Poisson à la date du 9.

tout d'abord, on le salue comme un ami. Ses moindres
sourires sont un délice. Dans ces charniers effroyables,
au milieu du tonnerre de l'artillerie, un lilas oublié qui
bourgeonne, une pâquerette qui s'ouvre au bord d'un
cratère, des colzas qui se remettent à balancer leurs
petites fleurs blondes, tout étonne, tout ravit, comme
au sortir d'un naufrage, d'une nuit de la Création. Le
premier brin d'herbe qu'aperçut Noé au sortir de
l'arche ne dut pas lui causer plus de joie. Il semblait
que la nature fût morte, que la terre elle-même eût été
tuée, et la voilà qui renaît plus forte que la barbarie des
hommes. Le 16 mai, dans le jardin de sa maison, qui
est dans la Marketstraat (rue du Marché), Luc Platt
trouve un pied de muguet. « Les deux escortes se sont
jetées dessus en poussant des cris de sauvages comme
si c'étaient des pièces de 20 francs. Tout le monde
était heureux et il y en a eu un brin pour chacun. » —
« Le temps est doux et tiède, écrit encore Luc Platt le
1er juin, et nous quittons les caves pour aller aux tranchées ; le jour s'en va lentement et, sous un ciel qui
prend toutes les teintes des jolis crépuscules de printemps, nous marchons lentement, comme à pas comp-
tés. Notre route est délicieuse : c'est un joli petit sen-
tier tracé entre deux haies ; il y a de l'herbe, il y a des
fleurs. L'aubépine y répand ses effluves si agréablement
odorants et qui se mêlent à des odeurs de menthe, de
fleurs d'acacia. Un vrai chemin d'amoureux ! »

Premiers troubles d'une sensibilité qui s'ignorait ou
ne se connaissait plus et toute surprise de s'éveiller
à son tour au contact de cette nature convalescente !
Il n'en faut plus douter : la terre de Flandre n'est pas
seule à sortir de son engourdissement ; héroïque ou
résignée jusque-là, trempée par les eaux amères de la

défaite ou grisée des rudes vins de la gloire, aux environs de mai 1915 la brigade devient sentimentale — sans en devenir beaucoup plus « fashionable », bien qu'on ait créé à son intention deux piscines dans le voisinage de la Roseraie. « Une jolie Anglaise, raconte Maurice Faivre, miss Dorothée, vient tous les jours, avec sa voiture, chercher les blessés de chez nous. Elle a un « culot » inouï et fait de véritables acrobaties avec son auto, au milieu des trous de marmites. » On la signala le 14 mai « dans un jardin de la rue X... à Nieuport. Immédiatement départ de Jean Le Gouin (représenté en la circonstance par cinq types de ma compagnie) qui, sale comme un cochon, se mit à cueillir des lilas en cachette, puis vint m'extirper de ma cave en m'expliquant ce qu'il attendait de moi. J'écrivis sur une carte militaire au crayon : « *From French Tars, for you.* » Puis, comme des voleurs, les cinq marins allèrent poser sur le marchepied de l'auto abandonnée par miss Dorothée leur énorme gerbe de lilas, avec la carte dans les fleurs. Ensuite ils se sauvèrent et se dissimulèrent dans les ruines, pour voir ce qu'il allait advenir de leur présent. Miss Dorothée et son vieux mécanicien anglais sortirent du jardin avec des fleurs qu'ils placèrent par derrière dans la voiture. Puis le mécanicien alla tourner la manivelle et miss Dorothée s'arrêta net en voyant les lilas, lut la carte, la mit dans son grand waterprouf, et, la gerbe dans les bras, chercha du regard les *French Tars.* C'était une très jolie vision. Un vent d'enfer agitait son grand water-proof. Elle était debout au milieu des ruines. Enfin elle monta dans l'auto. Un petit nuage blanc en l'air et une détonation : c'est un shrapnell. L'auto démarre sous le bombardement commençant et nous revenons à nos caves. Kermarec et Le Gall étaient émus et rouges comme des pivoines. Et les shrapnells n'étaient pour rien dans leur émotion. »

Miss Dorothée, c'est lady Feilding. Elle est la fille d'un lord, d'un général qui commande là-bas, quelque part en Égypte. Elle n'est pas attachée officiellement à la brigade, mais elle l'a quasi adoptée ; elle suit nos marins depuis Gand ; elle a été avec eux à Dixmude, à Steenstraete, à Saint-Georges, à Nieuport. On ne voit qu'elle et son auto dans les heures graves ; on la vit même un jour, avec un grand personnage, dans les tranchées de première ligne, et l'aventure fit scandale en haut lieu, mais parut toute naturelle à la brigade qui l'avait nommée fusilier honoraire et dont elle portait depuis lors le ruban sur sa casquette. Ce n'était d'abord qu'un simple ruban de matelot sans spécialité : de grade en grade et après que l'amiral l'eut citée officiellement à l'ordre du jour de la brigade le 31 décembre 1914 (1) — pour ses étrennes — le ruban de matelot est devenu un ruban d'enseigne de vaisseau. Tous les carnets, d'officiers ou de simples fusiliers, parlent d'elle avec une admiration respectueuse et lui donnent communément dix-huit ans, tant elle paraît jeune. Et,

(1) « Le contre-amiral commandant la brigade des fusiliers marins cite à l'ordre du jour de la brigade : lady Dorothée Feilding, dame ambulancière de la Croix-Rouge anglaise, pour avoir assuré l'évacuation de très nombreux blessés de la brigade, à Gand d'abord, puis à Dixmude et jusque dans la ville même, en donnant à tous, presque journellement, le plus bel exemple de mépris du danger et du dévouement. Par le présent ordre, la brigade tout entière adresse à lady Feilding le témoignage de sa reconnaissance et de son admiration. — Oostleteren, le 31 décembre 1914. »

bien entendu, elle a sa légende qui fait rêver les Jean Gouin, lesquels se connaissent en bravoure et ne trouvent pas naturel qu'une jeune fille de cet âge, riche, titrée et jolie comme un cœur, fût-elle Anglaise, soit aussi brave qu'eux et fasse exprès de se trouver « toujours juste où il y a le plus de danger ». On dit que son fiancé a été tué à Ypres et qu'elle-même, depuis lors, ne tient pas à la vie. Roman sans doute que tout cela. Mais Jean Gouin, romanesque déjà par nature, l'est devenu un peu plus depuis que le printemps des Flandres met du « mauve » sur les dunes et du bleu dans son âme. Un confus besoin de tendresse le fait se pencher sur les êtres et les choses : il adopte les chats errants ; il a recueilli un pauvre âne abandonné, Isidore, qui va partout avec lui, « aux vivres, aux munitions, aux lettres, à l'eau », et même à la bataille pour recueillir les blessés. Lui et Rip, un chien colley, trouvé au commencement des opérations et qui « a fait toute la campagne », sont les deux mascottes de la brigade. On les choie, on les dorlote, on les pomponne pour les revues et les prises d'armes. Mais, de l'autre côté de l'Yser, les Boches ont aussi leurs bêtes familières, troubles et hypocrites comme eux, un chien noir entre autres qui, au brun de nuit, chaque soir ou presque, se faufile entre nos tranchées et disparaît à la nage vers la ligne ennemie. On a tiré plusieurs fois sur lui sans l'atteindre. Ses allures furtives de chien de contrebandier prêtent à tous les soupçons, tandis que Rip est si brave, si franc, si loyal, — « un amour ! »

Et puis l'inévitable se produit : ce printemps si tiède, plein de chuchotements, de sollicitations furtives, après l'avoir accueilli comme un ami, on lui en veut maintenant comme à un tentateur qui prend mal son moment pour essayer de séduire les gens. Le front est toujours aussi morne. Pas d'actions. C'est l'existence de bureau-tranchée, suivant l'amusante expression de Maurice Faivre. Et, avec la chaleur, voici des émanations pestilentielles qui commencent à monter de l'immense fosse bourbeuse où flottent tant de vieux morts. Par vent d'est, les bouffées roulent jusqu'à Oost-Dunkerque, à Coxyde ; elles vous poursuivent au fond des cantonnements. Et des oiseaux qu'on ne connaît pas, noirs comme des corbeaux, mais deux fois plus volumineux (1), s'abattent à la tombée du jour sur les cadavres. L'air s'emplit de bourdonnements : taons aux dards aigus, « grosses mouches vertes » formant de vrais nuages et « dont les piqûres sont très mauvaises » (Maurice Ourry). Il n'est pas jusqu'à la vermine qui ne s'en mêle, et les poux, les « goths », comme les appellent les marins, ont acquis une telle dimension dans les caves de Nieuport, qu'au dire du premier maître Monguérard « on pourrait leur coller un coup de fusil à chacun (2) ».

Aigrissement des tendresses comprimées, langueur énervante de l'atmosphère, avec son odeur de marécages et de charnier, pouillerie, spleen, malaria physique et morale, comment combattre tous ces maux qui s'abattent à la fois sur la brigade? Une seule trêve à ces fléaux : l'heure du courrier qui, pour un moment, sort l'homme de lui-même, l'arrache à son marasme grandissant. Les plus gais, les plus jeunes sont touchés : « Je ne sais pas pourquoi, ce soir, je me sens un peu triste », écrit Maurice Faivre le 3 juin. Et Luc

(1) Luc Platt.
(2) Lettre à M. Georges Julien.

Platt, le 21, dans une lettre à ses parents : « Je pense beaucoup à vous, ce soir, et j'y pense trop même, beaucoup trop ; je vous avouerai que j'ai vaguement le cafard. Il voyage, ce soir. Toute cette monotonie, cette régularité dans les relèves et ce calme du front vous font pencher vers les rêveries, les attentes. Si seulement il y avait du nouveau ! » Du nouveau ! On y aspire par tous les pores. Mais rien ne vient. Alors, chez les faibles, chez ceux qui n'ont pas le ressort d'un Monguérard, d'un Maurice Faivre ou d'un Luc Platt et qu'un vieux penchant héréditaire pousse à chercher l'oubli, la divine illusion au fond des verres, c'est le recours à l'alcool, vainement interdit par l'amiral et dont la vente clandestine se fait journellement dans les fermes voisines du front (1). Impossible de « fermer ces fermes » : la police locale n'est pas à nos ordres. Tout ce qu'on peut faire, c'est les consigner et placer des factionnaires à leur porte, mais, comme dit le lieutenant Poisson, qui est d'Église : *Quis custodiet ipsos custodes?* A bout de patience, l'amiral finit par retenir la paye des hommes qui ne toucheront plus que 2 francs par mois, le reste, transformé en « délègue », devant prendre la direction des familles. Mesure énergique, trop explicable par l'accroissement de

(1) « Le soir, comme je fais la ronde de surveillance dans le camp, constaté un cas de *delirium tremens* chez un petit matelot de l'active de ma compagnie. Il s'est absenté une heure pour aller boire dans une de ces maudites fermes que l'on n'arrive pas à faire fermer, peut-être parce qu'elles ne paient pas de patente. Quel alcool a-t-on donné à ce pauvre garçon, je ne sais. Mais il serait temps qu'on intervienne pour faire cesser ces ventes clandestines. Malheureusement nous sommes en terre belge, avec une police de gendarmes belges » (Poisson).

l'alcoolisme, mais qui, pour dix ivrognes incorrigibles par compagnie, avait l'inconvénient de frapper cent cinquante innocents.

— C'est bon, disent les mauvaises têtes quand on les commande de corvée, puisque c'est ainsi, nous allons faire pour quarante sous de travail !

Il faudra bientôt rapporter la mesure, reconnue inefficace d'ailleurs, les hommes se faisant renvoyer par leurs familles l'argent des « délègues » — avec un petit supplément. Conseils de guerre, mois de prison, rien n'y fait. A Nieuport, un jour, trois fusiliers de la 4e section, Vitourne, Hamel et Kervennec, demandent à entretenir en particulier l'enseigne Poisson et lui remettent un coffret contenant 2 650 francs d'argent et des bijoux. Le lieutenant s'étonne : pourquoi ne se sont-ils pas adressés au capitaine Béra plutôt qu'à lui? Un peu gênés, ils répondent :

— Parce que vous êtes le curé (1), tandis que, lui, il aurait pu nous gronder, vu que nous avons trouvé cela en cherchant s'il n'y avait pas du vin caché...

Comment garder rancune à de pareils hommes? Le fait est qu'on ne gagne rien à employer avec eux la manière forte. Il vaut mieux « les prendre par les sentiments », comme ce lieutenant, nouveau à la 5e du 2e bataillon (Jeannin? Lepoitevin?), dont le verbe, un peu marin, cache tant d'humanité, d'affection sincère pour ses hommes et qui, le 6 août, après la paye de la compagnie, leur tient ce langage :

— Il y a des andouilles qui vont rentrer saouls ce soir. Ceux-là ne sont pas mes amis et nous ne serons pas bien ensemble. Ils se disent : « J'm'en fous pas

(1) Nous rappelons que l'enseigne Poisson était jésuite.

mal ! » Mais ce n'est pas vrai : ils ne s'en foutent pas (*émotion*). A présent, s'il y en a qui veulent se saouler, qu'ils me préviennent, je les mettrai dans une petite cabane où ils pourront dormir sans faire de scandale (*rires*).

Résultat : « pas un type saoul. Et le fait est à souligner, dit Maurice Faivre, car, les soirs de paiement, c'était généralement des trente demandes de punition. »

Le même jeune quartier-maître ajoute : « Avec des officiers comme ça, on est paré pour faire la guerre. » Mais est-ce la guerre que cette stagnation perpétuelle, ce piétinement sur place qui peut durer indéfiniment et où des jours, des semaines passent quelquefois sans qu'il y ait « rien du tout, pas un coup de fusil, pas une alerte, rien ! » (Luc Platt). Par surcroît d'infortune, l'été sombre dans la boue. Quand on n'est pas de tranchée, il faut rester au cantonnement, où l'on s'ennuie à périr. Quelques prises d'armes par-ci, par-là, comme celle du 25 juillet, où l'amiral remit les cravates de commandeur au général Hély d'Oissel et au général Rouquerol ; des modifications dans la composition du groupement, comme la relève de la 81e division territoriale dirigée sur Béthune au moment de la grande offensive de Champagne et remplacée à Nieuport, le 31 août, par cette 87e division territoriale (général Joppé), mi-bretonne, mi-normande, surnommée l'*Immortelle* pour avoir été citée la première de toutes les divisions territoriales à l'ordre de l'armée, mais qui ne gardait plus de sa première formation que la 174e brigade (général Couillaud) à laquelle on adjoignit le 11e et le 6e territorial ; des coups heureux de notre artillerie lourde, comme ceux

du 19 et du 26 mai où nous mîmes le feu à des dépôts
de munitions boches qui sautaient avec un bruit formidable ; la continuation, plus méritoire que lucra-
tive, des opérations nocturnes sur le fortin de Plaschendaele, contre lequel on essaya successivement ou
en même temps et avec le même insuccès du canon,
de la sape, des nappes de pétrole enflammé, voire d'un
lance-chatte inédit pour l'arrachement des chevaux
de frise qui couvraient la position ; enfin, dans la vie
au cantonnement, les concerts du soir à l'hôtel Terlinck, les offices dominicaux, les descentes à terre de
6 à 8 et, quelquefois, des « bordées » moins ortho-
doxes jusqu'à la Panne et à Furnes, des chasses sans
permis dans la dune foisonnante de lièvres et de perdreaux (1), des pêches à la grenade ou au filet dans le
canal (2), des baignades en costume d'Adam sur la
plage, des visites de parlementaires en tournée ou d'anciens habitants de Nieuport autorisés par exception
à faire des recherches dans les ruines de leurs maisons (3) : c'est tout ce que la fortune concède pendant

(1) « Mon métier de pionnier demande que je circule sur les
lignes pendant le jour. Aussi j'en profite pour approvisionner
quelquefois les postes d'officiers. Il n'est pas rare que j'arrive
à tuer douze à quatorze lièvres dans une heure et des perdreaux
en masse. Le pays est très giboyeux. » (*Quinze mois de brigade*,
par l'officier des équipages DEVISSE.)

(2) « Les hommes barrent les ruisseaux qui bordent le canal
de Vulpen au moyen de filets trouvés à Nieuport. Puis, le ruisseau ainsi barré, une section entière se met à l'eau ; la moitié
marche dans chaque direction jusqu'aux filets. On relève :
c'est une pêche miraculeuse ; 60 ou 80 kilogrammes de poisson
à chaque fois, tanches, carpes, etc. » (DEVISSE, *ibid.*)

(3) L'abbé de Wulf, vicaire à Nieuport, cinq personnes

huit mois à ces hommes, ce sont les seuls menus incidents qui viennent broder d'un peu de fantaisie la trame grisâtre de leur vie. Déjà les ordres sont donnés pour la préparation d'une nouvelle campagne d'hiver. On est revenu des illusions du début, on entrevoit que la guerre sera longue et, pour faire prendre patience à ceux qui commencent à s'appeler les « poilus », le G. Q. G., au mois d'août, imagine d'établir un roulement de permissions. C'est la grande nouvelle du jour, le sujet de toutes les conversations. Et ce sera aussi, la permission passée, l'occasion d'un retour offensif de cafard particulièrement dangereux.

Le pis est que cette vie de factionnaires, sans gloire, presque sans mérite, tant elle finit par devenir machinale, est presque aussi coûteuse qu'une vie de combats. Continuellement, avec ou sans cause, il arrive à l'artillerie ennemie de se réveiller ; une fringale de bombardement l'empoigne, comme le 14 juin où elle nous démolit, à coups de 105 et de 150, notre poste de Rood-Poort nord — y ensevelissant quatre hommes, qui réussissent heureusement à se dégager — et une des tranchées de l'avancée de Saint-Georges, y tuant le second maître Guillo et blessant plusieurs hommes, dont il faut ligoter l'un, rendu fou furieux ; comme le 4 juillet surtout où elle nous « balance une dégelée d'obus de tous les calibres : 380, 210, 105, 77, 57 », culbutant un de nos observatoires de Nieuport et « rendant impraticable le pont du canal de Furnes »,

civiles et un militaire de l'armée belge les accompagnant sont autorisés à se rendre à Nieuport-Ville le 16 juillet pour y chercher du mobilier et des objets personnels. (V. sur ces visites Maurice Faivre ou Luc Platt.)

après quoi l'infanterie fait mine de sortir de ses tranchées, mais y rentre presque aussitôt, parce qu'elle sait qu' « avec les Jean Gouin et les zouaves il n'y a rien à faire » (Oury). Les « coquins » récidivent pourtant et, pendant plusieurs jours, on croit à une attaque. Le 14 juillet encore, à 4 heures du matin, après un assez long bombardement, l'observateur du poste de vigie téléphone au fortin du Boterdyck que les Boches sont « parés à sortir de leurs tranchées... Aussitôt tout le monde au poste de combat. Chacun avait empli son bonnet de cartouches ». Mais, pas plus cette fois que l'autre, l'ennemi ne sort de sa bauge. Il ne nous vient pas à l'idée que ces bombardements « sans rime ni raison » sont peut-être à deux fins, bien loin qu'ils n'en aient aucune, et que leurs auteurs se proposent moins encore de calmer nos fringales d'offensive, de se couvrir contre les retours périodiques de la *furia* française, que de gagner du temps pour achever l'organisation du vaste camp retranché dont ils sont en train d'envelopper la Belgique. Alors que nous répugnons aux entreprises de longueur, aux calculs à longue échéance, l'Allemand ici, et partout ailleurs sans doute, envisage une guerre de durée illimitée et pour laquelle il ne craint pas de faire tous les sacrifices. Comme il ne peut pas plier à ses volontés ce terrain des Flandres, bas, plat, sans masque, où l'eau affleure dès qu'on creuse le sol à plus de 30 centimètres, il s'adapte à lui, il l'épouse, il cherche dans la superstructure ce qu'il ne peut obtenir par l'approfondissement. Des semaines, des mois, des années passent. Il semble que rien n'ait changé devant nous. Mais, qu'il nous prenne quelque jour fantaisie, comme aux Anglais en juin 1917, de dépasser le champ du barbelé et de nous lancer contre la ligne boche, nous aurons la stupeur de nous heurter partout à un rempart inexpugnable et continu en bétons de ciment armé de 10 à 12 mètres d'épaisseur, dont les agglomérés ont été fabriqués sur place avec des graviers et du sable de Silésie transbordés par la Hollande et que desservent des voies ferrées et des chaussées de communication empierrées avec des cailloux du Rhin. La Grande-Dune elle-même, truquée, machinée, camouflée d'oyats artificiels, a été évidée, cuirassée de béton et recèle en ses profondeurs des pièces à longue portée montées sur des plates-formes mobiles qui se manœuvrent comme les plates-formes des tourelles de dreadnoughts. Et, pour compléter cette organisation formidable de première ligne, un câble en acier, actionnant des fougasses dissimulées de place en place et chargé lui-même à haute tension par les dynamos d'une usine électrique installée à Lombaertzyde, dans les caves de la Villa Scolaire, court tout le long du front depuis la mer jusqu'au canal d'évacuation.

Les avantages d'une organisation défensive de cette envergure et de cette solidité sont de plusieurs sortes : elle permet de réduire au strict minimum les effectifs de la garnison qui en a la charge et elle n'exige même pas de cette garnison des qualités de premier ordre. De fait, les cinq régiments de marins et les trois régiments de soldats d'infanterie de marine qui, avec quelques troupes de landwehr, assumaient la défense du front de Nieuport, dans l'été de 1915, sous la direction du vice-amiral von Schrœder, passaient pour fort médiocres, et l'un de leurs éléments même, le 2ᵉ d'infanterie de marine, surnommé le *hason-regiment* ou régiment des lièvres, en raison de la rapidité avec laquelle il détala devant nous en novembre 1914, avait dû être renvoyé à l'arrière où on l'affecta à des travaux de terrassement. Enfin la protection efficace qu'offraient aux hommes ces lignes ininterrompues d'abris bétonnés diminuait singulièrement les risques, qui restaient au contraire presque aussi grands chez nous qu'au premier jour avec nos simples abris en gabionnade et nos parapets en sacs de terre. Il s'en fallait encore sans doute, dans le second semestre de l'année 1915, que l'organisation de la ligne allemande fût complètement achevée. Nous savons pourtant, par les révélations d'un déserteur allemand, qu'à la date du 7 juillet tous les P. C. d'officiers étaient déjà blindés et à l'abri des bombardements. Ces officiers vivaient fort peu avec leurs hommes, tandis que les nôtres continuaient à fréquenter les tranchées. Aussi les cadres, chez nous, n'étaient-ils pas moins éprouvés que la troupe. Tant en tués qu'en blessés, nous perdions chaque jour, en moyenne, une trentaine d'hommes. Quelquefois le chiffre montait au double, quelquefois il tombait à deux ou trois, mais il était rare qu'il n'y eût point un officier ou un gradé parmi les victimes. Le 4 juin, l'enseigne Jacques Bonnet, le héros du Boterdyck, mourait à l'hôpital de Zuydscoote « des suites d'une blessure reçue dans un boyau où il installait une mitrailleuse ». Perte irréparable pour la brigade et que rendit plus sensible encore la succession de nos efforts infructueux sur le fortin de Plaschendaele. « Il est beau de mourir avec l'espérance. Nous les aurons ! » avait dit Bonnet en expirant. Le 3 juillet, l'officier des équipages Gaite était tué dans son gourbi par l'explosion d'un obus ; le 12 juillet, l'enseigne Opigez était mortellement blessé d'une balle à la tête

au moment où, après avoir pansé un de ses hommes, il
« se redressait derrière le parapet ». Le 25 juillet,
c'était le tour de l'enseigne Bernard, atteint d'un éclat
d'obus dans les tranchées de la Briqueterie ; le 12 septembre, celui du lieutenant de vaisseau Marc Legrand,
« blessé mortellement, alors que, d'une position à
moins de 100 mètres, il observait les tranchées ennemies » ; le 15 octobre, celui de l'enseigne Maillol, tué
aux avancées de Saint-Georges. Blessés plus ou moins
grièvement pendant la même période (du milieu de
mai au 1er novembre) : 29 mai, le lieutenant de vaisseau Labaunère, adjudant-major du 2e bataillon du
2e régiment ; 30 mai, le capitaine de frégate Petit ;
4 juin, le lieutenant de vaisseau Saint-Jean de Prunières, qui, frappé à la tête dans la tranchée, « étonna
par son magnifique courage » des hommes qui n'avaient
pas l'étonnement facile ; 7 juin, l'enseigne de vaisseau
Richy ; 3 juillet, l'enseigne de vaisseau Gérardin ;
25 juillet, l'officier des équipages Fichoux ; 14 septembre, le lieutenant de vaisseau Perlemoine (1) ;
24 septembre, l'officier des équipages Salaun ; 7 octobre, le lieutenant de vaisseau de Rodellec du Porzic,
les deux cuisses traversées et l'avant-bras droit emporté qui, en quittant sa tranchée le dernier, dit au
commandant : « Je ne vous demande qu'une chose :
c'est de me promettre que je reviendrai à ma compagnie (2) » ; 11 et 17 octobre, les enseignes de vais-

(1) Revenu au bataillon des fusiliers marins et tué à Hangard-en-Santerre.

(2) « Ces paroles étaient touchantes, dit le fusilier Maurice
Oury qui rapporte le propos. Tous ses hommes le regrettent,
car jamais nous n'avons eu un capitaine comme celui-là. »
Mais le vœu du capitaine de Rodellec fut exaucé et, revenu au

seau d'Hallewyn et Denoix, blessés tous les deux à
la Briqueterie. Parmi les gradés : le premier maître
Ballouard, la tête, le bras, le genou gauche et la cuisse
droite déchiquetés par un obus le 11 mai et qui, voyant
ses hommes se porter à son secours, « leur intime l'ordre
de rester dans l'abri où il les a fait mettre pendant le
bombardement » ; les maîtres Mingam, qui, atteint
d'un éclat d'obus le 13 septembre, « refuse de se laisser
transporter pour ne pas mettre en péril la vie d'autres
hommes » et, malgré la gravité de sa blessure, se rend
seul au poste de secours ; Cossic, qui, blessé le 23 septembre, demande à revenir au front aussitôt guéri ;
Charant, qui, blessé très grièvement le 9 octobre, continue « à maintenir ses hommes dans un poste avancé
sous un bombardement des plus violents » et est
« atteint d'une deuxième blessure » ; le second maître
Doucet, qui, blessé le même jour, dans le même poste,
ne veut être évacué qu'après les autres blessés et dit
en partant à son capitaine : « Je suis content, c'est
pour la France ; » le quartier-maître Maurice Faivre,
le plus aimable, le plus allant, le mieux doué de ces
jeunes volontaires, dont la brigade contenait quelques
spécimens et qui, ses études de droit terminées, préparant le commissariat de marine, avait repris à la
mobilisation le col bleu dont il était si fier et qu'il
portait si crânement. Le 13 octobre au matin, dans une
des rues de Nieuport, un éclat d'obus le frappait à
la tempe au moment où il rentrait des tranchées. Il
mourut sur le coup, pareil, dit un de ses biographes, à

bataillon des fusiliers dans l'armée Mangin, il a eu l'honneur
de commander jusqu'à la victoire finale une des compagnies
de cette troupe d'élite.

cette fleur de cerisier sauvage dont les guerriers japonais ont fait leur symbole et qui étoile en tombant la poussière à laquelle elle va retourner (1).

Cependant le malfaisant cerveau de l'ennemi a enfanté un nouveau monstre, une torpille dont les effets meurtriers « passent tout ce qui s'est vu jusquelà ». Calibre, poids, nature et dose de la charge, tout en est anormal. Une de ces torpilles, le 25 octobre, tombe dans la tranchée sans éclater, broyant de sa masse le second maître de manœuvre Ludovic Le Chevalier (2). Luc Platt en fait le croquis qu'il envoie à ses parents : « Voyez, leur dit-il, quelle grandeur par rapport aux sacs de terre ! C'est un genre d'obus de 240 millimètres de diamètre, d'un mètre dix de long, pesant 105 kilogrammes, » lancé des deuxièmes lignes par des *minnenwerfer* « à recul » et qui monte « très rapidement, très droit, sous un angle d'au moins 60 à 90 degrés ». Parvenue au point culminant de sa parabole, la torpille redescend en chute libre ; les 80 kilogrammes de lyddite dont elle est chargée éclatent en touchant le sol et la déflagration est telle que l'on sent le courant d'air à 200 mètres. « On voit, vous entendez, *on voit* l'air se déplacer. Des rais de feu, d'au moins 30 à 40 mètres de long, partent du centre d'explosion,

(1) Maurice Faivre était l'arrière-petit-fils du général Leydet, le petit-fils du général Faivre, le neveu du colonel Wilfrid Faivre.

(2) Blessé déjà le 19 octobre 1914, Ludovic Le Chevalier, jeune homme d'une bravoure simple et raisonnée, qui avait le pressentiment de sa fin, faisait son devoir sans phrase en toute circonstance. C'est ainsi qu'on l'avait vu, malgré sa blessure, aidant un homme de la 4ᵉ compagnie, qui ne pouvait se mouvoir seul, à gagner la plus proche ambulance.

pendant qu'un panache de fumée noire s'élève à vingt mètres de haut. C'est fou ! »

Par bonheur, sur ces masses énormes, le vent a beaucoup de prise et leur course est assez lente pour qu'on puisse la suivre à l'œil nu. Quoi qu'il en soit, nanti d'un nombre suffisant de ces formidables engins, dont il avait fait des essais restreints au cours des semaines précédentes, l'ennemi décida de procéder à une expérience « en grand » dans le secteur de la Geleide où, par hasard, pendant un regroupement du front, la brigade avait été appelée à remplacer « pour vingt-quatre heures » une troupe voisine dont on faisait la relève. L'expérience réussissant, il se flattait de déclancher une attaque facile et de pouvoir occuper, l'arme à la bretelle, nos tranchées désorganisées et muettes. Et peu s'en fallut, en effet, que les choses ne se passassent comme il l'avait rêvé.

IX

LE TORPILLAGE DU MAMELON-VERT

L'ennemi, toujours au courant par ses espions des moindres modifications de notre ligne, savait-il que les fusiliers marins avaient remplacé provisoirement le 8ᵉ tirailleurs dans le secteur de la Geleide (1)? Nous-mêmes, en tout cas, croyant qu'il ne s'agissait que d' « une toute petite corvée » supplémentaire (2), nous

(1) Le Geleide est un ruisseau venant du nord-est et longeant Lombaertzyde, qui se jette dans l'Yser au-dessus de l'huîtrière, à peu près en face de l'extrémité de l'îlot où était bâti l'ancien phare. — A la date du 27 août, le général Joffre avait décidé que le 5ᵉ régiment de marche des tirailleurs serait dénommé 8ᵉ régiment de marche des tirailleurs. Le 4ᵉ zouaves, reconstitué normalement à quatre bataillons sous le commandement du lieutenant-colonel Richard, fut affecté, par décision du 30 août 1915 du général Rouquerol, au sous-secteur de gauche du secteur des Dunes, entre la mer et la Geleide; le 8ᵉ tirailleurs, reconstitué normalement, au sous-secteur de droite entre la Geleide et la route de Lombaertzyde incluse. Le 8ᵉ régiment de tirailleurs, dont nous allions prendre la place, était à trois bataillons et il était commandé depuis le 27 août par le colonel Bourgeois. Les deux régiments formaient brigade sous le commandement du colonel Ancel.

(2) « Au lieu d'aller au cantonnement, notre compagnie, par mesure exceptionnelle, était appelée à faire un rempla-

ne nous attendions pas à l'ampleur de l'orage qui allait fondre sur nous.

C'étaient la 8e compagnie (capitaine Derrien) du 2e régiment, les 9e (capitaine Béra) et 11e (capitaine de La Fournière) compagnies du 1er régiment qui avaient été désignées pour occuper les tranchées des dunes, la 3e compagnie (capitaine Geslin) du 2e régiment demeurant en réserve avec deux compagnies de territoriaux qui devaient chacune détacher une section en deuxième ligne. Le hasard renvoyait encore dans ce secteur, voisin de celui qu'il occupait lors de l'attaque de la Grande-Dune, le capitaine de frégate Bertrand chargé du commandement du groupe et dont le P. C. était au redan. Les compagnies avaient pris la relève à la nuit, le 31 octobre. Il pleuvait. Il pleuvait d'ailleurs depuis dix jours, depuis « toujours », dira un gradé, encore sous l'impression de ce climat humide et de cet automne particulièrement pluvieux. Mais on était dans le sable. On retrouvait l'impression de « confort » qu'avaient goûtée si vivement les compagnies du bataillon Bertrand quand, à la fin de janvier, elles étaient montées dans ce secteur en soutien des tirailleurs tunisiens. « Pas de boue » et, malgré la proximité des Boches, qui sont, sur certains points de la ligne, à 30 mètres de nous, une nuit extraordinairement calme, sans canon, sans mousqueterie, à peine dérangée, çà et là, par le sifflement doux et le brusque coup de lumière d'une fusée. On ne s'endort pas cependant. Les hommes prennent le quart à tour de rôle et, montés sur la banquette de tir, fouillent attentivement les ténèbres. On

cement dans le secteur voisin. Vingt-quatre heures seulement, ça sera une toute petite corvée. » (Note de l'enseigne B...)

UNE RELÈVE DE MARINS DANS LES DUNES

est là comme sur le pont d'un navire, et la mer, toute proche, dont le ronflement emplit la nuit, ajoute encore à l'illusion. A la 9e compagnie, qui tient le segment central (1), l'enseigne Dordezon et l'enseigne Bécam se sont entendus pour partager la corvée : Bécam « fera toute la nuit », Dordezon « fera tout le jour ». A 8 heures du matin en effet, Dordezon vient remplacer son collègue. Lui, si allant, si brave, « toujours le mot pour rire dans les circonstances les plus critiques », il est pâle, nerveux, il a du « vague à l'âme ».

— Et alors, mon vieux Dordezon, ça ne va pas? lui demande l'enseigne Bécam.

— Ma foi, non. Je ne sais pas à quoi ça tient, mais je ne suis pas dans mon assiette.

L'enseigne Bécam devait se rappeler quelques heures plus tard ce bout de dialogue auquel il ne fit point attention sur l'instant. Rien — si ce n'est la gravité inhérente à cette date du 1er novembre, qui nous incline aux réflexions mélancoliques — ne pouvait expliquer l'espèce d'indisposition morale de l'enseigne Dordezon. Mais, sur le front, tous les jours ne sont-ils pas des Toussaint? Les Boches avaient suspendu leur pyrotechnie nocturne. Il pleuvait encore, mais doucement, et il n'y avait plus, à remplir le silence, avec le grondement de la mer, que le grésillement de cette petite pluie fine et implacable sur le sable des dunes. L'arrière était aussi calme que l'avant. Derrière, c'était la plaine, toute grise, ouatée de brume ; devant, dans les monti-

(1) Les trois compagnies en ligne étaient ainsi disposées : la compagnie La Fournière au Mamelon-Vert proprement dit, jouxtant la Gelcide ; la compagnie Béra au centre ; la compagnie Derrien tirant vers la route de Nieuport à Lombaertzyde.

cules de sable, sous une lumière de limbe, c'étaient les tranchées allemandes : des sacs empilés les uns sur les autres, avec quelques fils de fer et des chevaux de frise « comme jetés au hasard ». Dans ce sable croulant, les ouvrages ont « un aspect délabré qui n'est qu'illusoire ». La vérité, qu'on saura plus tard, c'est qu'ils ne sont qu'un trompe-l'œil : les véritables défenses, en ciment armé, s'organisent sous leur rideau. Vers 9 heures la pluie cesse ; de petites brèches d'azur s'ouvrent dans le plafond des nuées. Toujours le même calme. « Pas un coup de fusil ». Le front est si tranquille que les capitaines des trois compagnies n'hésitent pas à donner campos aux permissionnaires dont le tour de roulement est arrivé et qui s'en vont sans incident par les boyaux. La chose réglée, l'enseigne Bécam, avant de se coucher, passe serrer la main au capitaine Béra. On bavarde quelque temps en grillant des cigarettes, puis l'enseigne prend congé, gagne son gîte, mais il s'est à peine enroulé dans ses couvertures qu'une formidable commotion l'en arrache. Nul doute, c'est une torpille. Il va voir : elle était tombée à une vingtaine de mètres. L'officier mitrailleur des zouaves, qui occupait un gourbi voisin, s'était également réveillé au bruit.

— Vous savez, dit-il à l'enseigne Bécam, maintenant c'est fichu : *ils* vont en envoyer une tous les quarts d'heure pour nous embêter.

« L'agrément du Boche, pensa l'enseigne, c'est qu'avec lui on n'a jamais de surprise. » Tous les quarts d'heure, en effet, une torpille tombait, tantôt sur la tranchée, tantôt sur les boyaux de communication de la deuxième à la troisième ligne. Peu après ce fut le tour des 125. Vers midi cependant, le calme parut se rétablir. L'ennemi lançait bien encore de temps à autre une torpille, un 125, qui éclatait à l'arrière, dans la plaine grise, avec un bruit « vaseux ». Mais c'était toujours sur la deuxième et la troisième ligne qu'il tirait, semblant rechercher de préférence les gourbis et les boyaux de communication. Un côté du gourbi de l'enseigne Bécam s'effondre ainsi sous l'effet d'une explosion voisine. Le capitaine Béra, dont le gourbi est intact, invite son lieutenant à l'y rejoindre. Justement il vient de recevoir les journaux et l'on va « pouvoir se distraire un peu ». Pas longtemps. Vers 3 heures un quart, quatre shrapnells « tombent en salve au-dessus de la deuxième ligne » du secteur. C'est le signal du déluge, qui s'abat partout à la fois, sur Nieuport, où le capitaine des pionniers Devisse, en se rendant à l'Yser pour examiner un radeau transbordeur, est renversé par un 155 qui lui fauche les deux jambes, sur les Cinq-Ponts, sur les chaussées, sur les boyaux, sur les deuxième et troisième lignes et dans les tranchées de la première. Fusants, percutants de 77, de 105, de 125, de 155 pleuvent « par dizaines ». Rapidement, le fusil approvisionné au poing, les hommes se portent sur les banquettes de tir. Presque tout de suite l'enseigne Frot est blessé d'un éclat d'obus qui lui tranche tout le côté droit de la gorge. Un flot de sang jaillit. Mais la trachée artère n'est pas coupée et l'héroïque enseigne, qui n'a voulu que personne l'accompagnât, part seul au poste de secours en criant : « Vive la France ! Les gars, courage ! (1). » Ce n'est pourtant là que le début de la « danse ». On s'entend encore, on voit clair devant soi. Tout va sombrer, quand les tor-

(1) Luc Platt.

pilles entreront dans le « rigodon ». L'air n'est plus qu'un immense roulement : les cages des boyaux sautent ; des éclats passent en sifflant. Le capitaine Béra et l'enseigne Bécam, plongés jusque-là dans leur lecture, commencent à prêter attention.

— Je crois que ça va barder, dit Béra.

— Peuh ! une demi-heure au plus. Attendons, répond· Bécam.

Et voilà qu'au dehors retentit le cri d'alerte, qui signale une attaque. Les deux officiers bondissent du gourbi.

— La 1re section en première ligne ! crie l'enseigne à ses hommes.

En chemin il apprend que les deux mitrailleuses sont ensevelies et 15 mètres de tranchées « mises à plat » sur le front de la 9e compagnie. Tous les mitrailleurs sont tués et le feu redouble d'intensité, les torpilles alternant avec les 77 et les 155, puis tous les calibres s'en mêlant. On ne s'entend plus et la fumée est si épaisse qu'elle enveloppe tout. Les hommes sont « perdus dans les nuages de poudre ». Ils ne savent plus sur quoi ils tirent, mais ils tirent « sans relâche » ; même blessés, — tels les matelots sans spécialité Boivin et Costa (1), — ils n'abandonnent pas les créneaux et continuent de tirer, n'arrêtant leur feu que quand un gradé ou un officier hurle à côté d'eux : « Torpille à gauche, torpille à droite ! Torpille droit devant ! Atten-

(1) Cités tous les deux à l'ordre de l'armée : Eugène Boivin, « blessé sérieusement au cours d'un bombardement, a ramassé son fusil et s'est reporté au parapet pour recevoir l'ennemi » ; Pascal Costa, « très belle attitude au feu. Blessé, est resté à son poste où il a été tué peu après ».

tion aux deux qui viennent ensemble ! » Et quand le monstrueux engin a éclaté : « Au parapet ! Veillez et tirez ! Feu à répétition ! » L'officier des équipages Fichoux se prodigue ainsi au Mamelon-Vert et l'enseigne Dordezon à la 9ᵉ compagnie, jusqu'au moment où un éclat d'obus atteint ce dernier de plein front et lui enlève une partie du crâne. Il s'écroule, on le croit mort et on tend son revolver « plein de sang » à l'enseigne Bécam, accouru nu-tête et sans armes. Les dernières paroles du moribond reviennent alors à la mémoire de son collègue : ainsi le pressentiment de l'enseigne Dordezon ne l'a pas trompé et, dans l'aube grise de cette journée tragique, il avait eu l'obscure intuition de la fin qui l'attendait.

Cette mort supposée de leur lieutenant et la violence du bombardement ont quelque peu troublé les hommes, chez lesquels l'enseigne Bécam croit remarquer un flottement. Heureusement la fumée qui couvre tout a empêché les Boches de voir les dégâts qu'ils ont faits dans le front de la 9ᵉ compagnie ; ils continuent à bombarder « comme des fous » et n'attaquent pas. Bécam a le temps de faire venir de nouvelles mitrailleuses, et la brèche du parapet est réparée vaille que vaille. Pour rassurer complètement ses hommes, à un moment où le ralentissement du feu permet de croire à une attaque prochaine, il saute sur le parapet et crie aux Boches :

— Venez-y donc, tas de salauds !...

Vieux geste renouvelé de celui du commandant Varney, l'Achille des fusiliers, aux premières attaques de Melle, et qui conserve toute sa puissance de suggestion sur les hommes ! Jean Gouin rit et serre son fusil avec décision ; les Boches peuvent venir, ils seront bien reçus. Mais l'ennemi s'est ravisé ou plutôt, retournant contre nous la ruse qui nous avait si bien servi à la Grande-Dune et à l'Union, il feint d'arrêter son feu, après une demi-heure de bombardement, pour nous engager à regarnir nos tranchées. On croit la « bamboula » terminée. On respire, on se compte. C'est un simple entr'acte. Au bout de dix minutes, les Boches « hissent un pavillon rouge », et le bombardement des premières lignes reprend, plus violent que jamais, car, le bombardement de l'arrière, où l'un de nos dépôts de munitions avait sauté « dans le segment α (1) », ne s'était pas arrêté un seul instant : les routes, la plaine étaient bouleversées ; les obus avaient éventré un cimetière de tirailleurs, dont nos hommes, le soir, devront enjamber les cadavres « étalés parmi les décombres sous la pluie battante ». C'était l'habituel tir de barrage, conçu à la façon d'un isolant, « pour empêcher les renforts d'arriver ». Devant cette extravagante consommation de projectiles (plus de 4 000 obus en une demiheure) et bien que les communications téléphoniques eussent été coupées dès le début du bombardement (2), tout notre front avait été alerté jusqu'à Coxyde. En même temps l'artillerie du secteur (batterie 2 *bis*, « qui semble tirer bien lentement », la Rageuse, — nom d'une

(1) « Un dépôt de munitions saute dans le segment α. Envoyé des munitions de rechange. Les dégâts matériels sont considérables : la tranchée de première ligne est démolie sur une assez grande longueur en plusieurs endroits. » (**Journal du commandant Bertrand.**)

(2) « Les communications téléphoniques ont été coupées au début. Le capitaine Ferrat se rend en première ligne et organise l'arrivée des réserves. Grâce au dévouement des téléphonistes tirailleurs, la communication téléphonique peut être rétablie. » (*Idem.*)

batterie «qui prend en enfilade les tranchées ennemies »
— et les 58 des tranchées) se déclanchait à la demande
du commandant Bertrand qui chargeait d'autre part
le capitaine Ferrat d'organiser en première ligne « l'arrivée des réserves ». Mais les boyaux étaient «obstrués» :
une corvée de territoriaux, expédiée d'urgence, réussit tout au moins à dégager le boyau central par lequel
la 3ᵉ compagnie en réserve put se porter en soutien des
8ᵉ, 9ᵉ et 11ᵉ compagnies.

Les pertes étaient déjà grandes dans ces compagnies.
Plus de blessés heureusement que de tués et, parmi les
premiers, le capitaine Béra atteint à l'épaule (1). Elles
n'étaient rien cependant à côté des pertes qu'allait nous
faire subir le nouveau bombardement et dont la plus
sensible fut celle de l'enseigne Le Hécho, anéanti en
première ligne avec cinq hommes de sa section dans la
tranchée qu'occupait la 8ᵉ compagnie à gauche de la
route de Lombaertzyde (2). C'est que, cette fois, les torpilles tombaient par quatre et cinq en même temps. Il
devenait impossible de les repérer, au point qu'on dut

(1) Motif de sa citation à l'ordre de l'armée du 25 novembre
1915 : « Lieutenant de vaisseau Béra (Louis), du 1ᵉʳ régiment,
officier d'une bravoure à toute épreuve, s'est déjà distingué
dans tous les engagements auxquels sa compagnie a pris part
depuis le 25 octobre 1914. Blessé au cours d'un violent bombardement le 1ᵉʳ novembre, a tenu vaillamment son poste jusqu'au bout, ne consentant à se laisser panser qu'après la relève
de sa compagnie. »

(2) Motif de l'enseigne de vaisseau de première classe Le
Hécho (Joachim) : « Officier plein de sang-froid et de courage,
venu à la brigade comme volontaire, a été tué à son poste de
combat en tranchées de première ligne au cours d'un violent
bombardement le 1ᵉʳ novembre 1915. »

crier un moment : « Torpilles partout ! Sauve qui peut ! »
Les tranchées n'étaient plus qu'un volcan. Les hommes
ne se voyaient même plus au milieu de la fumée ; les
éclats volaient de tous côtés et retombaient « en pluie »
sur les casques bosselés, troués comme des écumoires ;
un cadavre boche, devant la tranchée de la compagnie
La Fournière, « fut projeté sur nos fils de fer et se cassa
en deux ». On était « abruti », dira Luc Platt ; on « ne
se garait plus », on tirait machinalement, par une sorte
de réflexe, sans voir, sans viser, une seule pensée plantée
dans la tête de ces hommes, dominant tout : empêcher
les Boches de « sortir ».

« Ils ne sont pas sortis, écrira triomphalement Luc
Platt. A 4 h. 15, le dernier obus tombait », la dernière
torpille battait son entrechat et tout rentrait soudain
« dans le calme ». Après quelques minutes d'attente, les hommes remisèrent les grenades dont ils
s'étaient approvisionnés en prévision de l'attaque. Le
jour, — un vrai jour de Vigile des Trépassés, — som-
brait dans un crépuscule blafard, noyé de brume. Nos
pertes étaient d'une quarantaine d'hommes mis hors
de combats, tués ou blessés (1). Toute la nuit, des lignes
boches, s'élevèrent des fusées, comme si l'ennemi, qui
n'avait pas osé se porter à l'attaque, eût craint de nous
voir prendre l'offensive à sa place. Mais la « corvée » des
fusiliers touchait à sa fin. A 8 heures du soir, les tirailleurs tunisiens prenaient la relève, et les quatre compagnies de marins, sous une pluie ruisselante, filaient

______

(1) 80, d'après certains carnets ; 35, dont un territorial,
d'après le commandant Bertrand ; 8 tués et 25 blessés, d'après
le commandant Louis ; 8 morts et 51 blessés, d'après le commandant Mauros.

par Nieuport et le Bois-Triangulaire vers leurs cantonnements respectifs. A Klein et Groot-Labeur, ils avaient du moins la surprise de trouver les fermes « complètement transformées » : lits de camp « en bois et paille », comme à Gallimard, tables, bancs, avec un bon « jus » servi chaud, qui fut prestement « englouti ». L'alarme était passée. On n'évoquait plus le péril que pour en rire. La scie du jour était : « Torpille à droite ! Torpille à gauche ! Torpille partout ! Sauve qui peut ! » On rappelait l'attitude comique ou affolée de tel ou tel : c'est Frouin, de la 2e escouade, au cri de : « Torpille droit devant, sauvez-vous ! » dégringolant de son poste d'observation et s'étalant avec la caisse de grenades ; c'est un autre de ses camarades « jouant à cache-cache » avec les « barils de choucroute » derrière le pare-éclats ; un troisième renversé sur le dos et ramant des bras et des jambes « d'une façon impayable sous le courant d'air d'une torpille » ; un quatrième enfin allant « s'aplatir » comme une crêpe, avec le capitaine, « contre la soute aux munitions ».

Mais, si l'on riait en ce moment, il n'en avait pas été de même pendant la danse, où l'énervement, la colère des hommes crispaient âprement leurs mâchoires qui ne se détendaient que pour lâcher à l'adresse des Boches quelque épithète zoologique : « Vaches ! Cochons ! Chameaux ! » Certains de ces hommes étaient pourtant de vieux brisquards ; ils croyaient tout connaître de la guerre, en avoir épuisé toutes les horreurs : « J'ai vu un bombardement violent le 10 novembre, écrira le lendemain Luc Platt, un sérieux le 9 mai, j'en ai vu un terrible hier : il n'a duré qu'une heure, mais tous nous avions fait le sacrifice suprême, nous avions dit : « c'est fini ! »

LA DISLOCATION DE LA BRIGADE

Fini !... Le mot, ici, pouvait être pris dans les deux sens. Les dernières heures de la brigade étaient venues. L'amiral Lacaze avait remplacé au ministère de la Marine M. Augagneur ; il est rare qu'un ministre accepte autrement que sous bénéfice d'inventaire l'héritage de son prédécesseur et n'en répudie pas au moins quelque clause. A quoi répondraient sans cela les changements de cabinet ? La guerre maritime, jusque-là guerre d'escadre, prenait une tournure inattendue avec l'entrée en scène des submersibles allemands. Pour lutter efficacement contre cette « poussière sous-marine », il allait falloir faire appel à la « poussière navale » de surface, torpilleurs, canonnières, chalutiers, vedettes, etc., dont le nouveau programme ministériel prévoyait la mise en chantier ou l'acquisition immédiate en pays neutres et, tant pour les états-majors que pour le personnel subalterne de ces petites unités, la Marine qui, au début des hostilités, débordée par l'afflux des inscrits, en était réduite à leur chercher des emplois dans les formations territoriales, n'aurait pas trop de tous ses effectifs disponibles et devrait même récupérer une partie de ceux qu'elle avait prêtés à la Guerre.

Telle fut, du moins, la raison alléguée par l'amiral Lacaze devant la commission parlementaire de la Marine pour expliquer une mesure qui causa d'abord quelque « stupeur (1) ». Il y en eut d'autres sans doute : l'épuisement de la brigade, pour laquelle son commandant n'avait jamais pu obtenir le mois complet de détente dont elle avait besoin, l'inaptitude d'une race de mouvement et d'essor à la vie de factionnaire qui lui était imposée depuis que le front s'était définitivement cristallisé, peut-être aussi, — mais cette impression, personnelle à quelques vétérans de Melle et de Dixmude, trop portés au regret du passé, était loin d'être partagée par tous, — un certain fléchissement de la « capacité offensive » des fusiliers dû à la médiocrité croissante du recrutement. « La brigade est toujours la brigade, écrivait un officier du premier « jeu », comme le couteau de Janot, dont on changeait alternativement le manche et la lame, restait toujours un couteau, — et ce n'est plus tout de même la brigade. Les meilleurs outils finissent par s'user. Le nôtre est déjà vieux et, pour le rafistoler proprement, il faudrait d'autres lascars que ceux qu'on nous envoie depuis quelque temps... Je vous le dis à l'oreille : trop de raisonneurs, de geignards, trop de « forcez pas ! », comme on appelle par ici ces marins ménagers de leurs précieuses personnes et qui trouvent toujours qu'ils en ont fait assez. » Certains incidents sans gravité assurément, — si l'on n'avait pu craindre qu'ils ne devinssent l'amorce de fraternisations plus complètes, — tels que les échanges de journaux et de tabac, les conversations de tranchée à tranchée, des pactes clandestins

(1) Expression de M. Le Bail, membre de cette commission.

pour établir une trêve momentanée ou un régime de veille moins rigoureux (1), seraient de nature à justifier ce pessimisme. Mais ces incidents, fort rares d'ailleurs et sévèrement réprimés, n'étaient point particuliers à la brigade. Ils ne l'étaient même point à la présente guerre. Tacite rapporte qu'au temps d'Arminius des guerriers germains, la nuit, poussaient leurs chevaux jusqu'au pied des retranchements et promettaient, au nom de leur chef, à tout déserteur une femme, des terres et cent sesterces par jour. Aucun légionnaire ne se laissait prendre à ces offres insidieuses qui, sous une forme à peine modifiée et à dix-huit siècles de distance, ne trouvaient pas chez nos marins une oreille plus complaisante. L'esprit de la brigade demeurait. Il survivait à toutes les tranformations, et les quatre compagnies, qui venaient d'essuyer sans rompre pied, au Mamelon-Vert, le plus terrible torpillage de la campagne, montraient assez que leur capacité de résistance tout au moins n'avait subi aucun fléchissement.

Le 4 novembre, l'amiral traitait à sa table quelques artilleurs de marque dont le colonel Raguin, commandant le 32e d'artillerie, et le chef d'escadron Quinton, commandant le groupe du 118e d'artillerie lourde. Au dessert, coup de téléphone du général Hély d'Oissel : de source officieuse, le général commandant le 36e C. A.

(1) « Il arrive que, dans des postes avancés, des fusiliers engagent la conversation avec des marins allemands qui leur passent des journaux, du tabac. Des Boches que nous avions devant nous se mirent un jour en fureur parce qu'on les avait arrosés avec des 75, alors qu'ils tiraient seulement sur nous avec leurs fusils. Ils hissèrent un écriteau pour nous dire que ce n'était pas de jeu et nous reprocher notre déloyauté. » (Ludovic Le Chevalier.)

annonçait au commandant de la brigade de fusiliers marins qu'il était promu vice-amiral, — et la nouvelle était presque tout de suite confirmée ; officiellement il lui mandait que le nouveau ministre de la Marine, qui avait pris pour chef de cabinet le capitaine de vaisseau Schwerer, promu lui-même contre-amiral, l'attendait à Paris dans les quarante-huit heures. L'amiral Ronarc'h passa ses pouvoirs au « colonel » Paillet (1), rédigea dans la nuit un ordre du jour simple et grave — où il remerciait en quelques mots les troupes qu'il avait eues pendant quinze mois sous son commandement — et partit pour Paris le lendemain.

La brigade ne se méprit pas à ce départ. Elle y vit le signe de sa dislocation prochaine et n'en fut pas autrement affectée. Quelques vieux gradés sentimentaux, comme le premier maître Monguérard, s'attendrissaient seuls à la pensée de quitter pour toujours ce grand pays insipide, plus semblable à un théorème agraire qu'à une campagne naturelle et qui, entre ses routes droites et ses digues rectilignes, retournait à la sauvagerie primitive et au marécage sans perdre son aspect linéaire. Le commun des hommes, las d'une stagnation dont personne ne voyait plus la fin, avides d'un changement, quel qu'il fût, ne montraient d'impatience qu'au sujet de la date fixée pour la dislocation : « Il y a assez longtemps que la brigade monte le quart sur l'Yser, écrit le 13 novembre le fusilier Guillou. Il paraît qu'on nous relève, mais quand? » — « Nous attendons toujours le départ, écrit de son côté Luc

---

(1) Le « colonel » Paillet fut lui-même, pendant cette carence du commandement supérieur, remplacé à Nieuport par le commandant Mauros.

Platt. On s'agite, on parle, on discute, mais on ne sait rien. » On le saura bientôt et, en attendant, les rumeurs les plus invraisemblables circulent dans les tranchées : le gouvernement prépare de grandes fêtes à Paris pour recevoir la brigade ; une permission exceptionnelle d'un mois sera « octroyée » par le général Joffre à tous les fusiliers, qui toucheront en outre la double paie, etc.

Dans l'évocation de ces paradis illusoires, le retour du 10 novembre, premier « anniversaire de Dixmude », passa presque inaperçu, sauf des rares survivants de cette journée tragique qui assistèrent aux services commémoratifs célébrés dans l'église de Coxyde par le vicaire de la localité et dans la chapelle souterraine de Nieuport par l'abbé Andrieux, aumônier du 2e régiment (1). Le canon, pendant la cérémonie, tonnait sinistrement du côté de la Geleide, puis sur Nieuport et les Cinq-Ponts, au point que l'alerte fut donnée et qu'on crut que les Boches voulaient célébrer aussi à leur manière l'anniversaire de leur coûteuse victoire. Ils recommençaient le lendemain de bonne heure, avec leur gros calibre, et sur un objectif plus limité, qui était cette tour massive des Templiers dont on pensait qu'aucune artillerie ne serait venue à bout. Et, cette fois encore, bien que le tir fût « remarquablement bien pointé » et qu'il tombât un obus toutes les deux minutes, ils « ne réussirent qu'à écorner le coin nord-est »

(1) « 1er novembre. Demandé au vicaire de Coxyde de dire une messe le 10 pour l'anniversaire du combat de Dixmude à la mémoire des morts de mon bataillon. — 10 novembre. C'est aujourd'hui l'anniversaire de Dixmude. J'ai fait dire une messe à Coxyde pour les morts de mon ancien bataillon et j'ai assisté à la messe de notre aumônier, l'abbé Andrieux, dans la chapelle de Nieuport. » (Commandant Mauros.)

de la tour. Nous fîmes quelques pertes ce jour-là et les suivants : l'enseigne Briend, de la compagnie Michel, blessé par un éclat d'obus, le 11 novembre, et le premier maître fusilier Pellen, tué à Saint-Georges-Nord le 18, par un de ces 57 allemands montés sur auto qui, de temps à autre, la nuit, traversaient l'Yser et se portaient au débouché de l'Union pour battre nos tranchées avancées. Pellen se trouvait dans le boyau, à quarante mètres du poste d'écoute aux trois quarts démoli et dont les sacs s'étaient écroulés sur leur garnison. On lui dit : « Il y a des blessés là-bas qui crient. Faut-il y aller? — Non, répond-il, je suis chef de section. C'est à moi d'y aller. » Et il tombe mortellement frappé en travaillant à dégager les hommes ensevelis sous les sacs. L'un de ces hommes était le quartier-maître Le Cam. Fortement contusionné, on l'invitait à se joindre aux autres blessés qu'on ramenait vers nos lignes :

— Et qui gardera le poste d'écoute? demanda Le Cam.

Tel était, jusqu'au bout, le moral de ces hommes, leur sentiment profond du devoir. Aussi, après avoir accueilli avec des transports de joie la nouvelle de leur départ de Belgique, commençaient-ils à ne plus lui trouver la même douceur. Une nostalgie pareille à celle qui les avait pénétrés à leur départ de Dixmude se faisait jour en bien des âmes : « C'est donc fini, la brigade?» Tant d'héroïsme, de sacrifices ignorés ou glorieux, tant de misère vaillamment supportée en commun dans l'espoir d'une revanche prochaine et toujours renvoyée aux calendes, tout cela n'allait plus être que du passé. La guerre continuerait sans les fusiliers. Peut-être même un jour ne saurait-on plus qu'il y avait eu une brigade navale. Jusque-là en effet, exception faite de la compagnie des pontonniers qui devait demeurer sur l'Yser, sous le commandement du lieutenant de vaisseau Pelle-Desforges (1), aucune dérogation n'avait été envisagée à l'égard de la brigade dont la dislocation était annoncée pour le dimanche 21 novembre. On apprit tout à coup que le ministre de la Marine était revenu sur sa décision, peut-être à l'instigation des chefs du 36ᵉ C. A. et du groupement de Nieuport, et qu'en plus de la compagnie des pontonniers, un bataillon de fusiliers formé en prélevant 114 hommes par bataillon, la compagnie de pionniers et 8 sections de mitrailleuses, seraient conservés au front de Belgique sous le commandement du capitaine de frégate Lagrenée.

Ce fut un soulagement général. Ainsi quelque chose de la brigade, une parcelle vivante d'elle-même, demeurerait pour garder le drapeau et pour assurer par sa présence la mémoire de l'héroïque collaboration prêtée par la Marine aux troupes de terre. Elle prolongerait même cette collaboration et enrichirait peut-être de nouvelles péripéties l'histoire aux airs de roman d'aventure, la belle histoire fabuleuse des *Demoiselles au pompon rouge*. S'il ne se trouva pas plus de volontaires pour s'enrôler immédiatement dans la nouvelle formation constituée à midi, le 20 novembre, et envoyée tout de suite au repos à Liffenkoke, c'est que la tentation était trop forte et que la plupart des fusiliers croyaient encore « dur comme fer » à la légende du grand « balthazar » parisien, de la double paie et du mois de permission extraordinaire. Mais combien d'autres, comme l'admirable premier maître

(1) Antérieurement attaché à l'état-major de l'amiral.

Monguérard, insensibles à ces séductions, prirent leur parti sur-le-champ et crièrent avec lui : « J'y suis, j'y reste ! »

« Oui, je reste, je dois rester. Le moment est suprême, car, demain nous pouvons recevoir l'ordre de monter à l'abordage... Je pourrais aller me reposer quelques jours parmi les miens que je n'ai pas vus voilà bientôt vingt mois... J'irai plus tard, quand j'aurai mis tous mes hommes à la hauteur de leur tâche, quand gradés et marins seront familiarisés avec tout ce qu'ils ont à faire... Au-dessus de la famille, il y a la France. »

Mais ce grand cœur, qui laissait passer volontairement son tour de permission et prenait pour lui tous les dangers et les fatigues, devançait par la pensée ses jeunes compagnons sur la route de la capitale et pressait son correspondant (1) de ne rien négliger pour leur faire une réception digne de Paris et d'eux-mêmes. « Fêtez-les, car, je vous assure, tous les cœurs français devront battre bien fort en voyant arriver la brigade de fer... La grande ville, la « Ville-Lumière », recevra, comme elle sait recevoir, nos fusiliers marins. »

Paris, à coup sûr, n'eût pas demandé mieux. Mais il y fallait l'assentiment des pouvoirs publics. Commencée le 21 novembre, la dislocation de la brigade devait se poursuivre « tous les trois jours en commençant par le 2e régiment (2) ». Ce fut le bataillon

----

(1) M. Georges Julien, un des amis les plus dévoués de la brigade et du bataillon des fusiliers marins, pour lequel il dessina et fit exécuter à ses frais les beaux fanions accompagnés qui s'illustrèrent à Driegrachten, à Hangard-en-Santerre et au Moulin de Laffaux.

(2) « Ordre particulier du 20 novembre 1915. — Comme suite à la notification n° 15 738 du 19/11/15, un bataillon de fusiliers

Martel (2e du 2e régiment) qui ouvrit le ban. « A 6 h. 15, ce matin, écrit le commandant Mauros, le bataillon Martel a été rassemblé au camp Jeanniot. On lui a lu une lettre du général Hély d'Oissel, puis, à la croisée des routes de Saint-Ildebald, il a défilé devant le drapeau, faisant route sur Adinkerke, où il s'est embarqué pour Paris. »

L'officier supérieur dont le bataillon prenait ainsi congé le premier du front de Belgique ne se doutait pas qu'il serait replacé quelque trois ans plus tard à la tête du détachement des fusiliers marins et qu'il aurait l'honneur d'être son dernier et très glorieux commandant. A 3 heures de l'après-midi, le même jour, l'amiral se rendait à la Roseraie et y faisait ses adieux à son état-major. Les autres bataillons de la brigade s'embarquèrent les jours suivants, aux heures et dans l'ordre prescrits par le dispositif : le bataillon Biffaut (1er du 2e régiment) le 24 ; le bataillon de Maupeou (3e du 2e régiment) le 27 et, avec lui, l'état-major régimentaire ; le bataillon Lefebvre (2e du 1er régiment) le 30 ; le bataillon Bertrand (3e du 1er régiment) le 3 décembre ; le 1er bataillon du 1er régiment (ancien bataillon Lagrenée dont le chef avait pris le commandement du détachement resté sur l'Yser) le 6 décembre,

marins sera embarqué le 21/11/15 à la gare d'Adinkerque à partir de 9 heures. Il lui sera fourni un jour de vivres de chemin de fer et un jour de vivres de débarquement par les soins de la D. E. S. Les cinq autres bataillons de fusiliers marins s'embarqueront dans les mêmes conditions que le 1er bataillon, avec un échelonnement de trois jours entre les départs. » — Signé : le général commandant la R. F. D. (région fortifiée de Dunkerque) et le 36e corps d'armée. P. O., le chef d'état-major : DESTICKER.

au lendemain même des obsèques d'un de ses capitaines les plus méritants, du dernier officier de la brigade tombé au champ d'honneur, le lieutenant de vaisseau Blanchin, foudroyé par un obus à Nieuport sur la place de l'Église, tandis qu'il rassemblait ses hommes pour monter aux tranchées.

Ces deux bataillons seuls, grâce à l'initiative d'un journal parisien qui avait organisé pour eux une matinée de gala, connurent le sourire et les acclamations de la « Ville-Lumière », bien atteinte d'ailleurs dans son prestige par les restrictions qu'on faisait déjà subir à son éclairage. Les autres bataillons, débarqués par nuit noire à la gare du Nord, conduits sans tambour ni trompette à la caserne de la Pépinière, y étaient consignés jusqu'au lendemain où on les dirigeait, avec la même absence de protocole, sur les stations qui desservaient leurs dépôts respectifs. Les uns et les autres cependant, avant de quitter Paris, furent passés en revue dans la cour de la caserne par le nouveau ministre de la Marine qui les harangua, fleurit quelques capotes et, pour terminer, embrassa l'amiral Ronarc'h. La dernière cérémonie de ce genre, où figurèrent le 1er et le 2e bataillon du 1er régiment, eut lieu le matin du 8 décembre. On y entendit la musique du 230e territorial. Non plus qu'aux précédentes prises d'armes, le public n'y fut admis. Et, après un service solennel célébré à Saint-Augustin par l'abbé Pouchard, aumônier du 1er régiment, en l'honneur des morts de la brigade, tout fut dit : une grande chose avait été.

J'ai essayé de lui rendre les couleurs de la vie, de restituer son atmosphère et, autant que possible, son âme même, éparse dans les correspondances privées et les carnets de notes des combattants. Atomes pathétiques, où palpitait encore un peu du passé ! Je les rassemblai pieusement. Je n'en dédaignai aucun et, pour cette œuvre de patiente restitution, la confidence d'un simple fusilier, la pauvre phrase d'un Jean Gouin sans orthographe, mais d'un tel accent et jaillie parfois d'une telle profondeur de la conscience populaire, me fut aussi précieuse que le rapport du grand chef ou le mémorial de l'officier supérieur. C'est que, plus j'avançais dans la conduite de mon récit, plus la brigade s'imposait à moi comme un héros collectif dont les éléments ne pouvaient s'isoler sans risquer de compromettre son équilibre. Je sais tous les dangers de ces constructions aventureuses, où l'imagination a généralement plus de part que la raison. Mais il me parut que ce n'était point le cas de celle-ci et qu'elle correspondait tout au contraire à une réalité sociale des mieux établies, bien que connue seulement d'un petit nombre d'initiés (1) : le naturel égalitaire des Celtes et cet esprit de clan qui soude si fortement chez eux l'individu à son groupe que, dans les âges primitifs et en Écosse longtemps encore, tous les hommes du clan portaient le nom de leur chef, étaient tous comme lui des Mac-Donald, des Mac-Leod ou des Mac-Grégor. Comme il y avait le clan, il y a eu la brigade, dont tous les hommes auraient pu s'appeler aussi des Mab-Ronarc'h (2). Et même ceux de ses membres qui

(1) Notamment l'auteur anonyme d'une étude sur Dixmude parue dans le *Times* et l'écrivain du front qui, dans les *Glanes* de mai 1918, parla si intelligemment de *Steenstraete.*

(2) **Le** *mab* armoricain, comme l'*ab* gallois, correspond au *mac* écossais et veut dire fils, descendant, **congénère et,** **par extension, agrégé à la tribu.**

n'étaient pas Bretons, mais Provençaux, Normands, Basques, Flamands, jusqu'aux Parisiens, finissaient par se fondre dans ce grand corps assimilateur.

Quoi d'étonnant si j'en ai subi à mon tour l'attirance ? L'essentiel est qu'elle ne m'ait fait perdre à aucun moment la notion de ce qu'exige le travail historique. J'apportai au mien, et en un temps où ces sortes de recherches n'étaient point très commodes, toute l'ardeur de vérité conciliable avec mes obligations de Français, et j'ai pu me tromper : je ne me suis trompé que de bonne foi et avec les garants que j'appelais en témoignage. Et il se peut encore que, par complaisance, amour-propre d'auteur, je n'aie pas toujours gardé une juste mesure dans l'expression de mes sentiments personnels à l'égard de la brigade. N'ai-je point exagéré ses mérites? Ai-je assez réfléchi que vingt autres unités combattantes, zouaves, chasseurs, alpins, coloniaux, tirailleurs, légionnaires, avaient fait aussi bien qu'elle, — mieux qu'elle peut-être, mais je n'en suis pas très sûr quand je lis sous la plume du chef le plus capable de porter sur elle un jugement définitif et qui l'appelait sa « Garde », le général Hély d'Oissel, ces lignes adressées le 19 novembre 1915 à l'amiral Ronarc'h pour lui demander un état des pertes et renforts de la brigade depuis son entrée en campagne :

« Je serais heureux de conserver cet état comme un témoignage éloquent et éclatant des services immenses qu'a rendus au pays cette admirable brigade, que l'armée de terre est si fière d'avoir eue dans ses rangs et que je suis si fier, moi, d'avoir eue sous mes ordres pendant près d'une année de guerre. Je n'ai pu me défendre, ce matin, d'une émotion poignante en voyant défiler si allégrement et si correctement vos magnifiques marins et en me disant que c'était la dernière fois. »

Nous sommes loin ici des ordinaires satisfecit et il y a dans ces paroles de soldat un son qu'on n'est point habitué d'entendre : c'est le timbre du cœur, l'accent d'un homme atteint dans ses affections les plus chères et pour qui rien ne remplacera l'être d'élection qu'il a perdu. Tant les Mab-Ronarc'h, aux yeux de nos grands chefs eux-mêmes, ne formaient qu'un corps et qu'une âme, — corps de granit, âme d'ouragan, pareille dans ses détentes à la mer jolie où la brigade était née et qui la reprenait sans bruit, comme après une permission...

FIN

APPENDICES

I

L'EXPÉDITION DES CANONNIÈRES LE VOYER

Lettre de Paul Sauvaire-Jourdan à son père.

Savenay, décembre 1914.
Hôpital 14. Salle Serbie.

MON BON PAPOUCHE,

Je vais prendre mon élan et essayer de t'écrire un peu longuement les détails de notre dernière expédition qui, je le sais, t'intéresseront.

Nous étions au repos à Poperinghe depuis huit jours, le capitaine Thirion (1) malade. On crevait d'ennui, quand, le 13 décembre 1914, au soir, ordre de rejoindre la 4ᵉ division de cavalerie à Warmouth en France. Nous couchons le 13 dans une maison vide et, le 14 au matin, départ pour Dunkerque. Entre temps, nous avions demandé à Thirion où on allait. Il avait seulement répondu : « Vous allez à un endroit d'où ceux qui reviendront auront de la veine », et, à moi, il

---

(1) Lieutenant de vaisseau Thirion, chef de la section d'autos-canons, à laquelle Paul Sauvaire-Jourdan était attaché comme mitrailleur.

m'avait dit : « Tâchez que votre pièce marche, vous allez avoir du boulot ! » et me voilà ravi. A Dunkerque, on s'arrête sur les quais, aux Chantiers de France, près de six camions chargés de doris, et le bruit se met à courir qu'on allait embarquer canons et mitrailleuses sur les doris avec quatre rameurs pour remonter l'Yser. Tu vois ça d'ici !

Déjeuné à Dunkerque. Vers 2 heures et demie, on nous emmène tous au bout du quai où nous voyons six barques de pêche pontées, sur lesquelles on était en train de monter des canons de 37 ; trois recevaient des canons et trois des mitrailleuses. Sur le quai, un tas... de caisses d'obus et de cartouches. On nous fait embarquer les munitions, puis, ensuite, des espèces de petits boucliers bois et tôle avec des poignées et des meurtrières. On a eu fini vers 4 heures, à la nuit. C'est alors que tous les canonniers et servants de la section ont eu ordre de s'embarquer et mon servant et moi avec.

Je suis retourné en ville acheter un surroit pour la pluie, ai pris mes affaires et me voilà embarqué.

Au moment du départ, trois bateaux sur six sont en panne par faute du moteur. Bon début ! Un avait un canon et deux des mitrailleuses. On transborde les mitrailleuses et les munitions sur les trois canots restant et on part. Sans dîner.

C'est tout juste si on faisait 2 nœuds, et encore ! Vers 8 heures, arrêt général.

Le Voyer nous paye à dîner : pain, vin et boudins. Départ de deux canots. Un moteur cale, on prend le canot en remorque. On a marché comme ça toute la nuit, avec d'innombrables arrêts aux écluses. De plus, on s'est mis au plein cinq ou six fois chacun. Arrêt à Furnes (1).

Le Voyer paye le café et monte beaucoup dans l'estime générale. Nouvelle panne. La corde du remorqué se prend dans notre hélice et nous voilà invalides (2). Seulement, le

(1) De 2 heures à 7 heures matin pour réparations. (Note du lieutenant de vaisseau Le Voyer.)

(2) L'arrêt à Furnes à 2 heures du matin a été motivé par cette panne qui immobilisait deux embarcations sur trois. Une de ces

moteur arrêté remarche, et à notre tour d'être remorqués. Vers 10 heures, arrivée à Nieuport au milieu d'un bombardement furieux. Là, Le Voyer nous confie qu'il n'a jamais encore vu le feu, mais il est très crâne. On s'amarre près d'une écluse pour toute la journée. Autour de nous, les obus tombait sans arrêt.

Couché le soir dans la cale. Nous passons l'écluse à marée haute vers 11 heures, pour être prêts à partir de bonne heure le lendemain matin.

Le 16, à 4 heures, réveil, distribution de café et de rhum, puis Le Voyer rassemble tout le monde sur le pont et nous dit à peu près textuellement ceci :

« Mes garçons, nous avons reçu une mission toute d'honneur ; elle est dangereuse, je ne vous le cacherai pas, mais il ne faut nous souvenir que d'une chose, c'est qu'elle est toute d'honneur. Je sais que je puis avoir pleine confiance en vous pour l'accomplir avec moi jusqu'au bout.

« Vive la France ! »

Naturellement, nous avons tous crié : « Vive la France ! » Puis on est parti (1).

Nous avons dépassé les tranchées de troisième et deuxième ligne, puis, comme on n'en voyait plus d'autres et qu'en face de nous nous avions une bâtisse assez inquiétante, l'officier a demandé deux hommes pour aller la reconnaître.

J'y suis allé avec un matelot. Elle était vide, mais nous y avons trouvé deux gamelles boches et une paire de bottes éculées. Alors, nous nous sommes encore un peu avancés et, au petit jour, nous avons enfin aperçu des marins.

Devant nous, un village demi-ruiné : Saint-Georges. Sur le bord du canal, une maison en assez bon état. Les marins

deux a pu être réparée à Furnes (celle dont le moteur ne marchait pas). Nous sommes repartis à 8 heures du matin en remorquant celle dont l'hélice était engagée, et pour laquelle je savais qu'il existait à Nieuport des grils de carénage. (Note de Le Voyer.)

(1) Vers 6 heures. Temps gris et brouillard léger. (Note de Le Voyer.)

nous disent que, la veille, la maison était vide, le village aussi, mais que les Boches sont à 100 mètres en arrière.

L'artillerie inondait le village et le canal de gros obus, et pas un observateur d'artillerie en première ligne !

Nous avons perdu une bonne demi-heure à envoyer un homme à Nieuport pour téléphoner à l'artillerie de cesser le feu. Enfin, le feu se ralentit, s'écarte du canal, et en avant ! (1).

Avant d'arriver à cette maison, nous avons dû nous abriter un bon moment dans des boyaux courant le long de la berge de l'Yser, entre les lignes, car des obus français tombaient encore en travers de l'Yser — environ une demi-heure de perdue là.

En bas du talus, de nombreux cadavres belges, la face vers Nieuport. On dépasse nos tranchées, nous passons sous la maison. Elle était bien vide. Nous remontons le canal, entrons dans les lignes boches et tombons sur un barrage. Nous avons, en vain, essayé de le démolir au canon. C'étaient de gros madriers réunis par du gros fil de fer. Impossible d'aller plus loin.

L'officier note ses observations (2).

Tout à coup, nous découvrons un double fil téléphonique, évidemment boche, et semblant venir de la maison vide.

(1) Pendant que les embarcations étaient arrêtées aux tranchées de première ligne, des 77 de Lombaertzyde ont réglé leur tir sur le canal, entre Nieuport et nous, nous coupant la retraite. Ils ne nous ont pas tiré dessus à ce moment, car nous étions un peu défilés par une maison de la rive est, puis ils craignaient sans doute d'atteindre les leurs dont nous étions tout près. Nous canonnions pendant ce temps avec les 37 les fermes à l'est du canal. (Note de *Le Voyer*.)

(2) Étant arrêtés par le barrage et ne pouvant aller plus loin, j'ai fait accoster les embarcations à la rive en les évitant du côté de Nieuport pour pouvoir battre en retraite rapidement en cas de besoin. J'ai alors rouvert le feu des 37 et réglé leur tir sur Saint-Georges, que nous avons canonné pendant quelque temps. C'est alors que nous avons découvert le fil téléphonique et vu que les Allemands occupaient la maison derrière nous. Quelques instants auparavant nous avions vu quatre ou cinq hommes qui se glissaient vers la maison. Comme nos troupes n'étaient pas très loin et progres-

Tout d'abord nous coupons 60 mètres de fil, puis l'officier envoie un homme en reconnaissance vers la maison. Celui-ci marchait tranquillement, quand soudain le voilà qui fait un saut de côté, épaule, tire vers la maison et revient au pas de course en nous criant : « Y a des Boches dedans ! »

Aussitôt, en avant ! Des coups de feu commençaient à claquer par les fenêtres et les balles passaient avec leur sifflement d'abeille.

Arrivés à bonne portée, nous canonnons un peu la maison, puis l'officier envoie cinq hommes en reconnaissance. Arrivés à 10 mètres de la maison, ceux-ci, tout à coup, tirent à toute volée et se jettent à plat le long du talus sous des coups de feu. Nous, nous marchions. Sur les cinq hommes, deux filent

saient en ce moment, j'ai envoyé une petite patrouille s'assurer de l'identité de ces gens, craignant de tirer sur les nôtres par erreur. La patrouille ayant tiré, j'ai canonné la maison ; au bout d'une quinzaine de coups, un homme de la patrouille a crié que les ennemis délogeaient et, de fait, j'en ai vu deux sortir. Sentant la position devenir critique (à ce moment nous apercevions une auto-mitrailleuse allemande à droite du canal, qui prenait position abritée derrière un remblai), j'ai voulu profiter de l'évacuation de la maison pour prendre position entre elle et Nieuport, en avant et près de notre première ligne de tirailleurs.

Mais la mise en marche de nos moteurs, très défectueuse, ajoutée à la faible vitesse de nos barques, nous ont causé un retard de trois ou quatre minutes que l'ennemi a mis à profit pour amener une mitrailleuse dans la maison. L'embarcation que je montais était en tête. A peine avait-elle tiré quelques coups qur tout le monde était fauché sur le pont. Je suis resté seul blessé, non évanoui, et j'ai dû prendre la barre pour retourner à Nieuport. Heureusement pour tous, Sauvaire-Jourdan, dans l'autre embarcation, a manié sa mitrailleuse avec tant de sang-froid qu'il a réduit au silence celle de la maison allemande, sauvant ainsi le reste de l'expédition d'une mort certaine. Pendant ce temps, l'auto-mitrailleuse de la rive droite nous arrosait quand nous avons franchi l'endroit du canal repéré par les canons de Lombaertzyde. Ceux-ci nous ont envoyé sept ou huit percutants qui heureusement ne nous ont pas touchés. Un d'eux est tombé sans éclater dans le canal, en rasant la poupe de mon embarcation. Nous avons continué et sommes arrivés sans autre perte aux écluses de Nieuport. (Note de *Le Voyer*.)

le long du talus, embarquent vivement et, comme nous leur demandions : « Et les autres ? — Sais pas ! Les croyons morts ! Ne bougent plus ! » Et puis voici que derrière nous, de l'autre rive, une mitrailleuse boche se met à tirer, ainsi que des fantassins.

Impossible de les voir. Et ça sifflait ! Pas moyen de tenir. D'ailleurs, notre mission était remplie. Donc nous partons péniblement à 4 kilomètres à l'heure au plus, mon canot couvrant la retraite (1).

Nous approchons de la maison. A tout hasard, je prépare ma pièce ; au moment où nous passons devant la maison, je regarde l'unique fenêtre et je vois la gueule noire d'une mitrailleuse boche qui se pointait sur nous. Peu à peu, elle se baissait vers nous. Ça, je ne l'oublierai jamais. Je me suis dit : « Si nous ne tirons pas les premiers, nous sommes fichus ! »

Pense donc, on était à peine à 20 mètres d'eux. Alors j'ai vivement pointé sur la fenêtre et j'ai tiré. Le hasard a fait que, dès la première bande, les coups ont porté juste dans la fenêtre. Je n'ai pu tirer que deux bandes sur cette face. Le temps que j'engage une troisième bande et nous avions dépassé le coin de la maison. C'est dommage, on aurait pu faire du meilleur travail. Enfin, il y avait tout de même un résultat acquis : c'est que l'on n'avait pas tiré sur nous de cette façade, car, de derrière, ça continuait à pleuvoir. A ce moment, j'entends quelques cris à la barre : c'était l'homme de barre qui venait d'avoir le pied traversé par une balle. Le malheureux perd la tête, se lève et, immédiatement, s'écroule mort, deux balles en plein front, à côté de moi.

A ce moment, nous étions devant l'autre façade de la maison,

(1) Nos canots étaient si peu maniables que pour virer de bord nous avons dû manœuvrer à la rame et sur nos ancres en faisant deux fois le va-et-vient d'une rive à l'autre ; nous étions sous les fenêtres de la maison d'où ne partait alors aucun coup de fusil. De plus nous avions, pour revenir, vent debout et courant contraire à cause de la marée. (Note de Le Voyer.)

à 40 mètres. Il y avait une fenêtre et naturellement une mitrailleuse qui ne tirait pas encore.

Je charge à toute vitesse et tire. Malheureusement, le pointage n'était pas le même. Le premier coup porte dans le toit. A la deuxième bande, ça commençait à aller, quand, floc, je reçois un énorme gnon au crâne et me voilà à plat, sur le pont, la figure pleine de sang. Comme je venais de voir mourir à côté de moi mon camarade, ma première idée a été que j'y étais aussi. J'attendais que tout se brouille, et, au lieu de ça, rien, voilà au contraire que ma tête se dégage. Je suis bien resté une demi-minute à plat. Puis, voyant que j'étais loin d'être mort, j'essaye de me relever. Ça allait très bien. Alors la rage me prend. Je saute sur ma mitrailleuse et me mets à tirer, dame, un peu au hasard, sur la maison : les balles sautaient sur toute la façade, et puis, j'avais du sang plein les yeux et n'y voyais pas trop. Pendant que j'étais à plat, la première mitrailleuse s'était aussi mise à tirer, et maintenant ça crachait des deux côtés.

Je ne puis pas te dire au juste ce que j'ai tiré, c'est un peu brouillé. Tout d'un coup j'entends : tac, tac, tac, et ma pièce s'arrête. Je regarde, et je vois ma boîte de culasse crevée de deux balles. J'essaye d'armer. Rien à faire. J'ai compris alors que c'était fini. D'ailleurs, il ne restait sur le pont que l'homme de barre qui s'était couché sous le cadavre du mort et continuait à gouverner, le second maître abrité derrière un bouclier et moi.

J'ai pensé avoir rempli tout mon devoir, ne pouvant réparer la mitrailleuse et me suis rendu dans la cale avant. Là, je retrouve un matelot sans spécialité et un servant du canon qui était descendu après la mort de l'homme de barre.

J'ai oublié de dire que le pointeur du canon, ayant aussi eu son canon détérioré, s'était mis à la barre et y avait été tué.

Donc, je descends dans la cale. En haut ça sifflait, c'était un enfer. Il ne restait que l'homme de barre sous son mort ; le second maître était descendu dans la cale du milieu près des deux mécaniciens.

On entendait claquer les bordages et la coque sous les balles, d'autres s'aplatissaient sur la tôle des boucliers.

J'étais à peine depuis deux minutes dans la cale quand je sens au genou comme un coup de marteau, avec une assez légère douleur ; je regarde, vois mon pantalon crevé, j'y porte la main et crois écarter l'étoffe, mais c'était chaud, mou et gluant. Je regarde et m'aperçois que j'ai deux doigts entrés dans ma blessure jusqu'à la première phalange. Ça ne me faisait plus mal du tout. Puis, j'ai encore senti que j'étais assis dans quelque chose d'humide. Je dois te dire que mon pantalon était usé au derrière et un peu troué. En guerre, tu sais !... J'y mets la main et la ramène toute rouge. J'étais assis dans le sang de mon genou. Maman a envoyé ma culotte à grand'mère. Si elle te la montre, tu verras que je ne blague pas.

En même temps que moi, j'entends un matelot, à côté de moi, crier : « A moi ! »

Nous avons un moment cru être touchés par la même balle, mais c'était une erreur. Lui avait été touché par une autre balle qui lui avait presque sectionné le pouce du pied gauche et était allée se loger dans le talon du pied droit. Les autres voulaient nous panser, mais le matelot avait perdu son paquet de pansement. Moi, comme ma jambe commençait à me faire assez mal, j'aimais autant qu'on me laisse tranquille. Alors, je lui ai passé le mien. Puis, ça s'est un peu brouillé. Nous avons dû être canonnés, car je me rappelle un moment de vacarme infernal.

Bref, je ne me suis réveillé qu'en sentant le bateau immobile et le moteur arrêté. Nous étions arrivés.

A ce moment, le second maître nous a donné à tous deux un quart de vin qui nous a un peu retapés. Au bout d'une demi-heure qui, je t'assure, me sembla longue, on nous prévint que les brancardiers étaient là et on nous demanda si nous pouvions sortir seuls de la cale, car le panneau était juste pour un homme. Je ne sais pas trop comment j'ai réussi à me lever, à la force des bras, tirant ma jambe malade et, grimpant l'échelle avec ma jambe valide, je suis arrivé à niveau du pont où deux hommes m'ont hissé. Il y avait là deux brancards. Avant de me coucher, j'ai voulu dire adieu aux camarades qui étaient morts et j'ai regardé. Je peux vivre cent ans, je n'oublierai jamais ça.

L'autre barque, celle du commandant, était accostée à la nôtre. Sur son pont, du sang partout, et, tombés là, où ils avaient été surpris, cinq cadavres de marins. L'un d'eux (1), près de la machine, avait tout l'arrière de la tête sauté ; on voyait l'intérieur du crâne, vide de cervelle, c'était effroyable.

A l'arrière, près de la barre, un corps et plus loin une large flaque de sang. Comme je demandais ce qu'était cette flaque, le second maître m'a dit : « C'est l'officier ! » Il a eu le tibia broyé par les balles, l'os sortait d'un bon doigt. Au moment d'aller s'abriter, il a vu que l'homme de barre était mort, qu'on allait s'échouer sous le feu des Boches ; alors, il s'est fait traîner à la barre et a gouverné jusqu'à ce qu'on soit à bon port.

Voilà ! Ça se passe de commentaires. *Et il voyait le feu pour la première fois!*

Sur notre pont, un mort près de la barre, des balles partout. J'en ai compté cinq sur ma mitrailleuse ; le canon avait été mis hors d'usage par une balle qui avait brisé la détente et faussé le levier de culasse. Après ça, on dut m'emmener. Les obus tombaient dur sur Nieuport. Il y a eu un arrêt dans une maison pour attendre une accalmie, puis des soldats belges et des marins nous ont emmenés, mon camarade Cadou (le matelot) et moi, jusqu'à l'ambulance provisoire, dans un quartier où les obus ne venaient pas trop. L'officier et d'autres blessés de chez nous étaient déjà partis par un premier convoi. Là, on nous a pansés, puis un convoi d'autos nous a évacués sur Furnes. Ces sacrées routes de Belgique ne sont guère bonnes pour des blessés. J'ai passé là une heure terrible, bien que le chauffeur allât très doucement.

A Furnes, on nous a embarqués dans un train belge très

_____

(1) Un quartier-maître embarqué la veille à Nieuport.

bien arrangé. Des dames de la Red-Cross américaine nous ont soignés. Une d'elles s'est dérangée deux fois pour me donner de grandes tasses de café froid. Nous avons parlé anglais, si bien qu'un curé américain, qui était là, m'a demandé de quelle partie de l'Angleterre j'étais. Malgré ma jambe, tu penses si je me suis rengorgé.

Tout le long du trajet, nous avons été soignés par des jeunes prêtres belges très dévoués qui nous ont donné du bouillon très fort. Ça m'a fait du bien, car je n'avais rien mangé depuis vingt-quatre heures et n'en avais guère envie.

A Dunkerque, on nous a transportés dans le grand hall de la gare transformé en ambulance. J'y suis resté jusqu'à 10 heures. Puis, on nous a remis dans un train qui nous a menés au bateau-hôpital *Ceylan;* sur le pont du bateau, on nous a refait notre pansement. Nous avons appareillé pour Saint-Nazaire le 18 à minuit. C'est de là que je t'ai écrit ma carte. Nous étions à bord environ mille blessés, dont treize matelots allemands, deux sont morts en route. Nous avons mis deux jours et deux nuits pour faire le voyage, à cause de la mer. Le navire roulait et tanguait pas mal. Je n'ai pas été malade, mais autour de moi quel déluge !

A Saint-Nazaire, embarquement à bord d'un train dans des wagons à bestiaux. La moitié des brancards étaient sur des barres fixées aux parois du wagon, ce qui fait qu'ils n'avaient pas trop de secousses. L'autre moitié, dont j'étais, était sur je ne sais quel système de ressorts et de piliers. Le résultat est que les brancards font des sauts terribles. Tu vois ça d'ici ! Ma jambe sautait, tapait le bois du brancard. Je ne suis pas douillet, mais ce que j'ai souffert là est inimaginable.

Nous devions aller à Pontivy et y arriver à 7 heures du matin. Mais mon camarade et moi avons dû nous faire arrêter à Savenay au bout de trente-cinq minutes de voyage. On n'en pouvait plus.

Voilà toute l'histoire avec tous ses détails. Tu peux presque dire maintenant que tu y as assisté, mon bon Pouche. Tu vois que je n'ai fait que mon devoir, comme tu étais en droit de penser que ton fils le ferait. Mais ai-je fait plus? Je ne le crois pas. Depuis, je n'ai pas revu Le Voyer, qui, trop gravement atteint, a dû rester à Dunkerque, ni Thirion, parti à Furnes avec une partie des autres quand j'arrivais à Dunkerque.

La vie revient peu à peu à ma jambe qui est moins boulet, sans être encore très agile. Quant au moral, il n'est pas au pouvoir des Allemands de l'abattre. En somme, tout est parfait, d'autant que tu m'as annoncé ta visite que j'attends avec, tu penses bien, quelle impatience.

J'ai précieusement conservé mon surroit avec le trou de la balle à la tête et un manteau boche qui me couvrait et qui est plein de sang.

Il paraît que nos bateaux étaient comme des écumoires, si bien que l'un d'eux a dû être mis au sec pour être réparé. Les tableaux à l'arrière étaient déchiquetés. Le second maître a estimé à douze ou quinze cents balles la part reçue par chacune des coques. C'est très possible, car nous avons été un bon quart d'heure sous le feu de trois mitrailleuses et de fantassins boches. Je crois que nous l'avons échappé belle et qu'on peut remercier le ciel de ne pas avoir plus souffert.

Quant à moi, je suis on ne peut plus heureux d'avoir fait quelque chose de positif pour la France. Maintenant, je voudrais bien être debout pour régler mon compte avec les Boches. Quatre qu'il m'en faut, un pour la tête et trois pour la jambe. Ça vaut bien ça (1) !

Signé : Paul SAUVAIRE-JOURDAN,

1er régiment de cuirassiers à Paris,
Détaché à la 7e section d'autos-canons, 4e groupe.

(1) Nos deux pointeurs appartenant à la 7e section d'autos-canons ont été tués : Thymène, un grand Breton roux, à bord du *Moqueur-des-Jaloux*, à la barre; et Calvarin, un gaillard court, noiraud, barbu, un de nos meilleurs pointeurs, une balle au foie, à bord de la *Jacqueline*. Enterrés avec quatre autres marins de la brigade, embarqués la veille, dans un trou d'obus devant la maison de l'éclusier chargé de l'écluse du canal de Furnes à Nieuport, le 17 décembre 1914.

II

LA COOPÉRATION DU 9ᵉ DRAGONS

Récit du sous-lieutenant Vial.

C'est l'escadron Gibert du 9ᵉ dragons qui coopéra à la prise de Saint-Georges (27-29 déc. 1914).

Composition : capitaine Gibert, lieutenants de Lainardière, Amyot d'Inville, de Sancy, sous-lieutenant Jean Vial.

L'escadron arrive sur la digue sud de l'Yser le 27 décembre, vers 21 heures. Il relève les chasseurs cyclistes de la 5ᵉ D. C. (dont seule une section commandée par un adjudant restera jusqu'au 28, 10 heures du matin). Avec l'escadron, une section de mitrailleuses des fusiliers marins (ens. Perroquin?). A gauche (rive nord) : les fusiliers marins. A droite (route du village) : l'escadron de Cheffontaines du 9ᵉ dragons.

Dans la nuit arrive l'ordre d'attaquer le lendemain matin 28, vers 8 heures, après une préparation d'artillerie qui doit durer une heure. Objectif de l'escadron Gibert : la Maison du Passeur.

Dès la fin du tir de l'artillerie, le capitaine Gibert envoie à la Maison du Passeur le maréchal des logis Benoist, le brigadier Bonfils et trois cavaliers. Cette patrouille arrive à la porte de la cave. Benoist aperçoit des Allemands dans l'obscurité. Il tire un coup de revolver. Un homme tombe. Les autres (ils étaient huit dont un sous-officier) se rendent aussitôt. C'étaient des fusiliers marins [allemands]. Ils sont faits prisonniers et conduits à Nieuport.

La Maison du Passeur étant ainsi nettoyée de Boches,

le capitaine Gibert donne l'ordre au sous-lieutenant Vial de s'y porter avec son peloton et de s'y établir. Tout le jour la digue et la maison sont soumises à un feu violent d'artillerie. (Dans l'après-midi, tandis qu'ils regardaient à la jumelle des Allemands fuyant de Saint-Georges devant la progression de l'escadron Cheffontaines, les lieutenants Amyot d'Inville et de Sancy sont tués côte à côte. Leurs corps ne purent être transportés à Nieuport que dans la nuit du 29 au 30. Ils furent enterrés le 30 dans le cimetière près de l'église, devant tout l'escadron leur rendant les honneurs. Discours du colonel Hennocque et du capitaine Gibert.)

Le 28, vers 20 heures, contre-attaque des Allemands. Le capitaine Gibert met à la disposition du sous-lieutenant Vial un deuxième peloton (aspirant Lyautey). La Maison du Passeur est en flammes. Un vent violent pousse fumée et étincelles sur ses défenseurs qui en sont aveuglés. Neuf carabines seulement sont en état de fonctionner, le sable ayant enrayé les autres. Les tireurs se trouvent dans un fossé hâtivement creusé entre la maison et le canal. Devant eux, un seul et unique fil de fer tendu en travers de la digue. Derrière eux, à l'abri d'un talus, les hommes, dont les carabines sont enrayées, ont mis baïonnette au canon et attendent résolument le corps à corps. Les Allemands s'avancent sur la digue en rangs serrés. Ils approchent jusqu'à 80 mètres de la maison. Les neuf tireurs font des feux de salve par trois : les carabines sont brûlantes. Le combat dure quarante minutes. Les Allemands reçus de face par ce feu nourri, pris de flanc, à gauche, par les feux des fusiliers marins de la digue nord et, à droite, par ceux des dragons qui sont dans Saint-Georges, se replient. La Maison du Passeur reste définitivement aux deux pelotons du 9° dragons.

Au moment de la contre-attaque, le lieutenant Lafontaine, du 29° dragons (qui a relevé à Saint-Georges le lieutenant de Cheffontaines), demande au capitaine Gibert un peloton de renfort. Le capitaine Gibert lui envoie le peloton du maréchal des logis Rouillot (depuis sous-lieutenant dans l'artillerie d'assaut).

Le 4ᵉ peloton de l'escadron (lieutenant de Lainardière) est resté en réserve dans la tranchée de la digue à la disposition du capitaine. La nuit du 28 au 29 et la journée du 29 se passent sans incidents notables. L'artillerie ennemie s'acharne sur la digue et la Maison du Passeur, sans réussir à ébranler la résistance des dragons.

L'escadron Gibert est relevé le 29, vers 16 heures, par un escadron du 3ᵉ cuirassiers.

Pertes de ces deux journées :

Deux officiers tués, quinze hommes tués, vingt blessés.

Récompenses :

Capitaine Gibert : chevalier de la Légion d'honneur.

Lieutenant de Lainardière : citation à l'armée.

Sous-lieutenant Vial
Lieutenant Amyot d'Inville } citation au corps de cavalerie.
Lieutenant de Sancy

Maréchal des logis Benoît : citation à l'armée.

Brigadier Bonfils : citation au corps de cavalerie.

III

LA PRISE DE SAINT-GEORGES

1. — *Lettre du lieutenant Mouquin.*

12 janvier 1918.

Monsieur, c'est aux tranchées où je suis pour le moment que je viens seulement de prendre connaissance de l'article que publie de vous, sur la prise de Saint-Georges, la *Revue des Deux Mondes*. Et je prends la liberté de vous envoyer, avec mes remerciements, l'hommage de ma gratitude. D'abord pour la mention que vous avez faite de mon nom, ensuite pour le plaisir d'un ordre très délicat que vous m'avez procuré en retraçant, avec le talent que je vous connais, cet épisode, minime en soi, mais qui jeta quelque éclat sur les derniers jours de l'année 1914.

Tristes jours que ceux-là, tissés de pluie et de brume et assombris de tant de deuils ! Jours d'enthousiasme pourtant et de courage téméraire et de gaieté aussi, même au milieu des pires souffrances ! Jours qui, malgré tout, vaudraient la peine d'être revécus ! Votre article met en lumière avec une netteté et une justesse de vue parfaite les deux points saillants de l'opération, qui sont la progression lente et méthodique et la liaison constante avec l'artillerie. Ces deux procédés, qui sont aujourd'hui presque tout le secret de la bataille moderne, le colonel Hennocque a certainement été un des premiers à les appliquer, avec une adresse et une pénétration qui dénotent de sa part une véritable prescience de l'avenir. Mais il est juste, comme vous l'avez fait, d'ajouter à ces deux facteurs du succès la vaillance des marins de Le Page et aussi, dans une large mesure, celle de nos dragons à pied, qui, tout en témoignant du même entrain et du même mépris de la mort que les fusiliers, avaient plus de savoir-faire et une plus grande pratique de la guerre.

Ainsi, c'est beaucoup à mon camarade Cheffontaines qu'on doit de ne pas avoir attaqué le village dans la nuit du 27 au 28, comme le lieutenant de vaisseau Le Page s'apprêtait à le faire, au moment où nous arrivâmes. C'eût été pure folie. Cheffontaines et moi lui fîmes comprendre qu'il fallait attendre que nous eussions vu le village de jour, pour connaître de quelle façon il se présentait et comme il était défendu.

— Ma foi, nous répondit Le Page avec une bonhomie qui nous le rendit tout de suite sympathique, avant d'avoir une compagnie, je commandais un dragueur de mines, c'est vous dire que je n'ai pas la prétention de m'y connaître mieux que vous. Faites comme vous l'entendrez.

Et c'est après cette conversation que l'attaque, avec l'approbation du colonel Hennocque, tenu au courant par téléphone, fut remise au lendemain. En fait, Cheffontaines prit une grande part à la conduite des opérations du 28. Ainsi ce fut lui qui eut l'idée de demander un second tir de destruction sur l'église. Ce fut lui également qui régla le détail des travaux et de l'évacuation du village. Ceci ne diminue en rien le mérite du lieutenant de vaisseau Le Page. Mais j'estime — et vous serez sans doute de mon avis — qu'il faut rendre à chacun ce qui lui appartient. Et, puisque nous en sommes au chapitre des réparations, permettez-moi de vous signaler un second maître de Le Page, qui, très obscurément, et sans qu'il s'en doutât, eut sa part dans la prise même du village. Je crois bien n'avoir jamais connu le nom de ce gradé. Au surplus, voici l'histoire, qui vous intéressera peut-être.

Pendant le second tir d'artillerie qu'on dirigea dans l'après-midi sur les abords de l'église, j'étais sur le bord gauche de la route, blotti dans les décombres d'une maison ruinée, la même auprès de laquelle furent tués Le Roux et Clareton. J'observais à la jumelle, scrutant chaque détail, et j'étais navré de voir qu'aucun coup — vous lisez bien : aucun coup — ne tombait sur les abris légers édifiés derrière l'église et où nous avions vu des Allemands se réfugier. Car ce tir de 75 n'eut pas du tout le caractère terrifiant que vous dites. J'en avais déjà vu de plus nourris et de plus efficaces, notamment à Bixschoote et à Langemarck, et vous pensez bien qu'à côté de ceux d'aujourd'hui, il prend les proportions d'un jeu d'enfant. Ainsi, au point de vue des dégâts, ce tir aboutit tout juste à faire tomber quelques pierres de l'église, qui n'était déjà plus qu'un monceau de ruines. Mais il eut pour résultat immédiat de faire rentrer dans leurs abris presque tous les Allemands qui faisaient le coup de feu dans le cimetière. Tout à coup, le vacarme des explosions se tut. Il se fit un grand silence, un silence vraiment poignant. Et je me demandais angoissé : « Faut-il tout risquer? Ou attendre encore? » Juste à ce moment, j'aperçus à peu de distance de moi un second maître de Le Page, qui, las d'être accroupi dans le fossé où il se trouvait avec ses hommes, s'était dressé tout droit en plein milieu de la route, de l'air le plus naturel du monde. Mon premier mouvement fut de lui crier : « Sacrédié, baissez-vous donc ! Vous allez vous faire tuer. » Mais tout de suite je compris que, puisqu'on ne lui tirait pas dessus, c'était l'instant d'avancer ; je compris que, si nous ne sautions pas sur le village dans cette minute, je dirais presque dans cette seconde même, il nous échapperait. Ce fut en moi comme une indication d'instinct, comme une brusque révélation. Je réunis les quelques hommes qui étaient autour de moi, des dragons, et je m'élançai dans le cimetière. Presque à l'entrée de ce pauvre cimetière éventré et bouleversé par les obus, gisait un corps étendu sur le ventre. Je n'y prêtai d'abord aucune attention. Mais un de mes hommes, qui avait observé cet Allemand de plus près, me cria :

— Mon lieutenant, faites attention, il n'est pas mort.

En un clin d'œil, l'Allemand fut désarmé. C'était un guetteur qui, surpris par notre soudaine irruption, n'avait eu le temps ni de crier, ni de se servir de ses armes et qui avait cru expédient de faire le mort. Il avait d'ailleurs assez triste mine et me répétait en me montrant son alliance :

— *Nicht sebiessen! Ich bin verbinatet! Ich bin verbinatet!*

Le tuer ! Je n'y songeais guère. J'étais bien trop content d'avoir un prisonnier. Pendant que j'étais ainsi occupé, mes hommes, s'avançant prudemment et sans bruit dans les ruines de l'église, étaient arrivés jusqu'aux abris. Une brusque apparition faite sur mon ordre, baïonnette au canon, devant les entrées, détermina les occupants à se rendre sans combat. Ils sortirent, pas comme les Boches des journaux illustrés, en levant les bras et en criant : « Kamerad ! » mais passèrent devant moi, sans ordre, d'un air penaud et craintif, comme des gens dont on a farci la tête avec des histoires horrifiantes d'assassinats de prisonniers et qui ne savent pas trop ce qui va leur arriver. Quelques prisonniers furent faits encore dans les dernières maisons du village, sur la route de la ferme de l'Union. Enfin, assez loin dans la direction de cette ferme, sur une levée de terre qui surplombait à peine l'eau triste et grise, on vit encore, pendant une ou deux minutes, une vingtaine de silhouettes qui s'enfuyaient à toutes jambes, sautant les mares, les flaques d'eau et les trous d'obus, et qui avaient des airs comiques de pantins désarticulés. Mes hommes ouvrirent consciencieusement le feu sur ces cibles burlesques, un feu d'enfer qui creva le silence pendant un bon moment. Inutile de dire, n'est-ce pas, que pas une des silhouettes ne tomba.

J'aurais encore bien des détails, amusants ou tragiques, à vous raconter sur cette journée du 28 décembre, notamment au sujet de la mort de Le Roux, de celle du boulanger-coq qui a expiré dans mes bras, au sujet de la capture des prisonniers, de la construction des tranchées, etc..., mais je crains de vous ennuyer. Laissez-moi seulement vous signaler une petite chose qui m'a fait sourire : ce fameux caisson blindé, contenant une mitrailleuse, dont vous parlez. Savez-vous ce que c'était? Un tarare, tout simplement, un tarare que les Allemands avaient rempli de terre et dont ils avaient fait une partie de leur barricade avec des tonneaux pleins de pierres, des caisses et des sacs. Et enfin permettez-moi de vous faire connaître les noms des deux camarades que j'aurais aimé voir citer dans votre article, si complet et si documenté, à côté de ceux de tant de braves dont vous parlez. Ce sont les lieutenants Amyot d'Inville et de Sancy, du 9e dragons, tombés tous deux dans cette même journée du 28, sur la berge de l'Yser, non loin de cette Maison du Passeur conquise la veille par les cyclistes. Tués du même coup, ils reposent maintenant côte à côte dans le cimetière militaire de la place de Nieuport, à l'ombre des ruines de la cathédrale... Pardon d'avoir été si long: Je me suis un peu laissé entraîner par mon sujet. Il mé semblait, en vous écrivant, que je bavardais avec un de mes compagnons d'armes de cette journée du 28 décembre 1914, tant votre vivante reconstitution donne l'impression que vous avez été témoin de cette petite affaire. Je ne trouve pas de compliment plus flatteur et plus mérité à vous adresser. Veuillez croire, etc.

Lieutenant F. MOUQUIN,
commandant le 1er escadron du 11e cuirassiers à pied.

---

2. — *Réponse du lieutenant de vaisseau Le Page.*

Je crois, sans pouvoir l'affirmer, que, lorsque l'escadron de dragons de Chefontaines vint me renforcer dans la soirée du 27 décembre, j'avais déjà reçu, sinon l'ordre écrit comportant le dispositif d'attaque pour le lendemain, au moins des indications verbales sur ce qu'il devait contenir. Le commandant de Jonquières m'avait fait appeler en effet au poste de commandement et m'avait parlé de l'attaque, en m'offrant même de me faire relever si je me sentais trop fatigué, car j'étais seul officier à ma compagnie. Dans cette conversation, il ne fut pas question d'attaque de nuit et j'avais d'autant moins de raisons d'en être partisan que mes renseignements (reçus des hommes occupés à retourner la tranchée conquise) indiquaient que des renforts nombreux avaient été vus entrant à la nuit dans le village.

Lorsque les dragons arrivèrent, je communiquai aux officiers, à la lueur d'une bougie, dans l'une des maisons crénelées près de la levée de terre, ce que je connaissais des défenses de Saint-Georges et leur exposai les difficultés de l'attaque. Il est très probable que, dans cette conversation, je leur confiai que mon commandement d'un dragueur ne m'avait pas beaucoup préparé à ce genre de guerre et que j'attendais beaucoup de leur expérience et de leur compétence. Je n'ai jamais eu aucune tendance à m'exagérer les miennes, qui sont minces, et me suis contenté de faire, là comme ailleurs, de mon mieux.

Mais comment aurais-je pu avoir l'intention d'attaquer de nuit? Il eût fallu, pour que je pusse en parler comme d'une chose *possible*, que j'eusse reçu d'abord du colonel et du commandant de Jonquières l'autorisation d'en discuter l'opportunité avec les officiers de dragons. Et, si le colonel Hennocque ne fixa son dispositif d'attaque qu'après avoir reçu de nous un coup de téléphone, il faudrait donc qu'il eût admis un instant l'hypothèse de l'attaque de nuit, ce qui est tout à fait invraisemblable, puisqu'il connaissait comme moi et par moi l'état des défenses de Saint-Georges et puisqu'il n'avait jamais envisagé l'attaque sans une préparation d'artillerie bien difficile à faire de nuit.

Le lieutenant Cheffontaines passa la nuit avec moi dans la tranchée de la route où était installé le téléphone. Nous causâmes un peu, avant de dormir, de l'attaque du lendemain. Il fut convenu que je ferais avancer vers le village une section et lui un peloton, et il désigna le peloton Mouquin, parce que, me dit-il, il avait confiance en Mouquin, bien qu'il fût officier de réserve et avocat.

Dès le matin, un peu avant le jour, nous nous transportâmes dans la tranchée conquise la veille. Cette tranchée, ainsi que je l'ai dit, comportait en son extrémité sud, non pas un caisson blindé contenant une mitrailleuse, dont je n'ai jamais parlé, mais un caisson en bois solide, assemblé par des boulons et qui devait vraisemblablement servir à l'installation d'une mitrailleuse. Un caisson boulonné n'a rien qui ressemble à un tonneau. Et nous fîmes réflexion, avec Cheffontaines, que c'était là un moyen bien commode de préparer un abri de mitrailleuse, car ce caisson pouvait supporter des poids de terre et de sacs considérables.

C'est donc de cette tranchée que je conduisis l'attaque, avec le précieux concours de Cheffontaines, dont j'aurais été bien coupable de mépriser les bons avis. Est-ce lui qui me suggéra de redemander un deuxième tir d'artillerie, semblable à celui qui, la veille, avait permis la prise de la tranchée? C'est possible. Au surplus, j'avais reçu du commandement, au cours de l'action, plusieurs demandes de renseignements sur la situation et j'avais signalé chaque fois l'impossibilité d'avancer sur le retranchement du cimetière. Peut-être d'ailleurs le commandement eût-il pu de lui-même, et sans que nous le demandions, donner des ordres à l'artillerie pour le tir.

Lorsque le retranchement du cimetière fut pris, mon intention était seulement de le faire occuper, ainsi que la barricade, comme je l'avais fait la veille pour la tranchée, et ce fut cet ordre que je donnai.

J'étais un peu surpris de la rapidité avec laquelle le retranchement était tombé. L'affaire me paraissait d'ailleurs bien minime, comme dit Mouquin, au point que je disais à Cheffontaines :

— Si nous réussissons à prendre le cimetière, le colonel sera si content qu'il serait dans le cas de nous inviter à déjeuner.

Je dus, à ce moment, paraître une fois de plus bien naïf et bonhomme.

Après la chute du retranchement, j'allai jusqu'au poste de commandement, laissant provisoirement la direction à Cheffontaines, dont les dragons, appelés de la levée de terre, vinrent occuper avec la section de marins les retranchements conquis. L'artillerie allemande bombardait déjà la route, et je faillis être tué, en entrant au P. C., par une fusée d'obus qui me passa en sifflant devant le nez.

De Tarlé avait remplacé au poste de commandement de Jonquières. Il ne savait pas encore la prise du cimetière, bien que je lui eusse envoyé le renseignement, mais le téléphone était coupé, et c'est moi qui le lui appris. Il téléphona aussitôt à l'artillerie pour que l'on ne tirât plus sur le cimetière, et il eut beaucoup de mal à obtenir la communication. J'assistai à un court interrogatoire des prisonniers qui avaient en effet l'air piteux et qui donnèrent le renseignement que leur principale ligne de défense était derrière le canal, au pont de l'Union.

En partant, le commandant de Jonquières m'avait fait prévenir que ma compagnie allait être relevée. Cheffontaines savait aussi d'autre part qu'il serait relevé. Je fis téléphoner par de Tarlé au commandant pour fixer les détails de cette relève. Il me fut spécifié que l'escadron de Lafontaine relèverait l'escadron Cheffontaines et que ma compagnie quitterait les tranchées sans être relevée.

De Tarlé me fit manger une aile de poulet froid avec un verre de vin. Pendant que je faisais ce petit repas, Cheffontaines fit prévenir qu'il jugeait plus avantageux de creuser des tranchées plus à l'est. C'est donc bien à lui que revient l'initiative de cette mesure. Ces tranchées furent creusées et occupées, ainsi que je l'ai mis dans mes notes, par les dragons et la section de marins qui était en première ligne.

Le capitaine Boueil vint lui aussi au poste de commandement. Il avait l'impression, comme je l'ai toujours eue, que son tir était très précis. Le lieutenant Mouquin était mieux placé que moi (puisqu'il était sur le côté de l'objectif) pour apprécier les effets du tir. Ce qui est sûr, c'est que ce tir fut efficace, puisqu'il fit rentrer les Boches dans leurs abris. Ce qui est sûr aussi, c'est qu'il était délicat à exécuter, puisque, personnellement, je reçus dans l'œil une motte de terre soulevée par l'explosion d'un des obus. Cheffontaines et mes hommes me crurent un instant blessé. Ce ne fut rien qu'un fort coup. Enfin, ce qui est indiscutable, c'est la virtuosité de Boueil en matière de direction du tir. Et il occupait un emplacement tel, avec sa batterie, qu'il ne pouvait en changer et que la seule ressource, quand il était repéré, était de ne plus tirer pendant vingt-quatre ou quarante-huit heures, de façon à faire croire qu'il s'était déplacé. Inutile de vous dire qu'il était bien vite repéré à nouveau.

Pendant mon séjour au poste de commandement, ce poste et la route étaient copieusement bombardés. Il en avait été ainsi presque toute la journée, et je crois bien que c'est ce jour-là que le poste dut être descendu du rez-de-chaussée dans la cave.

Comme je sortais du poste de commandement (la nuit était tombée), l'escadron de dragons de relève arriva. Je lui indiquai le boyau de la route, mais il y avait tellement de boue dans le boyau qu'il continua par la route.

Je pris mes dispositions pour assurer dans les meilleures conditions la relève de ma compagnie qui occupait toutes les tranchées de la route. Le bombardement de la route continuait par intermittences. Je prévins chacun des éléments occupant les tranchées que, dès que j'en donnerais l'ordre, ils devraient se mettre en route vers Nieuport, sans attendre d'être relevés (j'employais toutes les fois que je pouvais ce mode de relève par petits paquets qui ne mettait jamais sur la route que de petits éléments sous la conduite d'un gradé, au lieu d'une compagnie en colonne).

En retournant vers Saint-Georges, je rencontrai d'abord Cheffontaines qui me confirma les dispositions qu'il avait prises et que je remerciai. Je lui dis mon intention de demander pour Mouquin une récompense et lui demandai son avis à ce sujet. Il me dit qu'il y aurait lieu de le proposer pour le grade de lieutenant. Je transmis dès mon retour cette proposition au commandant de Jonquières.

Je rencontrai un peu plus loin Mouquin et les deux autres sous-lieutenants de l'escadron, dont je n'ai jamais su les noms. Je remerciai Mouquin, le félicitai, et lui dis ce que, d'accord avec Cheffontaines, j'allais demander pour lui.

Revenu aux premières tranchées de l'entrée du village, j'attendis le retour de ma section de première ligne, puisque je devais quitter les tranchées sans être remplacé. Après assez longtemps, ne la voyant pas venir, je fis demander pourquoi elle ne venait pas. Le lieutenant de Lafontaine répondit qu'il serait heureux de la garder, craignant de n'avoir pas sans cela assez de monde. Je la lui laissai donc. En même temps, je fis demander si, malgré cela, le reste de la compagnie devait rentrer à Nieuport conformément aux ordres reçus. De Tarlé me pria d'attendre des ordres. Ces ordres n'arrivèrent que vers 3 heures du matin. Je rentrai emmenant ma section de première ligne. Toute la nuit, les tranchées de la route furent bombardées. Je n'eus pas de pertes.

En rentrant à Nieuport, je trouvai aux Cinq-Ponts un homme qui m'attendait et me priait d'aller voir le commandant de Jonquières que je trouvai dans son lit et que je réveillai. Il me félicita et m'annonça que j'allais être l'objet d'une proposition de croix. Et je ne m'attendais qu'à une invitation à dîner ! Je répondis au commandant de Jonquières que je ne croyais pas avoir mérité cet honneur et demandai seulement une récompense pour Mouquin et pour Cevaër.

— Ils les auront, me dit de Jonquières, et vous serez récompensé aussi.

L'affaire, je le répète, fut mince. A aucun moment, je ne lui ai attribué l'importance qu'on lui a donnée depuis. Elle me paraissait seulement une phase un peu plus dure de notre progression ordinaire. Mais c'était moi qui étais le responsable. J'avais pris le matin la responsabilité d'arrêter l'attaque, et c'est le seul mérite que j'aie eu. Si l'affaire avait raté, je n'aurais pas essayé d'en rejeter sur un autre la responsabilité. Je n'ai jamais non plus, vous le savez mieux que personne, essayé de prendre tout le mérite pour moi. Et j'ai dit bien souvent que j'ai eu la chance d'être désigné pour cueillir ce que tous, au même degré, nous avions contribué à semer.

En ce qui concerne la patrouille Mouquin, j'ai cherché dans

mes souvenirs si c'est bien lui qui en a eu l'initiative. Dans mes notes, je dis seulement : « une patrouille s'avança ». J'ai pourtant le souvenir *très net* du lieutenant Mouquin, dans la tranchée, près de Cheffontaines et moi, et recevant des ordres. J'étais convaincu qu'il les avait reçus pour cette patrouille (dont l'idée première revient, je crois, à Cheffontaines). Devant l'affirmation de Mouquin, et, après trois ans, je doute. Mouquin ne parle dans cette patrouille que de dragons ; *je suis absolument sûr* qu'il y avait autant de marins que de dragons.

J'ai signalé, dans la suite de mes notes, les obsèques des deux sous-lieutenants de dragons tués sur l'Yser. J'ignorais leur nom, les conditions de leur mort ; j'assistai à leurs obsèques qui eurent lieu en même temps que celles de Mahé.

IV

LE FORTIN DE PLASCHENDAELE

Extrait du journal de l'officier des équipages Devisse.

... Pendant la période du 15 mai au 1er juillet, on a travaillé à améliorer le front et à préparer une opération sur le fortin de la berge du canal de Plaschendaele.

Ce fortin, creusé dans la chaussée du halage, se trouve à 70 mètres de notre poste avancé et forme la droite d'une ligne de tranchée en contre-bas sur la berge du Vieil-Yser. L'opération est assez intéressante au point de vue tactique, et, en cas de réussite, permettrait de réduire le front des tranchées de la Briqueterie belge, la boucle du Vieil-Yser offrant une défense naturelle. On a toujours avantage de laisser le moins de personnel possible en première ligne ; il suffit pour cela de bien choisir l'endroit. C'était d'ailleurs l'idée du commandant Delage. Les cheminements ne sont pas difficiles à trouver. Il n'y en a qu'un seul, la route du halage, c'est-à-dire l'attaque de front. Mais le poste est gardé par un enchevêtrement de chevaux de frise et de bois. Si on pouvait enlever une partie de tout cela, l'attaque serait facile pendant une nuit.

Il faut donc étudier les moyens de débarrasser ce poste de ses défenses accessoires. Nous construisons des grappins solides emmanchés dans une pièce de fer ayant le diamètre intérieur d'un canon de 37 millimètres. On interpose entre la charge et le culot du grappin des morceaux de bois ligaturés avec du fil de fer pour en éviter l'éclatement. On confectionne aussi des tambours en bois de forme tronconique pour recevoir les spires du câble en fil d'acier qui servira au halage, le tout tenu avec du fil pour empêcher que le tambour ne se déroule. Le grappin est relié au bout du fil d'acier par des estropes doubles et amarré avec un nœud de flèche porte-amarre. Nous avions répété la manœuvre à Nieuport, où nous avions au préalable mesuré la distance. On y place des chevaux de frisé dans les mêmes positions que ceux du fortin et on procède à des lancements d'essai, car il faut rechercher l'inclinaison nécessaire à donner au canon et la charge de poudre noire convenable pour la distance. Après quelques tâtonnements on arrive à des résultats tout à fait satisfaisants ; il ne reste plus qu'à transporter le tout dans le poste avancé, ce qui n'est pas facile. On reçoit des coups de fusil à bout portant. Mais c'est là une partie de plaisir : nos hommes sont heureux du tour qu'ils vont jouer aux Boches.

L'opération est décidée pour ce soir. L'artillerie fait une préparation sur les environs du poste. A la fin de la journée, on va lancer les grappins. Nous n'en avons que deux. Le canon est placé dans le parapet de notre poste avancé : il faut déranger nos propres chevaux de frise, cela ne va pas tout seul, mais, avec des hommes décidés, on y arrive. Le canon est chargé, gare la figure ! Les Boches se demandent quel est ce nouvel engin et tirent dessus. Le capitaine Férat, qui m'accompagne, me donne l'ordre d'envoyer et il observe les résultats. Au premier coup, le grappin est dans les chevaux de frise. Il faut faire vite : les hommes qui sont dans le boyau se mettent à tirer dessus, comme quand on hisse une embarcation ; cinq chevaux de frise sont ainsi traînés sur la route, deux se dégagent. Enfin voilà un bon parapet d'enlevé.

Le moment est palpitant ; les Allemands se demandent ce qui se passe, se dressent et regardent leurs chevaux de frise partir. Tellement nous sommes occupés à notre besogne, nous oublions de leur coller une bonne décharge. Il va falloir recommencer. Le terrain n'est pas assez libre : au deuxième coup, le grappin va un peu plus loin. Le canon a peut-être été bougé, le grappin tombe en plein dans le poste boche ; ils tirent de leur côté, on lutte de force, mais, comme nous tirons le plus fort, ils nous lâchent le câble en ayant au préalable coupé notre grappin. Les hommes se mettent en mouvement, les pionniers avec des grenades, le poste est vite abordé, mais pas facile à escalader. Les Allemands sont fusillés à bout portant ; on lance des grenades, mais ils reçoivent du renfort. Le terrain n'est pas assez dégagé pour envoyer beaucoup de monde à la fois ; l'opération est arrêtée, car on s'aperçoit qu'il y aurait eu trop de pertes et que ces pertes ne correspondraient pas avec l'importance du nouveau poste. Il va falloir recommencer.

Pendant que nous nous préparons de nouveau, les Allemands ont renforcé leurs défenses et planté de forts piquets de fer. Quelques jours plus tard, nous recommençons et réussissons cette fois à enlever deux chevaux de frise. Le bombardement a été fait au moyen de lance-torpilles de 58 ; aucune n'a porté convenablement. Ç'aurait été folie que de lancer des hommes à l'assaut ce jour-là. Il va falloir imaginer un autre moyen. Reste les mines portées ou provoquer un incendie dans les chevaux de frise au moyen du pétrole. Nous commençons donc les mines portées. Nous construisons des caissettes contenant chacune 7 à 8 kilogrammes de mélinite, reliées à l'arrière dans un boyau par des tubes détonnants. A la nuit, elles sont portées dans les chevaux de frise boches par le maître de manœuvre Le Vey, accompagné des matelots Botrel et Philippe. On avait pour cela ménagé un petit boyau. On fait sauter les mines : les chevaux de frise et le fil de fer sont enlevés sur le côté gauche du poste ; on peut y aller, bien que l'espace ne soit pas très grand. Que s'est-il passé ? Je ne le saurai jamais ou bien je le sais de trop. Je reste avec mes hommes dans le boyau, personne ne nous rejoint. L'opération est encore manquée.

On va essayer le pétrole. Nous démontons dans Nieuport les tuyaux à gaz. On les coupe par bouts de deux mètres et on installe des raccords. Une petite pompe Japi est montée sur un pied peu encombrant. On va essayer de mettre le feu aux bois des chevaux de frise. L'opération a lieu un soir. Il faut pour cela monter un jet, puis mettre chaque bout de tuyau sur des chantiers à roulettes. On pousse par bond sur la route, on ramasse des coups de fusil, mais on en rit, personne n'étant blessé. Enfin, après pluiseurs heures de travail, notre jet est dans les chevaux de frise boches. La pompe est montée, on monte du pétrole, mais il faut l'allumer. Nous avons disposé pour cela des boîtes remplies de sulfure de carbone et munies d'un allumoir à détonateur ; des hommes sont dans le boyau. Après quelques lancements infructueux, on arrive à faire brûler. En avant la pompe, c'est le feu de joie ! On nous tire dessus, mais nous regardons quand même. Coïncidence malheureuse ! La pluie arrive et éteint notre besogne avant qu'elle soit achevée. L'attaque est lancée quand même, mais il reste encore trop de fil de fer pour prendre le poste. Quelques hommes sont blessés. Mêmes dispositions que l'autre fois, l'opération est arrêtée. Pourquoi ? Le bombardement avait été fait cette fois avec du 58 et des bombes Haasen lancées par les pionniers. Une bombe de 58 a explosé dans le canon en blessant deux hommes. Il ne reste plus qu'à faire sauter le poste pour l'avoir.

Toutes ces tentatives avaient énervé le personnel et je crois même que les compagnies s'étaient habituées à ce petit jeu et ne faisaient aucun effort sérieux pour nous aider. On décide enfin de creuser une mine. Pendant de longs jours, des pionniers ont travaillé dans la mine, ce travail étant d'autant plus difficile qu'il fallait rester dans un certain niveau, ayant d'une part le canal de Plaschendaele, de l'autre le Vieil-Yser. Le dégagement des terres se fait au moyen de sacs ; c'est un travail épouvantable. Enfin on arrive à déboucher dans les roseaux sur la berge du canal : il ne reste plus que 8 à 10 mètres pour arriver sous le poste ; il faut y laisser un gradé, car les hommes ont des hallucinations qui les empêchent de travailler suffisamment. Les Allemands doivent se douter de la chose, car ils ont placé des plaques d'écoute avec microphone. Nous coupons les fils et les relions avec une magnéto que l'on fait actionner au moment d'étayer. Ils ne comprennent rien à ce que nous faisons. Enfin, après un long et laborieux travail, la mine est jugée assez creusée ; on va disposer le fourneau. Opération assez délicate que je veux faire moi-même. Des caisses sont construites de formes allongées pour être facilement manœuvrables dans la mine. Chacune d'elles est amorcée en double ; on transporte le tout au fond de la mine ; on arrose cela soigneusement. La charge de l'ensemble pouvant être de 60 kilogrammes de mélinite, 50 kilogrammes de poudre noire et de tonite que nous avons trouvées dans Nieuport, tonite abandonnée par le génie belge ; les caisses sont recouvertes par de lourdes portes de fourneaux de chaudières. On procède au bourrage avec des sacs de terre et des croisillons en bois.

Je me rappellerai toujours une minute palpitante : c'est l'après-midi qui a précédé l'explosion. J'étais avec le second maître charpentier Séran à amorcer la mine, c'est-à-dire à faire les jonctions des tubes détonants. J'avais dans ma poche des détonateurs et des cartouches devant servir de relais, avec cela des allumettes-tisons. La boîte d'allumettes s'enflamme dans ma poche en me brûlant légèrement la cuisse. Miracle ! Les détonateurs ne bougent pas. Nous arrachons le morceau du pantalon. J'ose dire que nous avons eu un instant d'émoi. Quand le danger a été écarté, nous avons éclaté de rire de notre mésaventure. Tout est prêt pour le soir. En outre de l'artillerie, les pionniers vont bombarder avec les haasen. Séran est chargé de cette opération. Le bombardement fut superbe. La représaille au moyen de bombes de *minnenwerfer* nous gênait bien un peu, mais nous n'avons pas eu de mal. Je reçois l'ordre d'allumer la mine. Il y avait, d'après mes calculs, pour neuf minutes de mèche ; à la dixième minute, nous sommes bouleversés : une énorme colonne monte en l'air en mugissant. Nous nous précipitons dans le boyau. Mes grenadiers vont vite au bord du cratère et lancent leurs bombes. C'était superbe à voir. Le quartier-maître Fouré est leur chef ; il tient tête avec ses grenadiers et attend que le personnel d'attaque avance. Rien ! Un second maître seul et quelques hommes s'avancent. L'opération est encore arrêtée. Pourquoi ? Je vais aux lance-bombes, ne voulant pas que les Allemands puissent monter de nouveau à leur poste démoli. Je continue à bombarder, mais, de l'autre côté du canal, on avait eu le temps de nous repérer et on nous envoie des bombes ; une de ces bombes tombe sur un haasen chargé. La bombe explose et nous bouleverse dans le poste : il y a des blessés assez grièvement, Séran et trois pionniers. Par quel miracle ? Je n'ai rien. Pas une égratignure. Je reçois l'ordre de cesser. Je rentre navré du résultat, mais je veux être là au point du jour pour voir les dégâts de la mine. Dès que le jour est levé, malgré que les Allemands ont travaillé toute la nuit à réparer, ce que l'on aurait dû empêcher par des feux, le côté gauche du poste est encore enlevé. La mine a fait son effet du côté dont la terre a été moins résistante, c'est-à-dire du côté du canal de Plaschendaele. Mais, quand même, le poste a été démoli et il y a eu des tués, car il y en a encore sur la berge. Puis les sacs du côté droit sont mélangés de sacs neufs ; ils sont facilement reconnaissables à la couleur de ceux qui étaient de l'ancien poste ; ils avaient été noircis par le pétrole et par l'explosion de la mine.

Enfin, les non-partisans de la prise de ce poste sont satisfaits, car il est décidé qu'on va le laisser. Je suis un peu navré de la chose, car tant de travail pour un résultat aussi médiocre, cela décourage un peu les hommes. Enfin à la guerre il faut voir les déceptions et les prendre comme elles se présentent. Nous ne sommes pas là pour discuter, mais pour exécuter et, si tous avaient fait de même, le fortin de Plaschendaele aurait été à nous depuis déjà longtemps. Pendant les opérations de ce fortin, j'ai vu des actes de bravoure merveilleux. Je citerai [notamment] le maître de manœuvre Le Vay, qui a toujours cherché à remplir les missions les plus dangereuses avec une simplicité remarquable ; avec lui, il n'y avait qu'à manifester un désir pour qu'il l'accomplisse. Il est toujours accompagné de quelques braves qui, malheureusement, ont été tués ou blessés depuis. C'est les larmes dans les yeux que je parle d'eux: Botrel, Philippe et combien d'autres. C'est le second maître charpentier Séran, de Brest, qui, grièvement blessé par l'éclatement d'un lance-bombes, demande : « Lieutenant, êtes-vous blessé? » Il veut absolument que je sois soigné avant lui. L'admirable gradé ne pense qu'à moi et pas à lui. Je le fais évacuer ; on bombarde la nuit, son brancard est chaviré par les éclatements, il donne lui-même des ordres pour le cheminement à suivre dans la nuit. Combien je l'ai regretté ! C'était pour moi un précieux collaborateur pour les travaux de barrage et de construction d'abris...

V

LE TORPILLAGE DU MAMELON-VERT

Comment fut blessé l'officier des équipages Devisse.

... C'était le 1er novembre. Nous étions en train de construire un radeau pour transporter le matériel jusqu'au pont au moyen du canal de l'Yser, les transports à dos devenant très dangereux, on y perdait du monde.

Dans la matinée, un bombardement intense nous avait déjà chassés plusieurs fois des écluses où nous disposions de quoi mettre notre radeau à flot, ce que nous comptions faire pendant la nuit suivante. Il est 11 h. 50. Je veux aller de nouveau me rendre compte de l'état des travaux. Je me rendais aux Cinq-Ponts, rien ne faisait prévoir qu'il y aurait danger. D'ailleurs n'avions-nous pas l'habitude de circuler sous les obus ? J'avais avec moi deux charpentiers et quelques autres pionniers. Un obus de 155 arrive ; nous l'entendons et nous pensions qu'il allait passer au-dessus de nous comme ses prédécesseurs. Pan ! Il arrive en plein, m'emportant la jambe gauche au ras du genou. Je tournoie sur moi-même et tombe. L'obus en éclatant me brise l'autre jambe. Si je n'avais pas été atteint et renversé, j'aurais été coupé en deux. Mes hommes sont grièvement blessés. Je ne perds pas le nord pour cela, bien que je souffrais un peu, mais je cherche parmi les débris de mon moignon l'artère fémorale que je saisis pour arrêter l'hémorragie.

Bien m'en a pris, car c'est grâce à cette précaution que je ne suis pas mort. Mes hommes arrivent vite. Je donne mes ordres et suis transporté dans une brouette au poste de secours, ainsi que mes trois blessés. Je crois avoir fait ce qu'un chef doit faire en pareille circonstance. Je ne veux pas entrer dans les détails. Le commandant Delage est là qui me soigne. Mon plus grand chagrin est de le quitter avant d'avoir terminé ma mission. Nous avions cependant juré de faire ensemble la route de Gand, mais cette fois en sens inverse. Je suis transporté à l'ambulance de Coxyde et de là à la Panne, où j'ai été mis en réparation. En deux mois, j'étais debout, prêt à repartir en France où j'ai repris mon service en mai 1916. J'arrive avec ma patte artificielle à faire gaillardement mon service. Mon plus grand regret est de ne pas pouvoir continuer sur le front, bien que j'aie sollicité en son temps une section d'auto-canons mais cela n'était pas possible, paraît-il, ces derniers engins étant passés à la Guerre.

VI

ORDRES DU JOUR AUX OFFICIERS, OFFICIERS MARINIERS, QUARTIERS-MAITRES ET MARINS

Ordre du jour du ministre de la Marine.

Officiers, officiers mariniers, quartiers-maîtres et marins,

En portant à votre connaissance l'ordre du jour pris par le général en chef au moment où la plus grande partie de la brigade de marins cesse de servir, sous son haut commandement, je tiens à y joindre les sentiments de reconnaissance de la Marine envers ceux que sur tout le front on appelait la Garde, et dont on a pu dire dans une lettre émouvante, demandant le maintien à l'armée de leur glorieux drapeau, qu' « aucune troupe d'élite, à aucune époque, n'a fait ce qu'ils ont fait comme somme de bravoure et de longue endurance ».

Ces belles paroles resteront, avec l'ordre du jour du général en chef, le plus précieux des témoignages et la Marine tout entière sera, comme moi, bien fière des marins qui nous l'ont valu.

Fait à Paris, le 12 décembre 1915.

Le contre-amiral, ministre de la Marine.
L. LACAZE.

Ordre du jour du général en chef.

Avant que la brigade de fusiliers marins ne quitte la zone des armées, le général commandant en chef tient à leur exprimer sa profonde satisfaction pour les brillants services qu'elle n'a cessé de rendre au cours de la campagne, sous le commandement de son chef, l'amiral Ronarc'h.

La vaillante conduite de la brigade dans les plaines de l'Yser, à Nieuport et à Dixmude, restera aux armées comme un exemple d'ardeur guerrière, d'esprit de sacrifice et de dévouement à la patrie.

Les fusiliers marins et leurs chefs peuvent être fiers des nouvelles pages glorieuses qu'ils ont écrites au Livre de leur corps.

Au Grand Quartier général, le 19 novembre 1915.

J. JOFFRE.

Ces ordres du jour seront affichés dans les batteries de nos bâtiments et les services de nos ports, sous notre devise : *Honneur et Patrie*, et y resteront en permanence pour que les équipages de demain sachent ce qu'ils auront à faire pour se rendre dignes des marins de Dixmude et de l'Yser.

Le contre-amiral, ministre de la Marine.

L. LACAZE.

VII

LISTE DES PERTES DE LA BRIGADE EN OFFICIERS,
A SAINT-GEORGES ET A NIEUPORT,
DU 25 NOVEMBRE 1914 AU 6 DÉCEMBRE 1915

Tués.

Lieutenants de vaisseau...........	Perroquin.
—	Dupouey.
—	Marc Legrand.
—	Blanchin.
Enseignes de vaisseau............	de Blic.
—	Illiou.
—	Rollin.
—	Boissat-Mazerat.
—	Goudot.
—	Opigez.
—	Bonnet (Jacques).
—	Bernard.
—	Maillol.
—	Dordezon.
—	Le Hécho.
Officiers des équipages...........	Mahé.
—	Gaite.

Blessés.

Capitaine de frégate	Petit.
Commissaire en chef	Duvigeant.
Lieutenant de vaisseau...........	Langlois.

Lieutenants de vaisseau.......... Huon de Kermadec.
—   .... Deleuze.
—   .... de Roucy.
—   .... Michel.
—   .... Labaunère.
—   .... Saint-Jean de Prunières.
—   .... Perlemoine.
—   .... de Rodellec du Porzic.
—   .... Béra.
Enseignes de vaisseau........... Le Voyer.
—   .... Bellay.
—   .... de Villeneuve.
—   .... Albert.
—   .... Buret.
—   .... Tarrade.
—   .... de Béarn.
—   .... de La Forêt-Divonne.
—   .... Fouqué.
—   .... Richy.
—   .... Gérardin.
—   .... d'Hallewyn.
—   .... Denoix.
—   .... Frot.
—   .... Briend.
Officiers des équipages .... Laroque.
—   .... Fichoux.
—   .... Gessiaume.
—   .... Salaün.
—   .... Devisse.

VIII

RÉCOMPENSE A LA BRIGADE

Nous avons dû renoncer à publier la liste des récompenses décernées à la brigade pendant la période de Saint-Georges et de Nieuport, ainsi que nous l'avions fait pour Dixmude et pour Steenstraete. La publication de cette liste eût débordé les cadres de notre livre, puisque le chiffre des récompenses passe quatre mille. Citée deux fois à l'ordre du jour de l'armée, la brigade des fusiliers marins fut une des premières unités qui reçurent la fourragère. D'abord à la couleur de la croix de guerre, cette fourragère, grâce aux citations nouvelles obtenues par le bataillon de fusiliers resté au front, fut successivement convertie pour celui-ci en fourragère aux couleurs de la médaille militaire, puis de la Légion d'honneur. Nous raconterons peut-être un jour dans quelles circonstances.

TABLE DES MATIÈRES

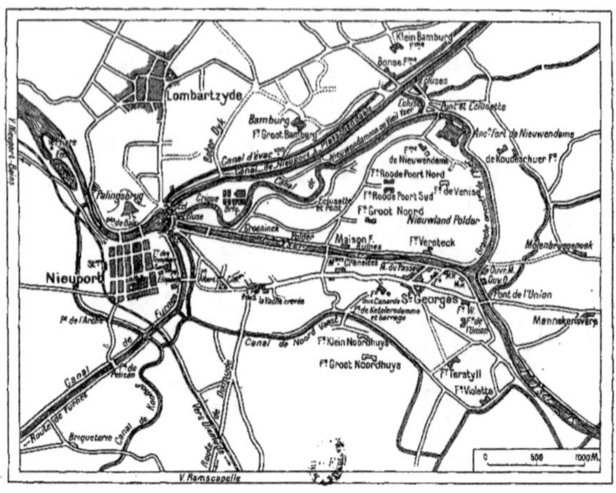

L'ATTAQUE DE SAINT-GEORGES.

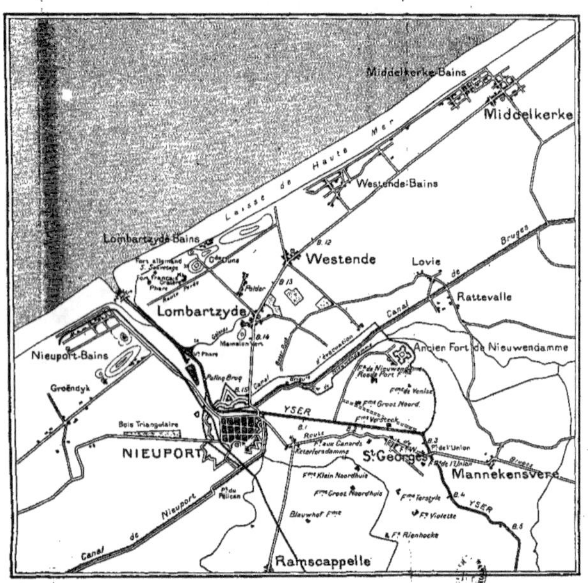

LES OPÉRATIONS SUR LA GRANDE DUNE.

L'ATTAQUE SUR L'UNION ET LA FERME W.

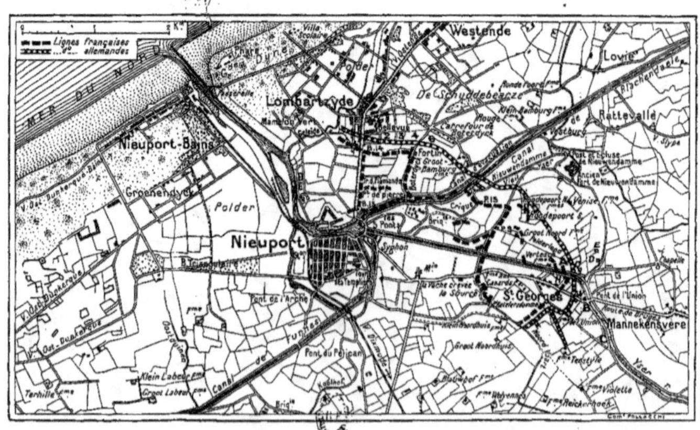

CARTE DES POSITIONS ALLEMANDES ET FRANÇAISES LE 9 MAI, SUR LE FRONT DE LA BRIGADE.

————

PARIS

TYPOGRAPHIE PLON-NOURRIT ET Cⁱᵉ

Rue Garancière, 8

————

A LA MÊME LIBRAIRIE

Guynemer, par Henry BORDEAUX.
Prix................... 5 fr.

La Jeunesse nouvelle, par Henry
BORDEAUX .... 5 fr.

Trois Tombes, par Henry BOR-
DEAUX .... 5 fr.

Dixmude, par Ch. LE GOFFIC. (Prix
Lasserre 1915)........... 5 fr.

Steenstraete, par LE GOFFIC. 5 fr.

Les Marais de Saint-Gond, par Ch. LE
GOFFIC................. 5 fr.

1914, par ARTHUR-LÉVY..... 5 fr.

Les six femmes et l'invasion, par
Marguerite YERTA........ 5 fr.

***. Notes d'un témoin. Les Grands
Jours de France en Amérique.
Mission Viviani-Joffre.... 5 fr.

Au Champ d'honneur, par Hugues
LE ROUX................ 5 fr.

Yves de Joannis, par TONY CATTA.
Prix................... 5 fr.

Le Mystère roumain, par Ch. STIÉ-
NON................... 5 fr.

Notes d'une Infirmière, par M. DÉ-
MIANS................. 5 fr.

Le Martyre de Lens, par E. BASLY.
Prix................... 5 fr.

Les Allemands à Louvain, par Hervé
DE GRUBEN........... 3 fr. 50

Polonais et Russes, par K. WALIS-
ZEWSKI..................... 5 fr.

Au pays de la démence rouge. *La
révolution russe* (1917-1918), par
Serge DE CHESSIN.... 5 fr. 50

Pendant la Grande Guerre, par Gabriel HANOTAUX.......... 5 fr.

Cinquante mois sous le joug allemand,
par Jules HÉLOT........ 12 fr.

Les Origines de la Guerre mondiale,
par Albert BAZERQUE...... 5 fr.

Le Plan pangermaniste démasqué,
par André CHÉRADAME. 5 fr. 50

Les Dessous de la politique en Orient,
par UN ALLEMAND........ 5 fr.

La Bataille de la Marne, par Gustave BABIN........... 3 fr. 50

L'Aveu, par le sous-lieutenant Louis
MADELIN........ ..... 3 fr.

La Victoire de la Marne, par le sous-
lieutenant L. MADELIN. 3 fr. 50

La Mêlée des Flandres. *L'Yser à
Ypres*, par Louis MADELIN. 5 fr.

L'Expansion française. *De la Syrie
au Rhin*, par L. MADELIN... 5 fr.

La Politique marocaine de l'Alle-
magne, par Louis MAURICE. 5 fr.

Intrigues et diplomaties à Washing-
ton (1914-1917), par G. LE
CHARTIER............. 5 fr. 50

Sur nos fronts de mer, par Émile
VEDEL................. 5 fr.

Quatre années de guerre sous-marine,
par E. VEDEL.......... 5 fr.

Le Traité de Versailles du 28 juin
1919, par Gabriel HANOTAUX, de
l'Académie française...... 12 fr.

***. Amis de la France. *Le service
de campagne de l'ambulance américaine*................... 5 fr.

La Barbarie allemande, par P. GAUL-
TIER................... 5 fr.

L'Algérie et la guerre, par Jean MÉ-
LIA. (Ac.)............... 5 fr.

M. Jonnart en Grèce et l'abdication de
Constantin, par R. RECOULY. 5 fr.